U0909349

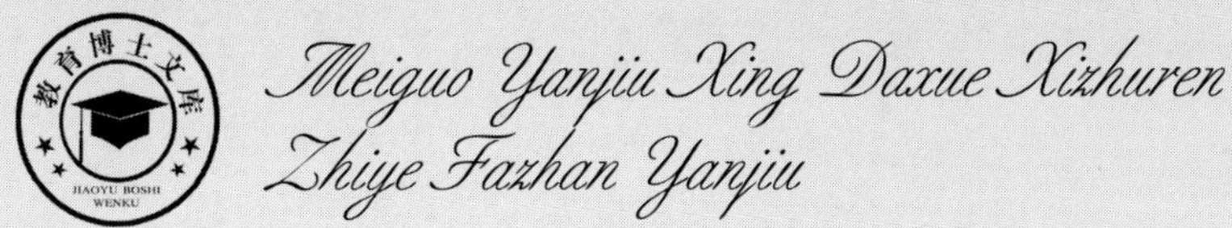

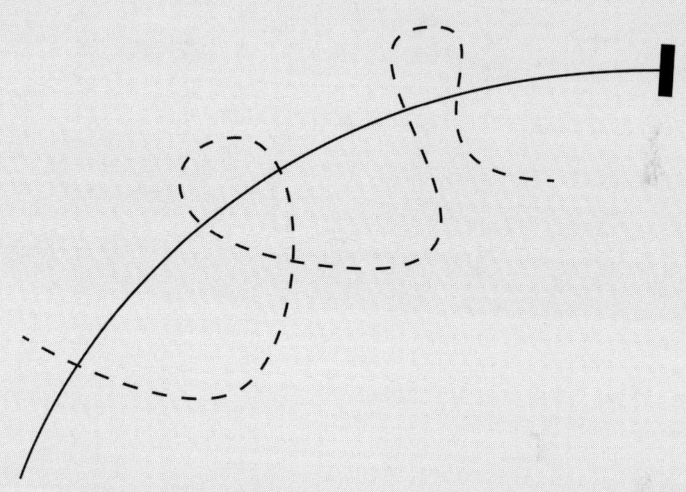

美国研究型大学系主任职业发展研究

王庆辉/著

教育科学出版社
·北 京·

作者简介

王庆辉，男，1975年生，江西宜春人。先后就读于宜春师范学校、江西师范大学和上海交通大学。2009—2010年于美国波士顿学院（Boston College）担任访问学者，2013年获上海交通大学管理科学与工程（教育与科技管理）博士学位。现为上海商学院高等教育研究所副研究员。

主要研究领域为比较高等教育、高等教育管理。在《高等教育研究》《中国高教研究》《现代大学教育》《高教探索》等学术期刊发表论文10余篇；主持教育部人文社会科学研究项目1项，作为主要成员参与国家社会科学基金项目、教育部科技委重大专项、上海市教育科研重大课题和上海市教育评估院委托课题等多项研究项目。

《教育博士文库》学术委员会

摘　要

学系是大学的基本组织。系主任作为学系的领导者，对所在组织实现资源的合理配备和使用及促成组织目标的实现，都起着至关重要的作用。本书主要以美国大学协会（Association of American Universities, AAU）63所成员大学（以下简称“AAU大学”）中57所大学的1140名系主任作为问卷调查对象，其中有337名系主任给予了有效反馈，结合对美国东北部B地区三所研究型大学的20名系主任的访谈材料，对美国研究型大学系主任的职业发展进行实证研究。本研究以领导理论为基础，以职业动机理论为分析框架，以系主任的基本特征为职业发展的逻辑起点，以系主任的选任、培训、激励与评价为中介概念，以职业发展为中心概念，以系主任的领导效能和连任意愿为逻辑终点，深入分析了系主任职业发展条件的基本特征，系统探讨了贯穿系主任职业发展过程的基本要素，最后从系主任职业发展目标与结果两个重要维度考察了系主任的领导效能和连任意愿。

研究发现，接受调查的系主任以“拥有博士学位和终身教职的56岁男性白人”为代表。拥有博士学位和终身教职的系主任比例很高，开始担任系主任的年龄较大，而且在任职前有较长时间的高校工作经历。系主任学历背景的差异主要体现在不同的学科之间，自然科学与社会科学的系主任全部拥有博士学位。未获教授职称的系主任大多来自人文学科和社会科学学系。从已有的研究成果看，近年来研究型大学中系主任少数族裔的比例变化不大，女性系主任的比例则有较大增长，并趋于合理。系主任认为担任该职位最重要的特征为有出色的学术成果或教学成绩。系主任担任该职位前通常具有一定的管理经验。

本研究发现，系主任在工作中较多地起到了倡导和协调的作用，即活动与计划的倡导者和对内对外交涉者。通过外部竞聘产生的系主任比内部选任的系主任拥有的各种权力更大。系主任主要通过吸引与留住优秀教师、帮助教师发展、制定规划与愿景等改善学系管理的活动促进学系的发展。对系主任的领导效能产生积极影响的因素包括设置合理的学校层面组织结构，运行良好的管理机制，较为充足的资源，系主任选任、培训、激励和评价良好的政策环境等；系主任对工作感兴趣、工作任务得以分担和享有较大的管理权限，以及高层管理者较高的领导水平、经常性的沟通、学系成员良好的精神风貌等。

系主任大多有固定任期，自然科学、专业学科与应用学科的系主任任职时间普遍比人文学科和社会科学的系主任更长。系主任的任职时间与理想任期之间高度相关，系主任的任职时间越长，其反映的理想任期越长。总体上看，系主任选择担任该职位主要出于个人发展需要和院长、教师对他们的信任。外部竞聘产生的系主任任职时间和理想任期更长，拥有更大的权力，担任该职后其研究成果受影响的程度相对更低。

系主任的领导效能是其职业发展的外在表现，而连任意愿则反映了系主任职业发展的内在动力。本研究从职务变动型职业发展的维度考察了系主任的连任意愿及其影响因素，同时也从非职务变动型职业发展的维度考察了系主任的领导效能。理工科系主任、外部竞聘的系主任和无固定任期的系主任更容易考虑继续担任该职位。

本研究的创新之处在于，从研究的理论价值看，对研究型大学系主任这一群体的学术领导①进行研究，拓展了学术领导的研究范围。从微观

① 学术领导是 academic leadership 的直译，通常指教务长、院长和系主任等职位的领导工作。

层面上对美国研究型大学系主任的领导效能及其影响因素进行研究，丰富了领导理论。本研究探索了系主任个人与组织发展的政策环境，有助于更加全面和深入地理解系主任这一职位，为提升系主任的领导效能和大学内部治理能力提供理论指导。

从研究的应用价值看，通过借鉴美国研究型大学系主任职业发展的经验，可以帮助我国高校系主任应对角色冲突与挑战，从而更好地发挥其角色功能，提高我国大学组织中人力资源的使用效率和大学内部治理能力。该研究有助于我国大学系主任的选任、培训、激励和评价机制的完善，对我国世界一流大学建设进程中更好地发挥系主任等中层学术领导的作用具有较大的实践指导意义与参考价值。

从研究方法看，采用定性与定量相结合的方法对大学系主任进行的研究目前还较为缺乏。该研究通过调查获得美国研究型大学系主任的一手数据，在一定程度上起到了累积文献资料的作用，可为后续研究者提供相应的参照。

关键词：大学系主任；学术领导；职业发展；研究型大学；美国大学协会

ABSTRACT

Academic departments are the basic units of a university. Department chairs, as leaders, play a pivotal role of resource allocation in the department and of realization of the departmental development. This empirical research aims at investigating professional development of chairs at top research universities in the U. S. This research intended to analyze the features of department chairs. Based on the analytical frameworks of career motivation theory and academic leadership theory, this study takes the characteristics of department chairs as the logical starting point, professional development as concept of mediation and their leadership effectiveness as the logical endpoint. This study disseminates a questionnaire to 1140 department chairs from 57 member universities of the Association of American Universities (AAU), with return of 337 responses. Its analysis focuses on department chairs' characteristics, selection, training, incentives and evaluation, which forms their professional development. This study also explores department chairs' leadership effectives and their willingness to renew the post.

This study found that, among the respondents, the typical department chairs at American research universities can be described as: 56-year-old white male holding a doctorate degree and tenure track position. The respondents took their chair position at a relatively older age. All the respondent chairs in natural sciences and social sciences hold a doctorate degree, and those who have not achieved the rank of full professorship are mostly from departments of humanities and social sciences. This study shows that the proportion of female chairs increased, while that of ethnic minorities' chairs in research universities have changed little over the past years. Department chairs believe that the most important determinant for taking this position is their academic achievements. Most department chairs have had some experience on administrative work before serving as department chairs.

According to the findings, department chairs mainly play a coordinating role as initiators and negotiators, while the percentage of chairs playing day-to-day administrative role is much smaller. Accordingly, department chairs' major work is also reflected in the strategic work. They take relatively less time in routine tasks. Department chairs selected through external search enjoy more power than their peers selected through internal election. Department chairs in natural sciences and professional and applied disciplines have greater power in terms of personnel management, facility management, time management and space allocation. Department chairs contribute to their departments by attracting and retaining excellent faculty, helping with faculty development, making strategic plans and visions, as well as improving the departmental management. The positive factors for leadership effectiveness include: reasonable organizational structure at an institutional level, well-organized management mechanism, adequate resources, optimal policy environments of their professional development, including recruitment, training, motivation and evaluation of department chairs, the chairs' interest and willingness to serve, tasks being shared and administrative powers, as well as supportive deans and other leaders at universities, frequent communication, good spirit of the faculty members and so on.

Most of the department chairs have a fixed term. The tenure of department chairs in natural sciences and professional disciplines are generally longer than those in humanities and social sciences. Department chair's serving time and ideal tenure are significantly related. The longer they serve in this position, the longer ideal tenure they expect. Overall, department chairs' career motivations for this position are seeking for personal development and being drafted by the dean or their colleagues. Department chairs selected through outside search have longer terms and ideal tenure, greater powers, and this position work has less negative impact on their research performance.

One of the common training opportunities provided to department chairs is workshops within institutions. However, respondents from the world top universities (ARWU 1 – 20) rarely have the opportunities to participate in national conference for department chairs. It is important to have training programs for department chairs in terms of their roles and tasks undertaking. Training enhances their perceptions and skills of management.

Incentive system for department chairs includes intrinsic rewards and extrinsic stimulus. Extrinsic incentives are important to the department chairs' professional development. Intrinsic incentives are related to their tenure positions and selection approaches. Department chairs' power significantly related to intrinsic incentives. This study discusses the feasibility and necessity of the evaluation, taking the case of the initial evaluation practice in the University of Michigan.

Department chairs' leadership effectiveness is the external reflection of their professional development, while their willingness to renew the post is an inherent one. For position-changing career development, this study examined whether the respondents are willing to renew their department chair positions. As for non-position changing career development, it examines the department chairs' leadership achievements. The chairs in departments of science and engineering are more likely to renew their post, and so are those through external recruitment and those with no fixed term contract.

Key Words: department chair; academic leadership; professional development; research universities; AAU

序　言

学系是大学的基本组成单位，系主任对学校发展至关重要。对系主任的研究，不仅具有重要的理论意义，而且具有重要的实践价值。

作者利用在美国波士顿学院访学的机会，完成了对美国研究型大学系主任的问卷调查和个别访谈，获取了宝贵的一手资料。系主任是非常特殊的群体，工作繁忙，顶尖研究型大学的系主任尤其如此。该研究不仅样本量大，而且问卷回收率高，难能可贵。

作者以美国研究型大学系主任这一群体作为研究对象，从领导理论和人力资源管理理论的视角，通过实证研究，系统探讨了其基本特征、主要角色、行为表现与领导效能的关系，以及系主任的选任、培训、激励与评价等影响系主任领导效能的政策环境，并提出了提升系主任领导效能的策略和政策建议。

作者从我国高校普遍采用的校—院—系组织结构的现状出发，围绕研究型大学系主任如何利用自身的先天素养和学校的环境条件充分发挥其领导效能这一核心问题做了深入探索，对提升我国研究型大学系主任的领导效能、推动我国的世界一流大学与世界一流学科建设具有一定的参考价值。

刘念才

目　录

第一章 绪 论

寻找大学如何改变其运作方式的最好方法，是从底层到上层和从内部到外部进行研究。（克拉克，2008）学系是大学的基本组织，高校的许多工作都在学系层面得以完成。（Wolverton et al.，2005）[227] 系主任作为相对独立的学系组织的主要管理者，对学系资源的配置、组织功能的发挥和组织目标的实现等都起着至关重要的作用。

本研究旨在探索美国研究型大学系主任职业发展的关键影响因素，以期为改善我国研究型大学系主任的选任、培训、激励与评价，促进系主任充分发挥其领导效能，提升大学学科水平乃至大学整体水平提供参考和借鉴。

第一节 研究背景

一、系主任在大学管理中的重要作用

近年来，面对竞争的加剧，经营理念在大学管理中兴起并得以发展。大学必须精心规划和管理。目前，我国大学的管理形式在某种程度上仍然是政府管理职能的一种延伸。随着管理体制改革的进一步推进，我国大学的自主权正在日益加强，大学已成为办学经营的实体，大学需要经营。同时，新公共管理理论也对高等教育和医疗卫生等公共部门产生了

重要影响。有的国家还对其公共部门进行改革，主要通过加强市场与竞争机制，加强对客户的关注和在公共服务部门倡导企业家精神等措施来减少公共开支。有研究表明，组织层面的新公共管理变革旨在通过人力资源管理的政策与实践改变传统的专业人员管理方式。

系主任既是学术活动的组织者，又是行政管理的领导者，对学系的发展起着至关重要的作用。可以说，一流水平的学系是一流大学的基本组织。学系的管理在现代大学管理中的作用越来越重要。系主任作为具有相对独立性质的学系的主要行政领导，对所在组织实现资源（人、财、物、时间、信息等）的合理配置与使用、创造性地发挥组织的结构性功能、促成组织目标的实现等，都起着至关重要的作用。没有优秀的系主任，就很难有优秀的学系。

二、全球化背景下研究型大学面临的竞争与挑战

大学面临着全球范围的竞争，除了我国“双一流”大学建设外，德国、日本、韩国等也纷纷出台了重点大学建设计划。在各国各地区重点大学享有的物质资源日益丰富的背景下，大学的卓越程度越来越取决于其内部管理水平，这也在微观层面对大学系主任这一职位提出了重要挑战。

近年来，越来越多的一流大学已经尝试通过确立院系层面发展愿景与规划以及进行质量认证和评估来提升大学整体水平。如清华大学将创建世界一流大学作为世纪之交的愿景，全校师生通过教育讨论会讨论和思考了学校各个层面，包括院系①的发展规划、行动策略和改革方案（史静寰，2009），鼓励院系参与主流的国际专业认证；瑞士苏黎世大学追求卓越的主要途径是建立一套良好的质量保证体系，对每个组织机构（如

① 20世纪80年代以来，我国高校经过新一轮院系调整，高校内部形成了“校—院—系”三级组织。从目前我国大学院系组织的设置来看，大多数研究型大学与美国大学的较为接近，但也有部分大学的院长在一定程度上承担了类似于美国大学系主任的职责。书中根据需要用到了“院系”的概念。

院系、研究所、临床医院、执行委员会以及管理部门等）都进行评估，评估内容包括科研、教学、服务、教师学术生涯发展、管理、相关领域的协作和资源等（刘念才等，2009）[1]；瑞典皇家工学院进行了全面的学科评估，46个学科全部由来自世界各国知名专家组成的12个国际专家组进行现场综合评估（晴田圜，2008）；德国波恩大学形成了关于科研、教学、职位以及管理方面的质量指标分层体系。该体系旨在为大学各个层面（个人、学系、学部等）制定高质量的奖励标准，对提升大学竞争力和追求卓越很有价值（刘念才等，2009）[4]。此外，我国台湾地区的大学的系所评估制度还带动了学校的自我评估工作。其中，“系所设立宗旨及教育目标与校务发展计划之相符程度”和“系所与相关系所相较下之办学特色”两项是“大学系所评鉴五大评鉴项目”中“目标、特色与自我改善”的加分考查项目（杨莹，2008）。被评估的学校主张要走出自我，放眼世界一流大学，并且清醒地认识到，大学要取得发展和进步，就要从自我评估做起。（赵洪，2008）

纵观国内外关于建设世界一流大学的研究，其发展经历了对一流大学概念、特征及标准的探讨，各国重点大学建设政策的比较分析和对院校的个案与经验等建设策略和途径的关注等阶段。近年来，越来越多的一流大学开始尝试通过加强对院系层面的质量认证和评估来提升大学整体水平。

但是，目前关于大学管理与发展的研究很少讨论大学内部不同层面所承担的使命。有的学校在战略性的文件中，对于如何鼓励学系及系主任在科研、教学、职业发展培训等方面提高效能都只有模糊的字句。因此，加强对大学学系和系主任等微观层面的研究，是建设世界一流大学亟须做的工作。

三、我国世界一流大学建设需要加强对基层学术领导的研究

我国当前建设世界一流大学有着高起点这一特殊性。一方面，前人走过的路为我们留下了许多可资借鉴的经验教训，使我们可以少走弯路，

少付代价；另一方面，如果想要后来居上、赶超先进，就不能亦步亦趋走别人的老路，简单照抄别人的做法，唯一的出路就是在继承借鉴的基础上开拓创新，实现跨越式发展。

系主任在大学的经营和管理中起着承上启下的作用。研究大学系主任的职业发展有助于完善大学系主任的选拔制度、聘用制度和人才激励机制、评价机制，有助于推进大学系主任遴选工作以提升大学学科水平，最终提升大学整体水平。

系主任在学系乃至整个大学的发展中起着重要作用，对系主任职业发展的研究应该引起足够的重视。

四、研究价值及核心问题

本研究旨在通过对美国研究型大学现任系主任进行实证分析，探索研究型大学系主任职业发展的内涵以及影响其职业发展的关键因素。

大学层面，本研究对我国研究型大学建设具有重要参考价值，有助于我国研究型大学加强对系主任职位的关注，从而完善系主任的选任、培训、评价与激励机制，改善其政策环境以促进系主任的发展和成长。系主任层面，本研究有助于系主任了解和加强自身的职业发展，提高领导力并努力作用于学系及学校的发展。理论层面，本研究的研究方法和理论探讨有助于丰富高等教育领导理论。

本研究所关注的核心问题为“研究型大学系主任如何利用自身的先天素养和学校的环境条件，在有限的任期内充分发挥其领导效能”，具体的研究问题包括：

（1）研究型大学系主任具有什么样的基本特征？

（2）学校为系主任的职业发展提供了哪些环境条件？

（3）系主任如何发挥其领导效能作用于学系与学科发展？

第二节 概念界定

一、大学系主任

本研究的研究对象为大学校—院—系组织中处于第三层次的学系负责人——系主任，其英文名称通常为（academic）department chair（学系主任）或（academic）department head（学系负责人），简称 chair 或 chairperson。我国研究型大学通常按照学科门类设置学术组织，按照一级学科或学科群设置学院（院系），按照二级学科设置学系或者研究所。（郑晓齐 等，2008）

二、系主任的职业发展

本研究根据大学教师职业发展的相关理论，将职业发展界定为个人职业生涯的一系列活动，包括获取任职资格、职业路径、自我实现和职业转换等环节。职业发展就是在自己选定的领域里，在自己能力所及的范围内，成为最好的专家。

系主任的职业发展是指系主任利用其自身素质，借助环境条件，发挥其学术管理和领导能力，推动学系发展，同时实现自身在学系组织地位和影响的提升。有研究者认为，职业发展主要有职务变动发展和非职务变动发展两种基本类型。职务变动发展包括晋升和平行调动两种形式；非职务变动发展则包括观念的改变、工作范围的扩大、内容的扩展以及方法的创新等，主要表现为领导能力的提高。（冯倬琳，2011）[8]

本研究分别通过系主任的领导效能和连任意愿来考察系主任的非职务变动水平和职务变动意愿。研究主要探索影响系主任职业发展的因素（系主任的角色、任务等职位本身的内涵，系主任的入职动机与选任机制，系主任所接受的培训与环境激励以及系主任的领导效能与连任意愿等）及其相互影响和作用。

系主任的职业发展基于其角色与任务，体现为知识、能力和态度等方面的变化，本研究以职业动机理论为分析框架，从人力资源管理的诸环节入手，旨在探索如何通过外在的政策调适和管理手段的配合等促进系主任内在领导效能的提升。

三、研究型大学

从社会职能方面来看，研究型大学是以创新性的知识生产、传播和应用为中心的大学（王战军，2004）。从组织目标方面来看，研究型大学是以产出高水平的科研成果和培养高层次精英人才为目标的大学（王占军，2003）。

第三节 理论基础

一、职业动机理论

职业动机是指引起并维持个体关于职业规划、行为及决策的力量，由职业弹性、洞察力和认同三个维度构成，其范围涵盖了一个人在职业历程中有关工作动机、管理动机以及所有与职业决策和行为相关的动机。(London et al.，1984)

职业动机理论认为，现存“工作动机”和“管理动机”这两个概念范围太小，且没有反映与职业有关的个体特征、决策和行为，例如个体为何寻找或接受一个职位、决定留在组织内、修改职业规划、寻求培训和新的工作经验、设置和获取职业目标等。于是伦敦（London）把职业动机定义为“与寻求和接受某项工作、留任、形成与修改职业规划以及寻求培训等广泛的职业决策与行为有关的动机”。职业动机反映个体的职业弹性或适应性（career resilience）、职业洞察力（career insight）和职业认同度（career identity）等系列个体特征并影响职业决策和行为。(Steers et al.，1987)[620]

职业动机理论模型由三个部分构成：个人特征（个体的职业适应性、职业洞察力和职业认同度）、职业情境、职业决策与行为。三个部分之间的相互作用关系如图1-1所示。个人特征是指与个体职业相关的个人需要、兴趣、人格变量。（London，1994）组织的经营状况、物理环境、管理政策都会影响组织成员的职业动机，而组织成员的职业动机又会影响组织成员的职业决策和行为，也就是说组织的商业战略、人力资源管理政策的执行效果会极大地受到组织成员职业动机的调节。因而，了解组织成员的职业动机和调节组织成员的职业动机就显得极为重要。

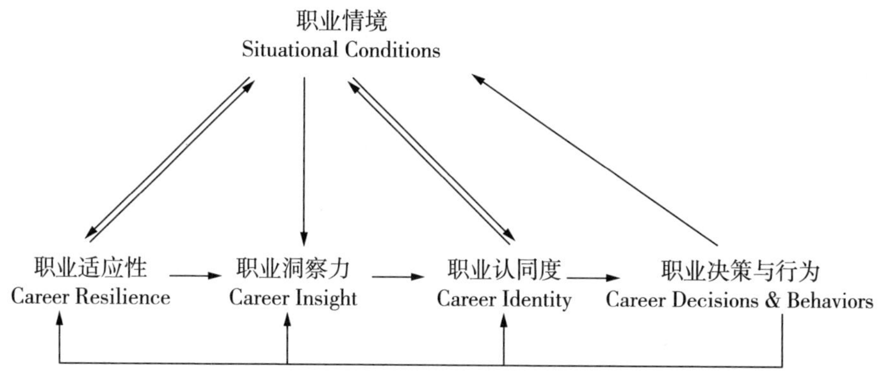

图1-1 职业动机理论模型各部分间的相互作用关系

资料来源：LONDON M，NOE R A，1997. London's career motivation theory：An update on measurement and research［J］. Journal of Career Assessment，5（1）：61-80.

职业动机个人特征的三个维度中，职业适应性是指个体适应不断变化的环境的能力，它包括自我信念、迎接风险的勇气和成就需要；职业洞察力是指正确地认识自己的职业现状以及建立清晰的、切实可行的职业目标，并能了解自己优缺点的能力；职业认同度是指能够通过工作对自己的价值加以界定的程度，它与职位、组织和专业的需求、晋升的需求以及组织认同联系在一起。职业决策和行为则包括制定目标的行为和职业决策的过程。（London et al.，1999）

本研究利用职业动机理论中个人特征、职业情境和职业决策与行为各部分相互作用的观点，探索系主任职业发展与环境影响因素之间的关系，并以此确立研究的分析框架。

二、领导理论

格梅尔希（Gmelch，1991）指出了当前高等教育领域的领导危机，认为高等教育因为缺乏优秀领导而处于一个艰难的时代。领导者必须看到，业余管理者的时代已经过去，领导者必须在高等教育中扮演更为活跃的角色。（Gmelch，2004）[96] 科卡勒（Kekäle，2001）[31-41] 回顾了领导理论在学术领域的运用，概述了美国几位主要学术领导研究者用到的几种领导理论（见表1-1）。

表1-1 领导理论及其特征

领导理论	特征
特质理论	因不同特征而帮助领导者取得成功
行为理论	关注活动模式、领导角色和行为类别，考察领导实际行动
权变理论	强调与有效领导有关的任务性质、外部环境、下属能力等情境因素
权力与影响理论	关注领导者权力来源与大小以及领导方式的单向和双向

领导理论的发展经历了19世纪末到20世纪40年代的领导特质研究时期、20世纪40年代中期到70年代初期的领导行为研究时期，以及20世纪60年代初期到现在的领导权变研究时期。（纳哈雯蒂，2009）[31] 早期的领导理论研究都着重于找出杰出领导者所具有的某些共同的特性或品质，被称为特性论或品质论，如科特（2008）和柯林斯（2009）等人对优秀总经理个性特征的研究。这种理论产生的原因有二：一是为了选拔和预测的需要；二是确定哪些因素能造就一个有能力的领导者。这种理论重点是阐述一个有能力的领导者应具备的素质。

传统的领导特质理论认为，“领导是天生的”。这种信念在19世纪末到20世纪上半叶占据主导地位。经过40多年的研究，大量的研究结论并不支持“领导是一种或数种品质的产物”这一论断，但也发现确有一些品质非常重要（纳哈雯蒂，2009）[31]。最新研究表明，领导者至少在某些方面确实具有天赋。有关研究再次引发人们对领导特质的关注与兴趣，一系列的特殊品质被认为是有效领导的必要而不充分条件（纳哈雯蒂，2009）[42-43]。解释领导者个人特征的另外一种现代研究方法是考察领导者的人口统计学特征（纳哈雯蒂，2009）[35]。领导特质理论为大学领导者的选拔提供了依据。

许多领导行为的研究者在研究中发现，领导者在领导过程中的行为与他们的领导效率之间有密切的关系。这种理论与特质理论有着本质的区别：特质理论认为领导从根本上说是天生的，行为理论则认为领导是可以培养的，即可以通过设计一些培训项目，把有效的领导所具备的行为模式植入个体身上。（陈永明 等，2010）[24] 行为方法研究将领导行为划分为几类，对人们加深理解领导有所帮助。正是由于认为领导是一种需要获取而非个人天生的品质，领导培训成了被关注的重点。行为研究的另一个贡献是提出了用于考量领导行为的方法。领导行为描述问卷调查表（Leader Behavior Description Questionnaire，LBDQ）成为一种广为接受、普遍被使用的领导研究工具（纳哈雯蒂，2009）[31]。

领导权变理论认为，领导能力的发挥受相关因素的影响，领导有效与否不仅与领导者的素质、行为有关，而且与领导者所处的环境也有很大关系。领导权变理论的主要假设是领导的个性、行为方式和行为有效性高度依赖于其所处的环境。（纳哈雯蒂，2009）[32] 权变理论研究者们针对前两种理论研究的不足，在研究领导与绩效的关系时把情境因素也考虑在内。此前从领导品质到领导行为的转向仍不能解释复杂的领导过程，因而也不能使研究人员准确地预知领导的有效性。最普遍的领导理论是既解释领导者的个体特征又考虑情境因素。该理论由于采用了权变的观点，认为领导有效性依赖于领导者和所处情境的相容性，从而使人们理解领导复杂情况的能力大为提高。（纳哈雯蒂，2009）[42]

权力与影响理论关注领导者权力的来源与大小。其他领导理论包括认知理论和文化环境影响理论。认知理论强调下属心目中关于领导的重要性，而文化环境影响理论则强调领导者如何为下属创造施加影响的机会（Kekäle，2001）[37]。

本研究的目的是通过对美国研究型大学现任系主任进行实证分析，探索研究型大学系主任职业发展的内涵以及影响其职业发展的关键因素。通过了解美国研究型大学系主任职业发展的经验，为我国在研究型大学建设进程中加强和发挥院系领导的作用提供理论依据和实践参考。本研究以领导理论为基础，以系主任的基本特征为职业发展的逻辑起点，以系主任的选任、培训、激励与评价为中介概念，以职业发展为中心概念，以系主任的领导效能和连任意愿为逻辑终点，深入分析系主任职业发展条件的基本特征，系统探讨贯穿系主任职业发展过程的基本要素；最后，从系主任职业发展目标与结果的两个重要维度考察系主任的领导效能和连任意愿。本研究关于系主任职业发展的分析框架如下（见图 1–2）。

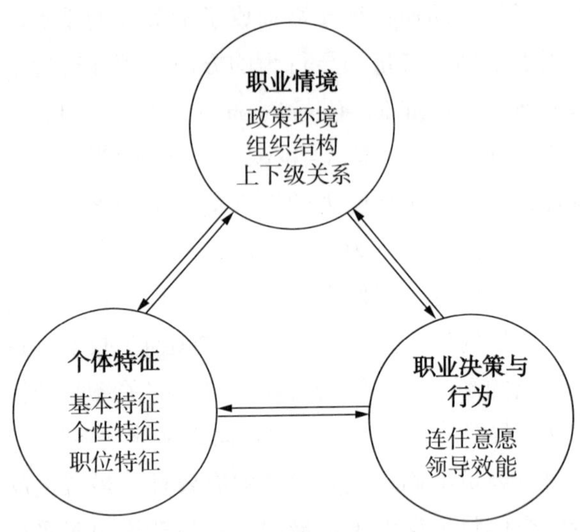

图 1–2 系主任职业发展的分析框架

分析框架包括个体特征、职业情境和职业决策与行为三个方面，其中个体特征包括基本特征、个性特征和职位特征等因素，职业情境包括政策环境、组织结构和上下级关系等因素，职业决策与行为包括连任意愿和领导效能等因素。

第四节 研究内容

一、研究型大学系主任的基本特征

研究系主任基本特征的理论基础为领导理论中的特质理论，即成功的领导总是具备某些素质、性格或特质，特质是决定个体行为的基本特性。本研究主要探讨“成功的学术领导者具有什么样的共同特征”“研究型大学的系主任都拥有教授职称和博士学位吗”“研究型大学系主任主要通过什么方式产生”等问题。研究除了探讨系主任的个性特征外，还分别从学校层次、不同学科和学系规模等视角探索系主任的人口统计学特征及选任特征。其中系主任的人口统计学特征包括性别、年龄、族裔、学历、职称等；系主任的选任特征包括任期和选任方式。系主任的个性特征主要是对促使系主任成功担任该职位的重要特征的自我描述进行分析。

二、研究型大学系主任的选任与培训

对系主任选任的研究旨在通过问卷调查探索 AAU 大学系主任的入职动机、选任方式、任期与任职时间及其影响因素等，主要回答系主任“因何”担任该职位这一问题。其中入职动机包括寻求个人发展、出于需要、寻求更高的薪资、出于责任感和进入高层管理等；选任方式包括内部选任和公开竞聘两种方式；任期则分为有无固定任期两种情况。

系主任的培训是系主任适应该职位的重要保证，旨在帮助系主任了解和掌握“如何”胜任该职位的知识与技能。对系主任培训机制的研究

包括系统地梳理美国研究型大学系主任的职业发展资源、通过数据分析AAU大学系主任接受培训的现状、系主任获取培训机会的影响因素，以及系主任培训对其角色、任务以及权力等因素的影响。

三、研究型大学系主任的角色、任务与领导效能

对系主任角色与任务的研究分别聚焦于探索系主任“何谓”与“何为”的问题。本研究考察系主任对日常事务管理者、人际关系协调者、对内对外交涉者、首当其冲者[①]和活动/计划倡导者等五种角色的符合程度和他们对不同角色重要程度的主观看法，同时探索相关的影响因素。系主任的任务包括招聘教师、管理资源、营造氛围、鼓励科研、委员会工作、召开会议、评价课程、吸取资金、分配任务和保持记录等。研究旨在考察具有不同基本特征和来自不同层次学校、学科与学系规模的系主任扮演的角色与承担的任务是否存在差异。

系主任的领导效能主要考察系主任“如何”作用于所在学系教师、学科乃至学校的发展，研究型大学系主任的主要贡献体现在哪些方面，如何让自己有所作为。在此基础上，通过分析访谈数据，总结和概括出影响系主任领导效能的积极因素和消极因素。

四、研究型大学系主任的激励与评价

对系主任激励与评价的研究旨在探讨系主任“为何”热衷或排斥该职位。激励机制和评价机制相辅相成，互相促进。本研究关注的另一个重要问题是学校是否为系主任发展提供了必要的激励与评价机制。

系主任的激励机制包括服务教师发展、服务学科发展、受到教师尊重等内部激励和额外的管理岗位津贴、较少的教学任务、定期的学术休假与配备研究助理等外部激励。系主任的评价机制主要是对三所AAU大

① 首当其冲者（first among equals）的角色是指系主任需要处理很多事情，但是最终的决定权却较为有限。(Eisen，1996)[125] 本文在Eisen研究的基础上对该角色的内涵有所拓展。

学系主任评价机制的文本分析和对密歇根大学多年以来开展系主任评价的案例分析。

五、研究型大学系主任的职前经历、职后发展与连任意愿

对系主任职业路径的研究旨在回答系主任群体的“我是谁”“我来自何方”“我将去向何处”等问题。系主任的职业路径包括职前担任高校教师的经历、相关管理经验、连任意愿及职后发展意向等。通过考察系主任的职业发展路径，可以了解系主任担任该职位的经历在其整个职业发展中的作用和意义。

第五节 研究意义

学术领导是高等教育管理研究的主题之一，对大学系主任职业发展进行研究，拓展了学术领导的研究范围。对大学系主任职业发展现实状况进行调查分析，探索系主任的基本特征、职位特征及其职业发展的政策环境，可以更加全面和深入地理解系主任这一职位。

对大学系主任的领导效能进行探讨，可以丰富领导理论。从微观层面上对美国研究型大学系主任职业发展及其影响因素进行研究，将大学系主任的个人发展和学系乃至学校的发展结合起来，可以丰富关于个人与组织互惠的开放系统理论的研究成果。现有研究中，采用定性与定量相结合的方法对大学系主任进行的研究还比较缺乏。本研究通过调查获得的有关 AAU 大学系主任基本特征、角色与任务，以及政策环境等现状的一手资料，在一定程度上，起到了累积文献资料的作用，可以为后续研究者提供参照。

此外，本研究对大学如何为系主任的职业发展提供良好的政策环境，帮助系主任应对角色冲突与挑战，从而更好地发挥其角色功能，提高大学人力资源的使用效率，以及对我国世界一流大学建设进程中更好地发挥系主任等中层学术领导的作用等都具有一定的实践意义与参考价值。

第二章 文献综述

学系产生于美国的大学，国外对系主任的研究也以美国的成果为主。其研究的主题经历了系主任的角色、任务到其领导技能、职业成长以及所面临的问题与挑战等一系列的变化。20 世纪 80 年代之前，学界对系主任的研究较少。最早对系主任研究的历史进行梳理的是格梅尔希与盖茨（Gates），他们概括了系主任研究在英语国家的历史。塔克（Tucker，1984）[14-15] 的著作《学系管理》较为全面地介绍了系主任这一职位需要面对的有关人事、财政、课程管理及领导方式等各方面的问题。拉姆斯登（Ramsden，1998）[61] 研究发现，在整个 20 世纪 80 年代，系主任在学术界是被研究的最少和最容易被误解的职位。20 世纪 90 年代以来，美国学者加强了对系主任的研究，出版了有关系主任的交流技巧、领导技能和团队建设等方面的著作（Creswell et al.，1990；Gmelch et al.，1993；Higgerson，1996；Hecht et al.，1999）。这些研究推动了高等教育界对系主任的认识，但总体还是侧重于对系主任的某一个方面进行经验性的总结。

以下就美国学者对系主任的基本特征，系主任的选任与培训，系主任的角色、任务与领导效能，系主任的激励与评价及其职前经历与职后发展等几个方面的研究进行综述，最后对我国大学系主任的相关研究进行回顾。

第一节 系主任的基本特征

领导理论中的特质理论认为，成功的领导者总是具备某些素质、性格或特质，特质是决定个体行为的基本特性。特质理论在20世纪二三十年代非常有影响力，但由于缺乏普遍规律和普适原则，这种理论一度很少被提及。20世纪90年代以来，特质理论研究重新进入研究者的视野，特别是在研究学校改进过程中发现优质学校和薄弱学校都和领导的素质有关，因此出现了大量关于有效领导基本特征的研究。

一、系主任的人口统计学特征

对于美国大学系主任的人口统计学特征，美国研究者在近20年来做过不少全国性或地区性的大型调查，如史密斯（Smith）、尼埃美尔（Niemeier）与冈萨雷兹（Gonzaloz）、伯恩斯（Burns）和卡罗尔（Carroll）等对美国研究型大学系主任的调查研究，朱东（Chu）等人对加利福尼亚州立大学系主任系统的调查报告，以及希尔顿（Hilton）对美国社区学院系主任的研究。此外，包秋和克雷斯威尔（Creswell）对中国高校的系主任也进行过广泛的调查。

史密斯以美国27所研究型大学的303名系主任为样本调查，结果发现，其样本中系主任现龄在55~64岁的比例占56.0%，有51.0%的系主任任职时间在3年以内，女性系主任和少数族裔系主任分别占32.0%和8.0%。（Smith et al.，1999）尼埃美尔与冈萨雷兹统计了AAU各成员大学约95%的学系系主任的相关信息，发现拥有副教授职称的系主任比例为14.0%，女性系主任占17.5%，少数族裔系主任的比例低于10.0%。（Niemeier et al.，2004）伯恩斯的研究中，接受调查时系主任平均年龄为50.4岁，56.5%的系主任任职时间在3年以内，女性系主任和少数族裔的系主任分别占10.3%和4.8%。（Burns，1992）[8] 朱东等人调查了加利福尼亚州23所州立大学的850名系主任，调查结果表明，州立大学的系主任较研究型大学年轻（50~59 岁的系主任占 55.0%），女性比例较高（34.0%）。（Chu et al.，2002）[1] 希尔顿对美国北卡罗来纳地区 50 所社区学院的 200 位系主任进行了调查研究，该研究的结果进一步表明不同类型和层次的高校中系主任的基本特征存在较大差异，他的研究中系主任更为年轻（40~49 岁的系主任占 44.9%），女性比例更大（40.2%）。（Hilton，1997）[10] 此外，朱东等人的研究和希尔顿的研究还考察了来自外校的系主任比例，分别为 9.4% 和 4.5%。

这些研究大多关注了系主任的性别、族裔、年龄和任职时间等基本特征，较少考察系主任的学历背景、职称状况、任期和选任方式等特征。其研究发现的共同之处是少数族裔的系主任比例较低，不同之处主要体现在不同层次和类型的学校系主任的年龄特征和性别特征有所不同。

二、系主任的个性特征

关于系主任的个性特征和专业能力研究较多。格梅尔希等（Gmelch et al.，1991）在对系主任的时间管理和角色定位进行研究后发现，系主任应该足够能干和灵活，在管理冲突时应具备果断、竞争、合作、适应和回避等技巧。高效的系主任善于与外界建立联系，关注招生与学生入学以及教师的大量引进。（Bensimon et al.，2000）[62]

哈里斯等（Harris et al.，2004）[139] 对美国 5 所研究型大学教育管理/领导系主任的领导特征与行为进行了研究。研究发现，学校领导、教师和系主任一致认为，高效能的系主任的共同特征是有良好的道德行为，能有效沟通，具有发展的共同愿景，乐于分享权力。另外，系主任认为决断能力、对教师所取得的成绩及时关心和祝贺以及注重沟通与合作也很重要。研究发现，系主任最重要的三项领导行为分别是发展教师能力、鼓励教师和其自身的示范作用。这些行为具体表现为尊重他人、促进合作、及时肯定、帮助他人树立信心、信守承诺与讲究领导方法等。

然而，除上述以研究型大学教育管理系主任为样本研究其领导特征与行为外，很少有研究者就研究型大学系主任的特征进行专门研究。

第二节 系主任的选任与培训

优秀的系主任对一所大学的发展至关重要。不同学校选择系主任的方式有所不同，内部选任主要有三种途径：行政领导任命、教师选举，以及上述两种方法的折中，即由学系提出候选名单，上级行政人员从中指定一人。(Carroll，1991)

系主任所遇到的任何情况都是其所在学院或其他地方的系主任经历过的。既然在本院乃至整个高等教育系统都有前辈，新任系主任大可不必将每一项挑战都当作首次发生的新鲜事物来独自面对，而是应该汲取他人的经验与教训。(Buller，2012)[215] 大多数系主任认为系主任研讨会等职业发展培训有助于他们取得成功。然而，对于许多系主任而言，他们担任该职位唯一的入职准备仅仅局限于其作为教师的经历，以及对前任系主任工作的观察和与之共事而获得的经验。但接受过培训的系主任大都认为系主任研讨会等职业发展项目有助于他们取得成功。(Chu et al.，2002)[35]

一、关于大学系主任选任机制的研究

从学系组织产生至 20 世纪初期，系主任一般都由强有力的教授担任，他们常常扮演大学中举足轻重的角色。但这种重要性在此后的发展中遭到削弱，如 1911 年芝加哥大学曾设法削弱系主任的权力，将系主任的任命制改为选举制。直到系主任轮流任职制逐渐形成，系主任的权力趋于民主化。(陈伟，2005)[24]

大学系主任的产生方式通常有院长任命、教师选拔和轮流任职等几种形式。威廉姆斯（Williams，2001）[59] 在对任命制和选举制进行比较后认为，选任系主任最为理想的办法是由院长参考教师和上级的意见后任命。

关于系主任的任期与任职时间，高磊等人（2005）[75] 指出，美国大学

的系主任大多由全体教师选举产生，由拥有终身教职的教授轮流担任。系主任的任期一般为 3 年或 5 年，通常可以连任。

而早期的调查研究发现，采用系主任轮流担任制度或为系主任设立固定任期的大学只是少数，大多数系主任可根据其能力与表现尽可能担任较长的时间。多伊尔（Doyle，1953）[26] 调查的 33 所大学中有 29 所未给系主任设立固定任期。他调查发现，这些学校对系主任的管理具有较大的随意性，其中 31 所学校的系主任没有正式的任职合约，其任职期间的薪水没有增加，仅有 2 所学校与系主任签订正式合约，提供相应的报酬。尽管系主任担任该职位没有经济补偿，但学校通常会为系主任减少教学任务，以便其履行管理职责。

人们对于系主任的轮流制和系主任固定任期的做法持不同的观点。支持者认为，轮流制有助于创新，如设立新课程等活动往往是在新的系主任上任后。多伊尔的调查发现，采取系主任轮流担任制度的学校占 12%，这些学校的领导认为系主任的流动有利于学系成员更大程度地参与学系管理。（Doyle，1953）[26] 赫弗林（Hefferlin，1969）的研究表明，在 73 个最具活力的学系中，74% 的学系都有新系主任代替了老的系主任，而其他学系中新系主任的比例仅为 39%。反对者则认为，高等教育是发展较为缓慢的事业，许多项目的实施都需要 3 年以上的时间，轮流制不利于项目的稳定实施。改革对部分人而言是痛苦的，任期较短的系主任可能不愿意招致教师的不满（Lees，2006）[307]。在 3 年任期内，新上任的系主任需要花一年的时间熟悉整个工作制度，第二年用来纠正工作的偏差并调整发展方向，第三年则要避免做长期性的变革并盼望着回归到自己正常的学术生涯轨道上（博尔顿，2010）[85]。多伊尔的调查发现，系主任的轮流担任制度有损系主任的工作效率。系主任需要 1~2 年熟悉该职位，之后才谈得上经验与效率。如果任期限定在 1~3 年，将不利于组织的有效运作。不给系主任设立固定任期有助于提高该职位工作效能，使系主任尽其所能地为学系服务。（Doyle，1953）[95]

相对于系主任的任期，研究者更多地关注其实际任职时间。普费弗

（Pfeffer）与穆尔（Moore）对一个州立大学两个校区 40 个系 20 年来系主任任职情况进行了调查，发现系主任的任职时间与学系的发展水平（paradigm level）呈正相关，与学系规模呈负相关，与学系内年长教师和学系规模的相互作用也呈负相关。（Pfeffer et al.，1980）[387] 在资源更为匮乏的时期，学系发展水平与学系规模对系主任任职时间的影响更大。学校、职位名称与遴选方式不同产生的系主任之间无显著差异。康韦（Conway）阐述了系主任离任的最佳时机，即在对工作感到厌烦、有既定的撰写专著的计划、自己的想法不合院长心意或者想要选择跳槽时便可离职，但要考虑离职时要学系需一年左右的时间找人接替该职位。（Conway，1996）[103]

普费弗与穆尔指出，系主任的正式任期并不能准确预测其实际的任职时间。相反，学科会影响系主任的任期。对资源的竞争给人文学科和社会科学造成了不利影响，可能同时影响到系主任的任期和学系的氛围。社会科学和人文学科面临更为剧烈的竞争，更容易产生冲突，因此这些学科的系主任最容易动摇。此外，这些学科的系主任最不容易对工作产生满意感。（Pfeffer et al.，1980）

另有研究者对 32 所博士型公立大学约 1200 名系主任进行调查（回收率为 73%），发现一半左右的系主任任职时间不满 4 年。（McLaughlin et al.，1975）[245] 专业学系（professional department）系主任的平均任期为 6~8 年，而基础性（学科）学系（disciplinary department）系主任的平均任期为 3~4 年。显然，基础性（学科）学系（disciplinary department）人员变动更频繁。鲍克（Bowker，1982）的研究表明，15% 的数学学科系主任任职时间不到一年。

职位的不确定性和权力的模糊性影响了系主任的任职时间。普费弗与穆尔的研究表明，学科发展成熟度（即学系目标与方法能够达成的一致程度）无论在 1957—1976 年整个时间段还是在 1967—1976 年这 10 年都是影响系主任平均任期的重要因素，同时，他们还发现系主任的任职时间与学系专任教师（regular faculty）的增长成正比。系主任的任期还随学系资深教师数量的增长而延长。最重要的发现为在考虑学科发展成熟度时，正式的选任原则对系主任的任期没有重大影响。在对资源竞争变得日益剧烈的1967—1976年这10年间，是学科发展成熟度而非系主任选任原则等其他因素影响了系主任的任期。(Pfeffer et al.，1980)

从学科类别看，理论学科（纯科学）学系比应用学科学系的规模更大，非生命学科比生命学科的规模明显要大。然而，不同规模学系的系主任任职时间却没有显著差异。教师获终身教职的情况与系主任的任职时间也无显著相关，但是兼职教师的数量则可能影响系主任的职业发展(career decision)。在艺术与英语等学系，兼职教师数量较大。整体而言，不同学系的兼职教师数量没有显著差异。女性系主任比男性系主任管理了更多的兼职教师。(Pfeffer et al.，1980)[398]

博尔顿（2010）分析了系主任的三种入职动机，即担任该职位为学系服务的责任感、学术休假等外在激励因素所带来的心理补偿感，以及对更高管理职位的追求。博尔顿将这三种动机分别称为“好兵”“诱惑”“如意算盘”。“好兵”——大家默认教授有义务在某一阶段担任系主任，于是便有了这样的情况，“很遗憾，现在轮到我了”。聪明的院长自然会利用这个“共识”，很容易就确定候选人；“诱惑”——假如轮到某位教授担任系主任时他拒绝了，学院可能会给他或其他候选人提供诱人的条件，比如，额外聘用一个博士后或助教，或在任期结束时为他们提供全年的学术休假。很少有院校使用这种看似多余实则立竿见影的方式对系主任的工作进行补偿；“如意算盘”——有些教授会把系主任看成是向院长，甚至副校长等高层管理职位迈进的跳板，这是比较冒险的选择，因为几乎没有迹象表明校长们认为担任系主任是多么有效的锻炼方式。

研究者指出，系主任在担任该职位前对职位的追求可能表现出积极或消极两种态度。积极的参与者认为这是一种职位的晋升，是通向高层管理的基础。他们能够抓住机会积累管理经验，以便为更高职位做准备，系主任此前的相关经验包括担任研究生项目主任、副系主任、副院长，或大型学系的跨学科项目（部门）的负责人等，甚至在学校层面担任管理者。积极谋求职位者会经常关注招聘广告，在全国范围内寻求机会。

消极或被动地担任系主任的可能要等到机会来临时才发现自己对该职业感兴趣。他们往往在现任系主任不得力或认为自己可以更好地掌控局面时产生担任该职的想法。他们往往在自己所在学系任职，并且只在现任系主任退休或离任时开始考虑接任职位，更为被动者会在院长或其他教授的敦促下才接受该职位。（Lees，2006）[97]

关于系主任的任职条件，多伊尔的调查表明，系主任的选任主要基于三个因素，即教学经验、教学能力和管理能力。其他因素包括学历条件、科研成果、知名度和人际交往能力等。上述各种因素对系主任担任该职的影响分别为：教学经验占 25%，教学能力占 20%，管理能力占 15%，学历条件占 12%，高级职称占 8%，还有其他一些因素如科研潜力、研究成果、国内知名度和交往能力（与他人相处的能力）等。（Doyle，1953）[24]

关于系主任的选任方式与遴选程序，研究者指出，系主任的选任方式会因学校管理、学系氛围，以及用于吸引教师担任该职位的财政资源等情况的不同而有所不同。系主任的来源可能仅限于内部人选，或者通过对外招聘同时允许系内教师参与竞争。尽管没有确切的数据，但利斯（Lees，2006）[20] 认为大多数系主任主要通过内部选任产生。

从系主任的来源看，内部选任和外部竞聘是美国大学系主任选任的两种基本方式。在鲍克等人的研究中，外部竞聘产生的系主任总体比例为 20.56%。不同学科与不同性别的系主任选拔方式无显著差异。（Bowker et al.，1983）[66]

鲍克等人认为外部竞聘通常采用刊登全国性的广告的方式，需要有一定的经费支持，以支付广告费用以及邀请候选人来学校实地参观或面试。这种选任方式在研究型大学和部分专业学院更为普遍。当系内产生不和、出现教师权力争端或者学系内部缺乏合适人选的情况下，也有可能采用外部竞聘的方式。

对于研究型大学和专业学院而言，外部竞聘产生系主任的目的是吸引名校教师和所在学科领域内享有很高声誉的学者，以提升学系形象。对于存在历史问题的学系而言，外部竞聘是因为学系内部没有人能把大家团结在一起。而外来人员最有可能重组学系，凝聚人心。大多教师认为外部竞聘产生的系主任在向学校争取额外的资源时具有更多的优势，对于外部产生的其他管理者也是如此。但均由外部竞聘产生的话，优秀的内部候选人就可能被忽视。

内部选任往往更为普遍。内部选任的优势在于，候选人熟悉学校环境，了解系内教师，因此在上任后可以节省大量的时间，不会被“被低估”或“受到不公平待遇”的教师以及希望系主任认识并矫正学系过去错误的教师所“围攻”。而外部竞聘产生的系主任需要通过找大量的教师谈话来了解这些问题。对院长和教师来说，内部选任的系主任相对更让人放心，尽管并非所有教师都对此表示认同。但由于了解其风格、理念和习惯，至少可以避免不必要的担心。(Bowker et al.，1983)[73]

内部选任的方式有两种，即轮流担任和内部遴选。有的学校的系主任采用轮流担任制，每位教师任职一段时间，最普遍的为3年。对连任的次数也有一定的限制，最多可以连任3届。候选教师可能需要获得终身教职或特定职称。否则，他们在实施改革或面对资深同仁时便处于不利地位。有些情况下，尤其是在小型学系，因为合适的人选很少，教师可能出于对学系或学校的责任感而勉强接受该职位。一方面，教师的责任感值得称道，另一方面，在领导者面临变革与挑战的当下，人们可能会对这些系主任是否为学系的利益做好了充分准备表示怀疑。

内部选任的系主任也可以通过内部遴选机制产生，其选任由遴选委员会负责执行。通常也有一定的任期，但可以续任。申请者担任该职位的意愿往往较为强烈，但领导效果则取决于其真正的动机。

按照选任过程中教师的参与情况可将系主任的选任分为教师主导型与行政主导型。鲍克等人调查了326名系主任的情况，研究发现教师主导型与行政主导型两种方式产生的系主任比例约为6∶4；专业学科系主任的选任教师参与较少；专业学科来自外校的系主任和女性系主任更多是

由行政任命的。(Bowker et al.，1983)[75]

关于系主任的遴选程序，有研究表明，经由院长推荐后由校长任命，是系主任选任的主要模式。其他向校长推荐的组织包括管理委员会、教师委员会、大学任命委员会以及系主任任命委员会等。有的学校系主任由董事会直接任命，有的学校则由教师委员会对系主任候选人进行考察后向校长推荐人选。值得注意的是，几乎所有大学在正式任命系主任前都会向教师征求意见。通过学系委员会的初步筛选，然后向学院管理委员会推荐，校长或其他负责任命者则向院长进行咨询。(Doyle，1953)[22]

研究者调查了解，在美国著名研究型大学中，系主任的任命大多都是由所属学院院长与大学校长（或者负责学术的副校长、教务长）推荐，由学校最高管理机构（大学理事会或董事会）最终任命。如密歇根大学的系主任均由校长推荐，大学董事会任命，而且必须征得所在学系大部分成员的意见，所任命的系主任必须是所在学系或者相关领域的教授或副教授。在宾夕法尼亚大学，学院院长与系主任由大学校长和常务副校长推荐，大学理事会按照一定的政策和手续任命。(高磊 等，2005)[75-76] 耶鲁大学很少采用民主投票的方式产生系主任，因为通过投票产生的人选往往在竞选时有良好的表现，但不一定就是真正适合当系主任。为了遴选系主任，通常由院长任命若干由本院但非本系的教授组成“遴选委员会”。多数情况下，系主任从外校招聘。在听取全系教师意见的基础上，由该委员会从应聘者中选出 3 名候选人，由教务长、院长等人决定最终人选，教师的意见并不起决定性作用。因此，选择系主任往往体现了教务长、院长对该系的发展远见。这样的做法使得水平一般的学系也有可能得到一个相当有水平的系主任，最终提高整个系的水平。(熊庆年，2007)

研究者分别对选任机制的发展历程、遴选程序、任期设置进行了探索，并且分析了不同选任方式与任期设置的优势与不足。有的研究者通过实证研究考察了系主任的任职时间及其影响因素。有的研究对系主任的任期进行了调查，发现不同学科之间存在显著差异。也有研究对系主任的任职条件进行了探索。然而，系主任的入职动机、选任方式和任职时间是否受其基本特征的影响，不同学科、学系规模和学校层次之间系主任的选任方式和任职时间是否存在显著差异，研究者对以上问题缺乏关注。

二、关于大学系主任培训机制的研究

美国大学系主任的培训资源非常丰富。系主任任职后所参与的提升领导与管理技能的活动主要有校内组织的研讨会、专业学科组织的研讨会、全国性的系主任培训会议、大学课程、实习与指导等。许多优秀的研讨会和培训会议为系主任提供了他们所关心的话题和相关信息，通过培训报告、案例研究和情景模拟等方式提高了其管理技能。(Buller, 2012)[181] 此外，大学课程中有关管理与领导能力的训练、系主任担任其他学术与行政管理职位的经验以及与其他同仁的非正式交流和阅读、反思等都是系主任进行职业发展训练的有效途径。

系主任向同行学习的方法有多种，其中之一是组织系主任与学校其他管理者一起评估学校与学系的发展重点与政策。通过应用组织发展原理来设计培训项目，将新任系主任与资深系主任不定期地组织到一起探讨财务、人事、学生工作、教师科研和外部联系等问题，学系秘书与行政助理等人员也可参与其中。此类培训，以极少的费用即可达到培训的目的。会议议程可由参与者决定，系主任工作量过重、角色模糊和学系冲突等问题都可以被提出来讨论，大家共商对策与解决方案。(Booth, 1982)[26]

校内组织的研讨会中，影响较大的有华盛顿大学（University of Washington）、堪萨斯州立大学（Kansas State University）、佛罗里达州立大学（Florida State University）和加州大学戴维斯分校（University of California, Davis）等大学的相关培训项目（见附表 1.1）。有的研究型大学在校内为系主任的职业发展提供了多种培训项目，如凯斯西储大学（Case Western Reserve University）校长办公室组织的“系主任与学术领导”项目，除了为系主任提供相关的网络资源外，还组织以下三种形式的校内培训：系主任领导力论坛（Chair Leadership Forums）、新老系主任见面会（New

Department Chair Orientations）和院长与系主任年度研讨会（Provost's Annual Leadership Retreat for Deans and Chairs）。

早在 1963 年，美国大学中，由 1000 多个英语系组成的英语系所协会（Association of Department of English，简称 ADE）发起了系主任暑期研讨班（Summer Institute），讨论管理与教学问题。研讨班既讨论了学系管理中的实际问题，也讨论了英语系的发展方向。对于学系的日常管理问题，在由资深系主任或特邀专家主持的小组讨论会上进行探讨。此后，其他学科组织也对其系所内部的管理问题举行了类似的研讨会或进行了非正式的讨论。例如，美国社会学会（American Sociological Association，ASA）为系主任建立了教学资源项目，以提升该学科的本科教学质量。（Booth，1982）[27] 除英语系所协会和社会学会等专业学科组织的研讨会外，其他学科协会的年会通常都有系主任学科组织培训项目（见附表 1.2）。

众多优秀的全国性和区域性的系主任培训会议和研讨会中，以下几种较为突出（见附表 1.3）：美国教育理事会的地区领导论坛、教师评价与发展中心组织的系主任培训研讨班、堪萨斯州立大学组织的系主任年会，以及哈佛大学教育学院的管理技能与发展项目等。其中美国教育理事会的地区领导论坛是该机构为推动高等院校行政领导开发所确定的战略优先行动之一。理事会开展了针对全美和全世界院校系主任的全国性培训工作，还提供专门的夏季高级专题讨论会（a special advanced summer workshop），也针对部分院校的系主任设计并实施了定制性的（customized）专门培训计划。（王福友，2008b）

除上述正式的系主任培训项目外，帮助系主任职业发展的其他资源也很丰富。主要包括大学课程、实习与指导、外部顾问，以及供系主任自我提升的网络资源和传统纸质资源等（见附表 1.4）。

大学课程方面，布斯（Booth，1982）[16] 指出，在 20 世纪 80 年代初，高等教育研究生项目开始借鉴企业管理相关方法开设课程。然而，研究表明，系主任通过大学课程学习管理和领导技能仍然是最不常用的培训方式。史密斯（Smith）与斯图尔特（Stewart）对新任社区学院系主任的调查表明，系主任最少用到的在职培训方式为选修学校资助的学分课程。(Smith et al.，1999) 布莱洛克 (Blalock，1987) 对私立文理学院系主任的调查发现，仅有24%的系主任反映其大学课程中开设了有关管理的课程。布朗 (Brown，2001) 对美国国家音乐学院协会 (National Association of Schools of Music，NASM) 成员大学中的408位拥有博士学位的音乐系主任的调查表明，大多数系主任博士学习期间，学校没有开设管理职位相关课程。尽管该研究中大多数系主任至少列出了一门学校本应开设的相关管理课程。

实习或指导方面，布勒 (Buller，2012)[46] 指出，每一位系主任都应该有一位专门的指导者，任期满两年的系主任也都应该担任其他新任系主任的指导者。如果系主任有人指导同时又为他人指导则更为理想。学术领导者既通过别人的指导学习，也通过与他人分享自己的经验而进行自我反思学习。

外部顾问方面，系主任找到为自己量身定做的顾问也是提升领导技能的良好途径。如美国教师评价与发展中心 (Instructional Development and Effectiveness Assessment，简称IDEA) 可为系主任发展领导技能与发挥工作潜能提供个性化辅导。一旦系主任完成中心的系主任信息反馈量表，中心即提供几项可供选择的辅导项目。通过向资深人员咨询，系主任的自我反思能力得到提升，领导技能得以发展。

该咨询项目旨在帮助系主任加强领导能力、改善学系文化、提升系主任的工作满意度和丰富其职业生涯、实施独特的改进策略和减少学校为系主任频频更换而付出的代价。咨询与辅导项目价格昂贵，但其针对性强，因而效果显著。

其他培训方式主要有阅读、网络研讨会 (webinar)，以及与其他系主任的非正式交流等。布勒介绍了可供系主任阅读的学术期刊：《系主任》(*The Department Chair*) 期刊为乔西-巴斯 (Jossey-Bass) 出版的季刊，内容包括有关高校领导的实践性文章。该刊是及时了解高等教育管理相关法律问题、高等教育发展动态、学术领导实践，以及系主任日常工作中所面临的各种挑战的绝好途径。《学术领导》(*Academic Leader*) 期刊是由麦格纳 (Magna Publication) 出版的月刊，讨论学术管理者所关心的实际问题。《变革》(*Change: The Magazine of Higher Learning*) 是由位于加州史坦福的卡耐基教学促进基金会编辑，海伦·德怀特·里德教育基金会 (Helen Dwight Reid Eductional Foundation) 出版的高等教育双月刊，旨在探讨当今高等教育政策与院校发展动态等问题。许多与系主任发展息息相关的问题最初都在《变革》期刊出现。《高等教育记事》(*The Chronicle of Higher Education*) 是有关学术及其管理最新问题的周刊，其电子版与纸质版都有许多全球各地高校刊登的招聘广告。系主任应该成为与其特定职位密切相关的期刊的忠实读者，无论其工作职责如何表述，以上期刊理应成为系主任的必读材料。

许多已经出版发行的书面材料都可以通过网络获取，这些材料往往可以免费获得，即使需要付费，费用也很低。美国教育理事会 (American Council on Education，简称 ACE) 资助的系主任网络资源中心 (Department Chair Online Resource Center)，其资源包括领导、教师交流与资源管理等方面的话题。许多在《系主任》《学术领导》《高等教育记事》上刊登的文章都可以在该中心免费下载。IDEA 的文章以及高等教育专业与组织发展网络协会 (Professional and Organizational Development Network in Higher Education，简称 POD) 提供的免费资源，会根据不同的主题分类；教师关注 (Faculty Focus) 为麦格纳出版社所提供的网络资源，其“免费报告”提供大量在《学术领导》上首次刊登的文章。“免费报告”的主题有从教师到管理者的转型、教师评价、教师发展、网上课堂、课程设计等方面的内容。

网络研讨会是亲临现场参加研讨会的一种替代方式，近年来开始流行。此类研讨会的材料可从乔西-巴斯、麦格纳等出版社获得，类似的新培训项目一直有增无减。学术领导协会 (Academy for Academic Leadership，简称 AAL) 以网络研讨会和 CD-ROM 的形式提供培训。

系主任的培训近年来日益受到关注。史密斯与斯图尔特在对系主任做了全国性的调查后发现，大多数系主任通过非正式的形式学习，如向同事咨询或通过观察、摸索进行学习，建议学校为他们提供帮助和支持，如正式的培训课程。(Smith et al.，1999）布拉格（Bragg，1980）的研究发现，使用以老带新的方式和为系主任撰写案例最为有效。关于需要什么样的教师来做系主任，影响较大的是蒙森（Monson，1972）的研究，报告中谈及他第一次做哲学系主任时所遇到的挫折，包括对他在犹他大学如何协助系主任的简要说明。

成功的培训项目通常始于系主任对培训需要的调查与评估，全校范围内的调查由学术副校长发起，学院层面的培训则由院长负责。培训的主题为学校管理改革或学系管理的提升等。（Booth，1982）[2] 这些培训项目通常不会占用系主任过多的时间，如为系主任提供一些简短的阅读材料，安排新老系主任见面会，组织与资深系主任或顾问接触的拓展活动等。培训项目的设计过程应考虑的因素很多，如系主任的学科背景是否应该相同，培训应在校内还是校外进行，安排小组讨论时是否考虑学系规模等。培训内容方面，大的政策问题如果不与系主任实际面临的问题相结合，则很难引起系主任的兴趣。(Booth，1982)[3]

研究者对系主任的培训需要和培训方式方法也做了一定探索。瑟通(Settoon）与怀尔德（Wyld）以商学院的系主任为例，指出系主任面临的压力越来越大，为加强其领导，通过以下途径为其提供动力：网络课程、周末培训项目和加强与外界（企业或国外大学）关系的建立等。(Settoon et al.，2004）沃尔弗顿等（Wolverton et al.，2005）指出，大学的许多工作都在学系层面完成，然而，大多数学校都不太注重学系领导的培训与续任工作。有研究者在内华达州拉斯维加斯大学针对该问题进行调查后，提出了基于数据分析的系领导培训内容与方法。阿齐兹等（Aziz et al.，2005）针对公立大学系主任的培训需求很少被人关注这一现象，对该问题做了实证研究，研究发现系主任最需要培训的方面为财政预算、教师问题、法律问题和职业发展。布拉格（1980）运用社会化理论对宾夕法尼亚州州立大学 39 名系主任的经历进行了研究。研究发现，系主任对学术的看法占主导，他们上任时对任务（mandate）的认识比较模糊，接受聘任只是因为没有其他人选，他们希望启动系内教学改革。系主任上任后，所接受的帮助通常体现在技术方面而非在更为重要的社会和政治方面。他们没有从刚离任的系主任处获得帮助。系主任担任该职后接受培训的情况往往因人而异，但近年来因为强调该职位的重要性而更加注重为系主任提供系统的训练机会，以培养其领导学系的能力。（Lees，2006）[305]

研究者关注了系主任接受培训的现状和意义，同时梳理了系主任的职业发展资源，较为系统地介绍了系主任的培训项目。然而，目前很少有研究关注研究型大学系主任接受培训的情况，如接受培训的机会及其对职业发展的影响，尤其缺乏相关的实证研究。研究型大学系主任的职业发展培训的目标与途径是否存在特殊性等问题，尚未引起学界关注。

第三节 系主任的角色、任务与领导效能

由于系主任角色的双重性和任务的多样性，现有的大量研究大多集中在对系主任的角色和任务进行探索。西格伦等（Seagren et al.，1993）[6]对20世纪80至90年代初关于系主任的角色和任务具有代表性的研究进行了梳理（见表2-1）。此后的研究者多以此为重要的基础和参照。

表2-1 20世纪80至90年代初关于系主任角色和任务的研究

资料来源	关注焦点	主要内容	研究方向及结论
Norton，1980	教育学院系主任的任务（院长与系主任的观点）	考察了系主任7个方面176项任务的实际表现及其重要程度，包括学系内部管理、财务预算、人事管理、内部与外部沟通、课程与教学、学生事务、个人专业发展	院长与系主任均反映系主任有80%的任务完成较好，但财务预算中的6项、人事管理与学系内部管理中各有2项没有达到院长的期望；对于任务的重要性的认知，院长与系主任的一致程度为94.3%

续表

资料来源	关注焦点	主要内容	研究方向及结论
Bragg，1980	系主任的角色	教师取向、外部取向、专业取向和管理取向	教师的招聘与评价、对外交涉、学系形象的提升，以及项目发展等
Jennerich，1981	系主任的能力	14 种能力	领导能力、人际交往能力、沟通能力、决策能力与组织能力等，正直等特征
Tucker，1984	系主任角色的多样性	28 种可能扮演的角色	学系管理、教学、教师事务、学生事务、外部交流、财政预算、资源管理、专业发展
Moses & Roe，1990	系主任的任务	40 种任务	教师与学生事务、专业发展、日常管理、个人学术活动、财政预算与资源管理等
全国性系主任调查小组，1992	系主任的角色	领导者、学者、教师发展者和管理者	系主任每一个角色的要素
Seagren & Filan，1993	角色、任务与权力	18 个角色、32 项任务、12 种能力	激励者、整个学系计划、决策能力等

一、关于系主任角色的研究

对系主任角色的反思可回溯到 20 世纪 70 年代，其重要的标志之一是 1975 年由美国教育理事会出版的沃尔泽（Waltzer）报告《系主任工作：迈阿密大学的经验与启示》（*The Job of Academic Department Chairmen*）。该报告指出了影响系主任工作的诸多问题，明确提出系主任的任务主要包括学系事务、学术事务、教师事务、学生事务、外部交流、财政预算、办公室管理和系主任个人的专业表现等。此外，报告还指出，“学校的行动（决策）在于学系”，旨在提醒学校高层、教师和有担任系主任意愿者，系主任的作用不可低估。（Hecht，2004）报告发布至今40多年，仍然有很强的现实意义。

同在1975年，麦克劳林等（McLaughlin et al.，1975）[244] 发表了关于研究型大学系主任角色的研究成果。研究者对美国38所州立赠地学院中的32所具有博士学位授予权的大学的1646名系主任进行了调查，其中有1198名系主任（73%）接受了调查。该研究界定了系主任的三种角色，即学者、管理者和领导者。学者的任务包括教学、指导与鼓励教师科研、教师发展和课程开发等；管理者的任务包括预算编制、记录保存（如材料、档案）和人员管理等；领导者的任务包括选任、支持、培养和激励教师等。

在麦克劳林等人研究的基础上，卡罗尔与格梅尔希对美国100所研究型大学（包括研究I型、研究II型、博士I型和博士II型）的539名系主任进行了调查，分析了系主任的四种角色类型，即领导者、学者、教师发展者和管理者。（Carroll et al.，1992a）

根据系主任所承担的工作任务的性质，通常将系主任的角色分为领导者、管理者、学者和教师发展者。其中，领导者注重对学系内部和外部事务的有效领导。内部事务包括征求改善学系的意见，制定规划与课程发展评估，组织召开学系会议，将学系、学院和学校的有关事务通知教师。外部事务包括协调学系活动、代表学系参加专业组织会议和参与学校与学院委员会工作。管理者注重对学系活动的监管，如预算准备、学系资源管理、文件记录、人员管理和任务分配等。学者在与自身科研成果相关的活动，获取研究资源、管理研究项目、跟踪学科前沿、招收和指导研究生方面效率更高。教师发展者在与教师取得成功有关的以下三个方面较为高效：一是鼓励教师专业发展，鼓励教师科研与成果发表；二是通过为教师提供非正式领导，协调教师与学校之间的关系，发展学系长远目标，营造积极的学系氛围；三是有效招聘、选任和评价教师。

格拉汉姆（Graham）与贝努瓦（Benoit）认为系主任扮演了管理者、领导者、人际交往者和资源获取者等重要角色。管理者的角色功能包括财务管理者、日程协调者、报告撰写者和人员管理者；领导者的角色功能有愿景发展者、活动倡导者、内部协调者、外部联络者、课程领导者、楷模；作为人际交往者，系主任需具备一定的交际技巧，其人际交往角色的功能有咨询者、教练员、中间人、气氛调节者；资源获取者的角色功能则包括教师招聘者、教师指导者、教师评价者、资源争取者。

艾森（Eisen，1996）[125-129] 根据管理和领导学系的不同方式将系主任分为以下五种角色类型：日常事务管理者、人际关系协调者、对内对外交涉者、首当其冲者、规划（计划）倡导者。五种角色并非截然不同，而是有所重叠：日常事务管理者是指系主任维持学系日常运作，传达相关文件，确保学校政策如期落到实处，使学系正常运转。教师对系主任的基本期望是能够对日常事务处理得当。人际关系协调者指系主任将教师团结到一起，在学系内形成集体氛围。作为学系中一致意见的促成者，他们在采取主要行动前通常会广泛征求教师的意见，尽可能在教师中达成一致。对内对外交涉者是指系主任知道如何与院长和学校其他高层管理者交涉，从而为学系获取信息和资源。系主任对内需要调节不同意见，团结系内教师为理想的结果而努力；对外则需要与高层管理者交涉，争取学系发展所需的资源。首当其冲者则指系主任临时担任学系行政职位，帮助实现学系集体意愿，与学系中的其他教师一起解决问题，但在最后做决定时，其权力比其他教师一致，没有最后决策的权力。规划（计划）倡导者是指确立学系发展方向并领导学系向前发展的人。领导总是与倡导者的角色相联系，人们期望系主任对学系有清晰的愿景和规划，能把学系带向新的发展方向。

赫奇等（Hecht et al.，1999）[21] 认为系主任作为一线经理，不只为一个群体服务，而是担任多种角色。按服务对象分别扮演教师与学生的代言人、高校政策与使命的实施者、学校管理者与学系成员之间的信息传递者和学科领域内最具声望的学者。系主任是学校管理者和学系成员之间的重要纽带，如果系主任未能起到良好的连接作用，学校管理者和教师之间就会缺乏信任，彼此不理解对方的需要。作为学校管理者与学系成员之间的信息传递者，系主任必须清楚地传递信息，准确理解学系发展目标与学校使命。系主任是学科领域内最具声望的学者，他们较少管理学系，不必为财政削减、生源减少、教师成果、认证措施、资金筹措或者技术变革所带来的影响所累，学校希望系主任成为学术成果方面的楷模。从教师和院长等学校管理者对系主任的角色期待来看，教师希望系主任成为有力的倡导者、一致意见的促成者、财务高手和管理能人，院长和教务长希望系主任有良好的管理和沟通能力，能将学校的政策付诸实施。

格梅尔希等人指出，系主任扮演的多种角色并非泾渭分明，而是存在着角色的冲突与模糊。系主任同时扮演着管理者和教师双重角色，同时担负着行政管理和学术管理的职能。（Gmelch et al.，1991）作为学术领导者，他们在学校行政要求和学系教师的价值观之间起着重要的纽带作用（Gmelch et al.，1995；Carroll et al.，2004）。作为学系师生员工向学校行政表达需求的主要代言人，系主任的“一线经理”角色日益明显。系主任处于学校和学系之间的“矛盾中心”，在教学改革中至关重要。系主任角色的突出特征之一是其角色的矛盾性。系主任作为领导者，很少被赋予清晰的权力，作为首当其冲者，同事之间任何较为强烈的冲突都可能妨碍系主任对学系的领导。院长和教务长把系主任看作学系未来的塑造者，而教师认为他们自己才是学系变革的推动者。系主任既是管理者也是教师，既是指导者也是被指导者，既是士兵也是将军，既是员工也是老板。（Hecht et al.，1999）[22]

系主任是对教师产生影响的外部计划的主要解释者，是学校特定专业项目与日常管理的主要信息来源，是学系质量的保证者。系主任需要对学系成员的生老病死退等信息了如指掌，让学系拥有家庭式的环境氛围。这种氛围主要体现在个人交往的方式、共同的兴趣爱好与目标，以及彼此互相关心等方面。系主任不仅应该在学校以及校外学术领域代表学系，而且应该在系内代表学院管理层。赫奇等发现，系主任角色的矛盾性还不止这些。系主任必须关心学生的期望与要求、教师的个人期望与专业发展要求及顾虑、院长与学校高层管理者的工作目标与优先任务、校友的看法与感受等。系主任需要引导这些群体一起来解决他们所提出或引发的问题（Hecht et al.，1999）[23]。

系主任角色的矛盾性还来自外部压力，如学校高层管理者、专业认证机构、州教育委员会、基金委员会等。如果州高等教育委员会要对学校某个学科的专业项目质量进行评估，系主任便成为学系或学校利益的代表。在与中学、社区、当地企业或民间组织打交道时，系主任也同时代表学系和学校。

总体而言，系主任的角色冲突和矛盾是不可避免的。罗索夫斯基（1996）[216]认为，管理是一种等级背叛，是从“我们”到“他们”的跳跃，是对“我们”原来的教学与科研使命的叛逆。贝内特（Bennett，1998）[3-6]研究了系主任从学者到管理者的角色过渡与转变，认为系主任的角色需要经历三大转变：由专家到杂家，从关注个人到关注集体，从忠于学科到忠于学校。第一个转变是由专家到杂家。作为教师，仅仅专精于某一学术领域即可。然而，作为系主任，须全面了解学系所有专业。教师希望系主任对系内所有专业方向同样感兴趣，给予同样的关注。系主任必须尽快熟悉整个学系的工作，否则其他专业教师会怀疑其只关注自己的教学与研究。第二个转变是从关注个人到关注集体。教师只需以自己的步调工作，自己决定何时备课和进行科研，而系主任需要安排课程，参加会议。大多数学校的教师可自行设定办公时间，而系主任必须协调所有教师的工作。此外，系主任的有些职责会使其影响教师成员工作的独立性，如安排课程、组织会议、劝说教师参与招聘、评奖评优等特定活动。系主任需要平衡教师的自治与教师为学系服务的使命。第三个转变是从忠于学科到忠于学校。系主任必须代表学校的观点，有时为了学校的需要可能牺牲学系和学科的利益。这种艰难的抉择可能招致关心学科利益的教师的不满。

国外对系主任的研究中，关于其角色与任务的研究最为丰富。早在20世纪70年代，就有两项重要的研究，即沃尔泽和麦克劳林等关于大学系主任角色的探索。在此基础上，卡罗尔与格梅尔希对美国100所研究型大学的539名系主任进行了调查。此后也不断有关于系主任角色的探讨。研究者分别按系主任所承担的工作任务的性质、管理与领导方式及服务对象等，对系主任的角色进行了分类，探讨了系主任所扮演的多种角色。此外，研究者还关注了系主任的角色冲突与矛盾，以及担任系主任后需要面临的角色转型。然而，仍然缺少对AAU大学等顶尖研究型大学系主任的专门研究。

二、关于系主任任务的相关研究

关于系主任的任务，塔克在其作品《学系管理》（*Chairing the Academic Department*）一书中较为详尽地列出了系主任所需承担的54项任务，并给出了应对措施，堪称经典。（Tucker，1984）[2-3]

李明（Leaming，2002）[19] 认为，由于系主任主要充当学系利益代言人，系主任的任务主要包括：变革管理与发展规划、创造和谐的工作氛围、获取与分配资金、关心课程发展、支持教师科研、注重学生参与的民主管理、指导教师和成为楷模。关于系主任的角色以及对系主任的期望可能因为学校的不同而不同，许多学校对此并没有明确的规定。即使在同一所学校，不同学系对系主任的角色和任务的理解也会有所不同。

学界对系主任职责与任务的研究根据其研究目的不同，可以分为两种类型：其一是为了探明系主任的工作职责，即通过对系主任实际承担工作的考察，给出较为详尽的任务清单；其二是通过对系主任（有时对院长或教师）进行调查，了解系主任对于各项任务的重视程度，研究不同任务的重要性。后者以前者为基础，同样包括发展任务清单的工作。现将关于系主任职责与任务的研究整理如下（见表2-2）。

表 2-2 关于大学系主任的职责与任务的研究

资料来源	研究对象	任务类别
Waltzer，1975	迈阿密大学 47 名系主任，其中 23 名来自文理学院	学系事务、学术事务、教师事务、学生事务、对外交流、财政预算、办公室管理、个人专业表现
McLaughlin，Montgomery，Malpass，1975	38 所具有博士学位授予权的州立赠地大学或学院的 1198 名系主任	教学、指导与鼓励教师科研、教师发展和课程开发等；预算、记录保持和人员管理，对其他部门代表学系等；对教师的选任、支持、培养和激励等
Norton，1980	教育学院系主任的职责（院长与系主任的观点）	7 个方面任务（176 项）的实际表现（理想程度）及其重要程度：学系内部管理、财务预算、人事管理、内部与外部沟通、课程与教学、学生事务、个人专业发展
Tucker，1984	—	54 项任务，8 个方面：学系管理、教学、教师事务、学生事务、对外交流、预算与资源、办公室管理和专业发展
Seedorf，Gmelch，1989	一所研究型大学的教育管理系主任	5 个方面的工作：常规会议、参与非常规性会议、电话、巡视、文案工作
Carroll，Gmelch，1992a	100 所研究 I、II 型大学和博士学位授予 I、II 型大学的 539 名系主任	对应领导者、学者、教师发展者和管理者四种角色的 26 项相关任务
Carroll，Gmelch，1992b	同上	同上
Moses，Roe，1990	澳大利亚 9 所大学系主任	40 项任务
Hecht，Higgerson，Gmelch，1999	—	学系管理与办公室事务、课程与专业发展、教师事务、学生事务、对外交流、财务与设施管理、信息管理、促进学校发展

关于系主任任务清单的探索，沃尔泽通过对迈阿密大学 47 名系主任的研究，将系主任的主要任务分为学系事务、学术事务、教师事务、学生事务、对外交流、财政预算、办公室管理和个人专业表现等 8 个方面。学系事务包括发展学系目标与使命、制定政策、组织会议、使学生参与决策、建立内部交流机制等；学术事务为建设学系专业与课程，专业项目、课程与教学质量的评价与提升，建立学术标准，安排教学任务，开设学术讲座等；教师事务包括新教师的招聘与入职适应，支持与鼓励教师发展，明确教师职责，保障教师权利，做好教师评价并为院长提供书面建议（供教师留任、晋升、终身教职评审与年度提薪之参考）等；学生事务有课程与职业发展指导，提供学系奖项与奖学金，处理学生意见投诉，研究生招生，提供研究生奖项，分配与指导助研和助教，学生就业等；对外交流包括向学系宣传学校政策与措施，对外代表学系（如对学校、专业组织、政府部门，以及公众等），就学系专业项目和教学活动与学生交流等事务；财政预算指准备学系年度预算，预算分配与管理（准备预算申请、开支审核、收支记录管理），改善学系成本效益（学费收入、政府拨款、科研经费及支出），教师差旅费与研究资助的分配等；办公室管理为管理学系设施，学系员工的招聘、指导与考评（包括秘书、职员和实验室助理等），建立档案与记录（教师信息、学生信息、课程、学习成绩和信函等），维持学系设备与财产，以上资源的申请，征订课本等事务；个人专业表现包括提供专业的领导和做出表率，在教学、科研和其他专业活动中表现出专业水平，参与专业协会和社区服务等。(Waltzer，1975)

除此之外，宾夕法尼亚大学为系主任制定了详细的职责，在美国大多数研究型大学中较为典型。(高磊 等，2005)[76] 根据系主任服务对象的不同将系主任的职责分为对上级管理部门的职责和对所在学系的职责。对上级管理部门的职责，即系主任应该按照学校的政策，组织和执行所在学系的教学、科研、财政事务以及其他管理事务。在征得所在学系的各种委员会以及教师、学生的建议后，有权任用或保留高水平的教职员工以及推荐应该授予终身教职或其他可获晋升的人员。系主任还应该就商讨的名单、奖金的管理等问题向上级管理部门汇报；系主任应当确保提供恰当的课程和计划，还应当促使教师在讲授内容和表述方式方面激发学生的学习兴趣，从而确保教学的有效性。系主任对所在学系的职责即提高所在学系的教学和科研质量；评定科研项目并向上级管理部门汇报，确保人力、财力和物力在系和学校之间发挥最大的效益。

为了所在学系的发展和目标的实现，系主任作为所在系的主要管理者不仅要对院长负责，也要对所在学系负责，还应承担教学、科研功能以及执行各种政策的管理职责。系主任有义务不断提高所在学系教职员工的福利待遇以及为他们的工作和专业发展提供便利条件，主动向院长汇报并支持所在学系的合理需求。

关于对系主任不同任务重要性的调查发现，现有文献中有各种各样的系主任任务清单，从现实性的角度看，系主任难以完成好所有任务。确切地说，系主任会根据其心目中任务的重要性选择更为重要的任务，会因为其扮演的角色不同而对某些任务更加侧重。

西多夫等人对一所研究型大学的教育管理系系主任的角色进行观察，总结出其 5 个方面的工作，即常规会议、非常规性会议、电话、巡视（Tours）以及文案工作。各项工作占据时间的比例分别为 47%、22%、16%、9%与 15%（Seedorf et al.，1989）。

有研究通过探索系主任对其工作效率的认知而了解系主任的工作任务。该调查组于 1991 年针对 100 所研究型大学和拥有博士学位授予权的大学的 800 名系主任展开调查，调查他们在 26 项任务上的工作效率。研究者分别将这些任务对应系主任的 4 种角色：领导者、学者、教师发展者和管理者，分别考察系主任在某一角色的相关任务上的工作效率，并分析个人、组织和职位等特征及系主任的研究成果等变量与 4 种角色的关系。研究发现：高效率的“学者型”系主任科研成果最多，其角色冲突比其他类型的系主任要少得多；“教师发展者型”系主任更有可能连任，其所在学系可能拥有更多的非终身教职教师；“领导者型”系主任往往同时认为自己是有效的“管理者”，与其他类型的系主任相比，他们倾向于把自己同时看作教师和管理者。(Carroll et al., 1992a)

卡罗尔与格梅尔希进一步的研究表明，系主任最重要的10项任务为：招聘与选拔教师，代表学系形象，评价教师表现，鼓励教师科研与成果发表，维持积极的工作氛围以减少教师冲突，管理学系资源（财务、设施与设备），鼓励教师专业发展，建立学系长期发展目标，为教师提供非正式领导和跟踪学科前沿发展等。根据任务的重要性，排名后6项的任务为：保持学系记录，争取外部资金，招收与指导研究生，协调学系活动，在专业会议上代表学系和参加学校委员会工作。（Carroll et al., 1992b)

莫西斯（Moses）等人对澳大利亚9所大学系主任的40项任务进行了调查，了解系主任对这些任务的重要性的认识、喜爱程度以及他们认为重要但是因为没有时间而被忽略的任务。60%以上的系主任认为其中的21项任务很重要，主要包括教师事务、学生事务、教师专业发展、管理任务、系主任自己的学术活动、法律事务及资源分配等项。总体而言，较为例行公事式的管理、法律事务、资源分配等被认为比教师事务、学生事务及教师专业发展等重要性低，而且远远不如系主任自己的学术活动受青睐。(Moses et al., 1990)[34]

总之，由于教师不可避免地既忠诚于他们所研究的学科，又忠诚于他们所服务的大学，这样就使得大学领导者促使大学完成目标的任务变得复杂了。(阿什比，1983)[101] 关于系主任任务的研究，大多数研究考察了系主任实际承担的工作以探明系主任的工作职责，并列出较为详尽的任务清单。部分研究试图了解系主任对不同任务的重视程度。总体而言，系主任的任务可分为学系内部管理、对内对外交流、教师事务、学生事务、学术事务、财务管理、设施管理与个人发展等方面。

研究者从不同的视角对系主任的任务进行探索和分析，列出了多种任务清单，也对系主任在实际工作中任务侧重做了有益探索。以上研究大多采用了实证方法，研究的内容十分丰富，各种研究互相借鉴，互为补充。然而，不足之处是所列的清单稍显繁杂，有的甚至多达176个具体项目。对系主任的基本特征、所处学校与学科环境等因素是否对任务有显著影响缺乏深入研究。

三、关于系主任权力的相关研究

除系主任的角色与任务外，系主任的权力也是研究者关注的重要内容之一。赫奇根据权力的来源及其表现形式，将系主任的权力分为正式的领导权力和非正式的个人权力（魅力）。(Hecht et al.，1999)[32] 正式权力源于系主任职位所赋予的权力，被推选或任命担任该职位即有机会施加影响，如提供激励、获得有关学校运作及环境影响的详细信息，以及代表学系形象，以不同的方式分配任务等。(Scott et al.，2008) 系主任个人也可能有一些个性特征促成其担任该职位。拥有这些个性特征使他们能够承担“领导行为”，包括设计、协调等创造性活动。学系文化为具有某些担任该角色所需的个性特征的个体提供了有效实施领导行为的良好背景。系主任要获得教师及学校乃至外部成员的尊重需要具有这些个性特征所带来的个人权力。此外，系主任有许多机会获得和使用关于管理与领导的专业知识。在适当的条件下使用这些知识能对学系的决策产生很大的影响。(Tucker，1984)[6]

关于系主任的领导权力，塔克认为如果将领导能力定义为群体的力量，指导决策过程的权力和使他人协调一致的能力，那么系主任可能是学校最有权力的领导。领导权力应有个人权力（魅力）作为坚实基础，因此，培养诚实可靠的个性十分重要。领导权力的影响表现在三个方面，即学系交流、学系文化与学系行为。从学系交流来看，沟通与效率密切相关，如果学系会议没完没了地讨论管理问题，或是充满敌意地争辩，就会形成一种恶性循环，最终造成学系管理的失效。系主任应对沟通的内容进行引导，使其向有利于学系健康发展的方向努力。系主任对学系文化的影响也很重要，人际关系不好的学系很难成为高效的学系。如果系主任明确需要变革的内容，则会以新的思想和观点阻止无效的对话，建立讨论的标准。系主任的个人能力可指导学系采取适当的行动。学术人员往往能言善辩，有的系主任发现很难阻止或引导这种争辩。系主任的重要任务是对学系行为进行监督，结束争辩并做出决策，然后跟踪决策的执行情况。(Tucker，1984)[7]

关于系主任的个人权力（魅力)，塔克将其定义为系主任赢得同行的尊重与忠诚的个人影响力，为非正式权力。个人权力往往取决于教师对系主任的看法。拥有个人权力的系主任通常具有以下特征：公平、公正，良好的人际交往能力，在学科领域享有全国性或国际性声誉，专业知识扎实，在学校受尊重，有帮助教师专业发展的能力与意愿，有为学系获取资源的能力，为学校高层管理所重视，了解学系运作，深谙学校决策者的意图、计划及可能的日程，拥有有效管理学系的能力。个人权力不可以通过分权的方式传递，个人权力的根本是可靠和值得信赖。否则，学系成员会对其决策产生怀疑。(Tucker，1984)[9]

关于系主任权力的使用范围，应与其职责相对应。系主任的权力主要有三个方面：首先是争取和协调科研资金，即财权；其次是监督和考察教师和秘书等的工作，决定其任免、升迁，包括薪酬安排，即人事权；再次是决定招生标准、培养目标和课程设置等，即政策制定权。一般在美国大学中，系里的重要政策要由系主任与教授们共同商定，但部分政策问题，系主任有权独立做出决定。(杨新元，1990)

与传统的德国大学相比，美国大学学系的权力比较分散：权力首先在正教授中分配，其次在副教授和助理教授中分配。系主任必须同其他正教授商讨，也许还要同聘为终身教职的副教授商讨。在有些问题上，系主任必须同全体教学人员商讨。在这类会议上，少数服从多数是进行决策的主要原则。(范德格拉夫，2001)[29] 在美国的著名研究型大学里自然不会例外，与其说系主任是发号施令者、策略制定者，不如说他们是执行策略的联系者和管理者。

美国大学的学系中，所有教学人员都是平等的。教师投票决定教学大纲、课程和人员，其他事务也向系内每个成员公开。（阿特巴赫，

2001)[87] 系主任主持行政事务，而学术事务的决定权基本上掌握在内部众多的教授手中，各教授间地位平等，议事程序相对民主，工作关系相对松散。（阎光才，2002）系主任是学术管理体系中的最低一级，既要向一个或几个院长负责，并向一个或几个校部领导（校长、学术副校长、教务长）负责，同时又要向本系具有同等地位或接近同等地位的同事负责。系主任在教师的聘任与职称晋升、教学计划的确定、科研项目的申请和实施方面具有重要的发言权。（高磊 等，2005）[76]

角色、职责与权力总是互相联系的。同僚间平等授权（共同掌权）的原则使系主任以首位平等的方式履行其管理职责。研究表明，尽管系主任在重大事务上仅为高层提供建议，但是他们通过个人权力与职位权力对重大决策产生影响。（Eisen，1996）[85]

系主任的权力是其充分发挥领导效能的重要基础与条件。相比系主任的角色与任务的研究，现有研究中对系主任的权力缺乏相应的实证研究。

四、系主任的领导效能

现有的文献中不乏对高校领导者的反思和研究，但极少有对富有效能的领导行为的专门和系统的研究。

哈里斯等人指出："有人已经开始研究高等教育领域的领导实践，但却没有人关注领导者的领导效能及其提升的途径，在学系层面尤为如此。"（Harris et al.，2004）正如巴格（Barge）与穆桑比拉（Musambira）所言：系主任（部门主管）对学系与学校的发展真的很重要吗？类似的问题在其他非学术组织与机构得到了肯定回答，然而在高等教育领域却没有相应的实证研究对此进行检验。（Barge et al.，1992）

布莱曼（Bryman，2007）[695] 对 1985—2005 年之间出版的英国、美国和澳大利亚三个国家的有关系主任领导行为的外部评审文章（其中大多数为美国学者的研究）进行梳理后发现，几乎没有关于系主任领导效能的系统研究。布莱曼从现有的文献中归纳出 13 种与学系领导效能相关的领导行为，分别为清晰的发展方向和战略愿景、合理安排学系资源以服务学系发展、考虑周全与深思熟虑、公正无私、值得信赖、鼓励公开交流与重要决策的民主参与、身体力行推进学系朝既定目标发展、以身作则（榜样作用）、创造积极与团结的学系氛围、为了实现学系目标而充分尊重内部和外部利益相关者、对学系成员的表现及时做出反馈、为激励教师的教学与科研提供必要的资源和减轻其工作负担，以及招聘优秀教师以提高学系声誉等。加州大学戴维斯分校将优秀系主任的表现从管理能力、学术愿景和共同治理三个主要方面予以说明，具体包括教学、科研、社会服务、学系规划与愿景、教师招聘、资源获取和氛围营造等指标。（UC Davis，1996）然而，对于研究型大学的系主任如何发挥其管理作用和领导效能，目前尚缺乏相关的调查分析。

第四节　系主任的激励与评价

选择担任系主任就意味着可能面临处理文件、参加各种会议以及与教师中的不合作者周旋等烦琐的工作，还有影响个人研究成果之虞。关于激励的理论告诉我们，人们会为了满足需要而行动。在行动之前，往往要考虑自己的行动是否会带来相应的回报。（罗宾斯，1997）[506] 增强系主任满意感的方法主要有两种：一是培养系主任的能力，使他们工作起来更轻松；二是对系主任施以一定的激励措施，增加奖励，以平衡工作中的负面因素。（Lawless，1983）系主任的多重角色和多种任务往往使得他们感觉时间不够用，这与他们当初可能因为向往自由安排工作日程而选择从事高等教育事业的初衷背道而驰。因此，除了加强系主任的时间管理技能等能力的培训外，还需要对系主任的工作予以激励。（Bennett，1983）

关于系主任的正式或非正式评价的相关研究相对较少。哈蒙斯（Hammons）和托马斯（Thomas）指出，“对于评价，没有人比系主任更不受关注”（Hammons et al.，1980）。很多大学都没有像重视教师评价一样注重系主任的评价，系主任则通常是在其首个任期结束时才考虑教师对自己的评价。(Mitchell，2004)[55] 学校对系主任的工作进行评价往往不如对教师评价那么公开透明。通常由教务长与院长提出非正式的指导，指出系主任应该为评价作何准备，具体要求可能因为学校、学院和学系不同而有所不同。(Middendorf，2009)

一、关于系主任激励的研究

对系主任激励的研究主要包括对系主任激励的意义、方法与内容，以及激励的主要类型等方面的研究。

关于对系主任激励的意义，从系主任的选任看，有的学校要求资深教师轮流担任该职，但既不为系主任提供额外的工资报酬，也不为其减少教学时数。显然，这种安排无法起到激励作用。(Bennett，1998)[62] 有的系主任，由管理层指定或任命，通常没有固定任期，也少有定期的考评。大多数系主任由同事选举产生，有时通过外部竞聘，大多数时候是通过教师推荐、上级管理者任命。偶尔也有由资深教师轮流担任的，他们可能仅仅因为“轮到我了”而勉强接受该职位。然而，聪明的做法是，要尽可能为系主任提供一定的激励，从而改变系主任的消极态度。

从系主任的入职动机看，系主任选择该职位有趋利和避害两种动机。大多数系主任选择担任该职是因为他们把该职位看作“有所作为”的平台，如实现学系愿景、指导学生、发展课程、维护学系利益，以及与院长、副校长等学术领导的接触与交流，重新启动被搁置的研究项目等。(Tucker，1984)[273] 系主任注重该职位本身所带来的成就感、乐趣，甚至是挑战。(Moses et al.，1990)[204] 然而，也有系主任是因为想要避免他人决策所带来的烦恼而担任该职，认为自己情愿领导他人而不愿被人领导，甚至坦言“我不想担任系主任，但是更不希望别人担任此职，因此我选择就任”(Moses et al.，1990)[90]。无论系主任是出于趋利还是避害目的而担任该职，加强对系主任工作的激励都大有裨益。

为了吸引有能力的教师担任系主任，使现任系主任在任期结束后能够续任（McLaughlin et al.，1975）[258-259]，研究者和实践者提出了以下建议：确保该职位具有权力和影响力，并且能够得到认可；系主任的工作成效应与工资提升挂钩；可以通过以下途径减少系主任的工作量：设置双系主任，这样每人只需承担一半的工作（如麦吉尔大学的社会学系）、明确责任以使该职位便于管理、提升学校管理水平以减少系主任的重复工作；为系主任提供研究助理；任期结束时，为其提供学术休假；提升行政（办公室）人员的质量，加强在实验室管理与财政预算中的技术支持；以及提升教学与培训项目等。（Booth，1982）[23]

在大多数系主任看来，对其工作成绩的认可无疑是很重要的激励，即成就感。莫西斯和洛（Roe）将系主任的成就感分为以下 5 种：个人主观感受到的满意感；权力所带来的满意感，即有能力指导学科、实施个人管理理念等；学系成功所带来的成就感；利他行为，即为他人提供机会，看到他人成功所带来的满意感，以及个人自我成长所带来的成就感。（Moses et al.，1990）[212-218]

哈格布鲁姆（Haggbloom）同样论述了系主任个人的职业发展机会和服务教师发展所带来的成就感和满足感。同时，该研究发现系主任满足感的另一个来源是可以通过专业项目的发展给学校或学科的发展留下印记，包括发展课程和改进教学方法等。

系主任激励的主要类型可以分为外部激励和内部激励两种。外部激励是实质性的激励。大多数现任系主任发现担任该职位与他们当初选择从事高等教育事业所期待的激励因素相矛盾。担任系主任所付出的代价是他们需要放弃其他教师可以享有的自由支配时间。学校对系主任的外部激励通常包括减少教学任务、增加管理津贴、分配研究助理和提供学术假期等措施。

一是减少教学任务。学校对系主任的激励，通常的做法是减少系主任的教学时长，以补偿其担任该职所付出的时间。在其他条件相同的情况下，规模较大的学系比规模较小的学系其系主任需要耗费更多的时间，有设施管理、临床管理的学系比没有这些专业的学系其系主任需要花费更多的时间。可以调整系主任的教学任务，为其减少 1/4 的教学时间，或是减少一门课程。(Bennett，1998)[63]

二是增加管理津贴。管理津贴或补助在学校之间也有所不同，通常也反映学校财务压力的情况。许多学校在合约中规定系主任可以获得 12 个月的工资收入，因而在暑期系主任也需要到学校上班。有的学校为系主任增加每月的收入，从 50 美元到 500 美元不等。(Bennett，1998)[63] 对于吸引系主任续任的工资收入的增加额度，38% 的系主任期望每月增加 500 美元，20% 的系主任期望每月增加 1000 美元，还有 20% 的系主任表示不论工资增加多少他们都不会续任。(Chu et al.，2002)[12] 也有系主任反映其担任该职仅仅是因为该职位的额外补贴，但是这种情况极为少见。(Bennett，1998)[63]

三是分配研究助理。由于时间和精力所限，系主任在接受该职位时通常较为担心自己研究成果减少。因此，为系主任分配更多的博士研究生或博士后人员可以适当减轻其对研究成果的顾虑。

四是提供学术休假。有的学校在系主任任期结束时为其提供半年至一年的学术休假，其目的是让系主任有较为集中的时间从事自己的研究。

内部激励则为精神性的激励。对于成就感已有许多研究，也是许多书籍和论文的主题。除了少部分自认“失败”的系主任外，大多数系主任都有一定的成就感。(Moses et al.，1990)[212] 如前所述，本研究中系主任的内部激励包括以下活动所带来的成就感：服务师生发展、服务学科发展、服务学校发展和受到教师尊重与个人职业发展。同时纳入对经济回报的满意感，以期跟以上非经济报酬所带来的满意感进行比对。

服务师生发展方面，系主任可以通过调整课程安排、课时数量和教学资源的分配方式鼓励具有科研潜质的教师。同样重要的是，系主任可以为教师参与职业发展活动创造条件，以提高教学和科研水平。教师晋升与终身教职评定和评奖评优等都是可以激励教师教学和科研的手段。

服务学科发展方面，系主任成就感的另一个来源是可以通过专业项目的发展给学校或学科的发展留下印记。系主任服务学系的主要衡量标准是提高了学系教学水平，提升了教师科研成果和培养了受欢迎的毕业生。系主任服务学科发展的工作包括创造怡人的、彼此信任与和谐的工作环境，提升学系（学科、专业）愿景，作为牵头人提升学科水平，把握学系发展方向，明确学系的研究方向，建立学系声誉和提升学系在国内和国际上的地位等。学系的成绩是判断系主任绩效的重要标准，也是他们获得激励的来源。(Moses et al. ，1990)[214]

服务学校发展方面，系主任主要通过提升学系声誉与地位来服务学校发展。此外，还有参与学校委员会工作，参与委员会主席的遴选等途径。系主任可以从教师和办公室人员的支持与忠诚、敬重和喜欢中受到激励。比如有的系主任想要卸任，但是教师请求其继续担任；有的系主任喜欢那种冲在前面的感觉，愿意成为团队的领导者（Moses et al. ，1990)[213]；有的系主任与教师相处得很好，当他们看到那些与他们意见相左的教师也对他们颇为认可时，他们感到很满足。

个人职业发展方面，许多系主任反映，该职位对他们的影响之一是，这是一种学习经历。担任系主任让他们变得更加开明、能干和自信，也能够有所成长。有的系主任甚至在任期结束时喜欢上了管理工作或者发现自己有从事管理工作的潜质。担任系主任这一角色所得到的锻炼，成为之后担任院长、学术委员会主席或副校长的重要积累。（Moses et al. ，1990)[219]

对于经济回报所带来的激励，大多数系主任认为他们选择担任首个任期的原因并非缘于经济因素。最主要的原因为“帮助（服务）学系”，有 71% 的系主任选择这一理由。博科（Boyko，2009）的研究中，教师发展、学生参与、建立关系、获取经验、教学事务、学系规划与战略、管理活动、监督行为、学校正常与计划的实施，以及经济补偿等 10 项内容中，有 81% 的系主任认为“教师发展”重要或非常重要。其次重要的是“学生参与”，选择占比达 81% 。“经济补偿”被认为是最不重要的内容，60% 的系主任认为它无关紧要。

从已有的文献看，关于美国大学系主任的激励机制的研究主要来自相关经验的总结。有研究者对英国大学系主任的内在激励进行了探讨，也有研究者调查了加拿大高校系主任的内在激励，但总体而言，这方面的研究还非常薄弱。

二、关于系主任评价的研究

对系主任的评价研究主要包括对系主任评价的意义、评价主体、评价方式与方法，评价标准与内容等。

关于评价的意义，塔克将评价界定为，“其他人与系主任进行交流以了解其表现的过程”（Tucker，1984）[22]，需要对系主任进行综合评价以衡量系主任及其学系的表现。正如赫奇等人指出的，“用以监督高等教育质量和成本与绩效的认证计划使系主任的角色变得更加重要。没有系主任的领导，学校无法对学生成绩等外界对学生的要求做出反应。系主任是学生与外界对教师要求的主要中介，决定了质量认证计划如何影响学系教师”。(Hecht et al.，1999)[29]

塔克认同评价的重要性，并且认为系主任应该虚心接受教师对于系主任如何改善其工作的信息反馈。系主任的评价有助于其职业发展，发现自身的优势和劣势。(Tucker et al.，1991)[142] 卢卡斯（Lucas，1994)[281] 认为对系主任进行评价并予以反馈很重要。“我所接触的系主任中，80%以上的人没有设立正式的目标，90%以上的人没有接受过评价。”缺少信息反馈使系主任的角色定位变得模糊，不清楚他人如何看待其角色以及如何确立学系的发展方向。系主任应该更主动，为自己的职业发展负责。

对系主任进行评价的意义在于可以避免不称职的系主任继续担任该职。显然，如果学系管理不善，那么全体成员都将受到影响。（Booth，1982)[35]

对系主任进行评价的另一个有益之处为，当系主任与学系环境不相匹配时，可以避免系主任个人受到伤害。管理乏力会同时加大学系和系主任本人压力，会使系主任的学术成果受到影响，尤其是当系主任很年轻又没有获得终身教职时。如果有 2/3 的教师要求系主任卸任，系主任将不再担任该职。而许多学校面临的困惑是，系主任虽表现平平，但却并非不可忍受，因此学系教师不至于使其被迫离任。(Booth，1982)[36]

系主任的评价常在任期结束前进行。如美国德州大学奥斯丁分校的学校政策中规定，在系主任 4 年任期结束前的适当时间，院长通过征求学系成员意见，对系主任工作进行评价，向校长递交报告，并就其是否连任提出建议。

对系主任进行评价的主体通常有系主任本人、高层管理者、教师、学生和其他学系系主任或成员。(Bragg，1980)[111] 可由系主任进行自我评价，也可由相关的群体或个人根据学系的发展需要对系主任的表现进行评价。(Booth，1982)[32] 比拜克（Biebuyck）和马龙（Mallon）甚至建议采用 360 度绩效反馈或全方位评估，即获取系主任工作的所有相关人员，如教师、职员、学生和其他管理者的反馈。(Biebuyck et al.，2004)[95]

系主任在行政层级中主要向其直接上级负责，大多数情况下为院长，有时是助理院长或副院长。院长是系主任评价的主要负责人。(Dunning et al.，2007)

埃尔勒（Ehrle）认为系主任的评价方式应该包括系主任自评、教师评价、院长评价，以及其他系主任评价。(Ehrle，1975)

值得注意的是，在以上研究中，系主任本人都作为评价主体出现在评价过程中。雅各布（Jacobs）认为，使系主任清楚地认识其在学校治理结构中的位置很重要，有利于使系主任有足够的决策权履行其职责，使他们返回教师职位后易于为他人所接受，以及使系主任职位更有吸引力和工作更加高效。(Jacobs，1989)[219] 比拜克和马龙认为当有被评价者参与评价时，评价结果可能更加有效。(Biebuyck et al.，2004)[98]

关于评价的方式和方法，如果没有确立优先事务和发展目标，系主任就只能以模糊的标准评价其取得的成绩。这种情况下，系主任自然就只能关注他们最为成功的活动。

布拉格在宾州州立大学所做的研究中报告了这种现象。系主任在对他们的任务进行评价时，没有人认为自己的表现不合格，而在评价他人时，对表现最佳者却未能达成一致。人们会高估自己的成绩，这是人之常情。尽管在做外部评价时可能达成一致，但对同行进行评价时却往往不够了解。(Bragg，1980)[101]

在系主任的自评中，布拉格发现70%的系主任认为自己改善了学系的教学项目，尤其是本科生的教学项目。系主任认为，教学与专业项目的发展与教师发展相比相对容易。而提高教师科研水平、减少冲突、重组秩序与提高士气等则难度更大。(Bragg，1980)[102]

在其著作《系主任的绩效评价》中，米切尔（Mitchell，2004）[55-68]探讨了系主任如何从自身的角度看待绩效评价，包括评价过程的特征、参与者和如何准备评价。他强调在评价系主任的工作之前，应先了解其工作任务与职责。

从评价的方式看，系主任的评价可分为主观评价和客观评价两种类型。总体而言，由于不同高校的办学目的不同，其评价系主任的方法也有所不同。布斯发现美国大学主要有以下三种系主任的评价方法：院长组织系主任本人、学校高层管理人员、学生和其他学系（主任）对系主任进行评价；院长到每位教师的办公室了解教师对系主任及学系的意见；使用较为方便的客观性评价方式，让教师对系主任的各方面进行评价。前两种评价方法为主观评价，最后一种为客观评价。通过对系主任的工作进行评价，院长决定系主任是否可以连任。第一种方法先由系主任制定优秀系主任的标准，再对照标准对其进行评价；第二种方法通常是在系主任连任时使用集体标准对其进行评价，通过深入了解教师意见评价系主任。这些方法比让院长单纯看系主任的聘任合同更能了解学系的运作。(Booth，1982)[33]

有的学校使用简便而有效的方法对系主任做客观评价。这种客观评价的方法不需要花费教师多少时间，又能提供关于系主任角色的不同方面的信息。如密苏里大学堪萨斯分校的文理学院自制问卷作为评价方式，要求教师填写关于学系管理工作的11个方面的评分表。问卷基本上是客观性问题，但教师可以另外提出意见，并且给出对学系的总体看法。教师对系主任的工作以 10 分制进行打分，问卷内容包括学科/专业领导、加强教学、指导新教师、学系内外的充分交流，以及系主任的公平性等。其中系主任的公平性包括终身教职评审、工资提升、教学任务与课程安排等具体问题，也包括关于管理风格、办公室管理和总体表现等概括性问题（5 分制）。问卷要求以匿名的方式填写书面意见，必要时可要求院长组织专门会议。（Booth，1982）[33]

许多研究者也以实证研究的方式开发出有关系主任评价的问卷。

在霍伊特和斯潘格尔（Hoyt et al.，1979）的研究中，四所大学的 103 位系主任根据其管理活动的重要性选出了其中的 15 项活动。所在学系的教师对这些活动的重要性以及过去一年系主任在这些活动中的表现进行了评分。对关于系主任表现的教师评分进行主成分分析，结果表明，系主任主要承担人事管理、学系规划与发展和建立学系声誉三种职责。

亨士乐等人（Hengstler et al.，1981）开发了管理者评价问卷（administrator evaluation survey，AES）。研究者使用该问卷调查了位于美国中西部地区一所规模较大的大学 6 个学系的约 200 名教师，比较了教师对系主任在教师晋升与终身教职评审、鼓励教师专业发展，以及促进学科与专业平衡发展等工作上的效率。该研究将系主任的工作表现与教师对学系学术环境治理、运作和学生质量等方面的成就感联系起来。

此后的电话调查表明，关于系主任评价的问卷有助于系主任了解学系冲突的来源，以及学系发展速度等信息。就像其他评价方法一样，如果使用过多，就会失去其魅力。最好每两三年使用一次，使教师不至于感觉负担过重。（Hoyt et al.，1979）

布斯要求 4 所社区学院人文学系系主任描述最佳与最差系主任，并且根据这些信息发展出评价工具，反映系主任与教师和管理者是否合作良好，也反映出其个性特征。该评价也可用于其他学系。（Booth，1982）[35]

邓宁等人探讨了牙医学院系主任的绩效评价。43 位院长和 306 名系主任填写了带有封闭式和开放式问题的调查问卷。此外，10 位院长和 10 名系主任接受了访谈。研究表明，有 50%的系主任缺乏关于工作职责的描述，80%~90%的系主任需要接受正式评估。邓宁同时总结了大多数学院进行系主任评价的经验，如至少每年评估一次、进行面对面的交流和设立特定的个人绩效目标等。(Dunning et al.，2007)[473]

关于评价标准的建立，学校管理者或研究者通常根据系主任的特征、角色、任务或选任确立系主任评价标准。

对于系主任的选任与评价，米切尔认为应该考虑以下几个问题，即系主任的选任、教师评价与系主任评价的差异、评价过程的实施。尽管系主任的选任方式不同，但都需要对系主任的绩效进行评估。评估的时间因学校政策的不同而不同。有的每年一次，或在系主任任期结束前予以评价。(Mitchell，2004)[56]

对于系主任的角色、任务与评价的关系，布拉斯坎普（Brascamp）与纳斯（Rath）认为评价高等教育专业人员的有效方法是规定具体职位的主要工作任务，以明确需要评价的内容。任务清单可以作为评价的基础，以确保能够关注到其工作的主要方面。雅各布根据系主任的任务列出了 19 条评价系主任的标准，最重要的 5 条分别为就学系、学院与学校的事务和教师沟通，为教师（包括终身教职和非终身教职教师）提供咨询，指导教师参与委员会及学系事务，评价教师，向学院委员会推荐教师申请职称晋升与终身教职的教师。(Jacobs，1989)[220] 罗姆伯格（Romberg）编制了包含 40 个项目的量表，采用因素分析方法评价牙科学院系主任的行为，得出系主任绩效的 4 个维度，即学系管理（17 项，如容易相处、有效沟通等）、跨系关系（8 项，如客观评价教师、勇于为学系的失误承担责任等）、人际关系（10 项，如教师信任、合理决策等）以及规划技能（5 项，如设立学系目标、确定优先事务等）。(Dunning et al.，2007)[468-469] 对系主任所履行的职责中，促进学系多元化发展也十分重要。比拜克和马龙建议考察学系氛围是否有利于女性和少数族裔成员。(Biebuyck et al.，2004)[38]

系主任同时担任管理者和学者的角色，其评价内容通常为系主任的管理成效而非学术成果。米切尔认为应主要考虑系主任在学系运作上所取得的成绩及其对学系成功所做的具体贡献。建议系主任的评价应该关注其工作职责与相关工作技能。通过工作职责考察他们取得了什么成绩，通过工作技能反映出他们的成绩是如何取得的。

比拜克和马龙则分行政领导能力和专业人员的发展与管理两类讨论了系主任评价的例子。（Biebuyck et al.，2004）[55] 阿尔卡尼（Al-Karni，1995）分别对系主任的管理者角色和学术人员角色的评价标准进行研究。评价系主任的管理角色使用得最多的 5 条标准分别为在学院或学校争取资源（保护学系利益），管理学系委员会，协调学系内外活动，提升学系声誉和管理学系设施；未来最重要的 5 条标准则应该是高效地实现学系目标，组织学系会议，制定学系规划（如增设专业项目），管理学系委员会，以及管理学系日常事务。评价学术人员角色使用最多的 6 条标准分别为公平地分配教学任务，管理学系教学项目，为学系选聘新教师，提高学系教学水平，良好的教学能力和与教师维持良好的人际关系；未来最重要的 5 条标准为公平地分配教学任务，提高学系教学水平，减少教师之间的冲突，与教师维持良好的人际关系，以及有效处理表现不佳的教师。（Al-Karni，1995）

同时，系主任个人的研究成果也需要作为评价系主任时所考察的内容之一。加州大学戴维斯分校在其学术评议会（Academic Senate）材料中就明文规定“（优秀的系主任）应在其学校保持对前沿学术研究领域的敏感，不因管理工作而影响学术成果”。

关于系主任的特征与评价，优秀系主任的特征同样可以用作系主任的评价标准（Al-Karni，1995）[47-51]。沃尔弗顿研究了高效率系主任所具有的个性特征：富有幽默感、关心学系成员、虚心接受批评、善于决策、忠于同事和值得信赖等。（Wolverton et al.，1998）克雷斯威尔等人访谈了 70 所大学的 200 名系主任，总结了系主任的 15 种领导艺术，如个人带头作用、建立学系愿景，以及在专业发展和个人发展之间取得平衡等。

(Creswell et al., 1990) 布莱曼总结了高效的学系领导的特征：清晰的战略愿景，使资源的分配有利于学系的发展方向，体贴周到，公平对待教师，值得信赖，鼓励教师参与决策（公开交流），充分宣传学系发展方向，努力带头实现学系目标，创造良好的工作环境，对教师的成绩及时反馈，鼓励教师科研（为其提供资源、减轻教学负担），招聘优秀教师以提升学系声誉。(Bryman, 2007)[697]

对于系主任的评价，研究者分别从评价的意义、评价主体、评价方式和方法，以及评价标准的建立等诸多方面进行了探讨。顶尖研究型大学因承担的使命不同，其系主任的评价标准也应有特殊性。如果能对研究型大学系主任评价实践的案例进行分析，则更具借鉴与参考价值。

第五节　系主任的职前经历与职后发展

对于系主任的职前经历和职后发展，卡罗尔对系主任的职业发展路径做了全国性的调查，该调查的样本为美国卡内基教学促进基金会的大学分类体系中的101所研究型大学（广博型和集中型）的系主任。调查内容为系主任的职前工作经历、任期长短及其两位前任系主任的工作(任职）去向。其他变量有学科、学系规模、系主任的年龄、性别、遴选方式及管理经验等。(Carroll, 1991)

研究表明，系主任典型的职业路径始自本学科的研究生，然后是本学科的专业教师，通过职称晋升，最终成为系主任。(Carroll, 1991) 系主任职位是通向更高学术管理职位的最为普遍的途径。(McDade, 1987)[13]

一、系主任的职前经历

研究者指出，对于许多美国大学的系主任而言，他们担任该职位的入职准备局限于其作为教师的经历以及对前任系主任工作的观察和与之共事而获得的经验。(Chu et al., 2002)[20] 然而，从系主任担任该职位的入职年龄或接受调查时的平均年龄看，他们大多为资深教师。以下研究关注了系主任担任该职位之前作为教师的经历，有的还考察了系主任作为本校或本系教师的工作经历。

卡罗尔的研究发现，美国研究型大学的系主任获得博士学位的平均年龄为29.4岁，开始担任系主任的年龄为46.3岁。(Carroll，1991)

朱东的研究表明，系主任担任该职之前作为教师的经历很重要，该调查中有54%的系主任有21年以上的作为高校全职教师的经历，其中36%的系主任有21年以上的本校工作经历。仅有作为本校教师工作经历的系主任占65%。(Chu et al.，2002)[37]

希尔顿的研究发现，有89.8%的系主任有5年以上的担任教师的经历，其中40.7%的系主任有20年以上的任教经历。任职时间在5年以上的占68.5%。(Hilton，1997)[99]

此外，包秋的研究表明，接受调查的系主任中，92%以上的系主任为本系教师，仅有3.8%的系主任愿意连任。系主任的平均年龄为53岁，平均任期为3.5年，平均任职时间为3.7年。4.8%的系主任此前担任过系主任，55.3%担任过副系主任，31.3%的系主任有过其他管理经验（其中大多为教研室主任），8.6%没有管理经验。(Bao，1991)[41]

系主任担任教师的经历是其建立学术地位、了解学校与学校运作方式的重要途径。上述研究表明，美国大学系主任担任该职前大都有较长的作为高校教师的经历，而且从总体上看，学校层次越高，系主任此前担任教师的时间越长。

二、系主任的职后发展

对于系主任职后发展的研究有助于系主任选择是否担任该职位和如何积极应对系主任工作的困难与挑战。如前所述，系主任职位充满了角色冲突。格梅尔希指出，美国高校有8万多学者担任系主任，其中每年更换近1/4。如此高的更换率，部分原因是系主任的职位意味着诸多意想不到的牺牲。(Gmelch，1991) 有研究者认为，带有不满情绪的系主任会严重影响整个学系的士气。系主任的职位本身和环境条件以及由此产生的工作成就感影响了系主任连任意愿。(Murray et al., 1996)

关于系主任研究的文献中，对系主任职后发展的关注还很不够。有以下两个研究在这方面取得了重要突破，较为典型。

卡罗尔的研究发现，20.0%的系主任在任期结束后担任其他行政管理岗位，65.0%的系主任在任期结束后回到教师岗位，仅有4.2%继续担任系主任。性别、遴选方式与学科等因素对系主任是返回教师岗位还是继续担任行政管理职位有显著影响。(Carroll, 1991)

任职时间是反映系主任任期结束后是否愿意连任的重要指标。普费弗与穆尔的研究发现系主任的任职时间与学系的发展水平呈正相关，与学系规模呈负相关，即学系发展水平越高，系主任的任职时间越长；学系规模越大，其任职时间越短；不同学校层次、职位名称与遴选方式的系主任之间无显著差异。(Pfeffer et al., 1980)[399] 赫奇对系主任在其职业发展中可利用的资源进行了阐述。(Hecht, 2004)[43]

关于系主任的职后发展，以上两个研究具有十分重要的代表性，通过系主任的任职意愿与任职时间考察该职位的吸引力。本研究将进一步考察美国顶尖研究型大学系主任的连任意愿及其影响因素。

第六节 关于我国大学系主任的研究

我国学界很少对大学系主任进行专门研究。相关的研究中，对我国大学学系组织结构与领导体制关注较多。同时，有研究者考察了我国大学系主任职位的历史变迁。有研究者探究了我国高校系主任的基本特征、选任与培训、角色与任务、激励与评价等内容。尽管其中的大部分研究仅为对实际工作的经验总结或是对系主任角色的粗略假设，但这些研究是了解我国高校系主任职业发展的重要基础。

一、我国大学学系的组织结构与领导体制

通过对相关研究文献的梳理后发现，关于我国高校系主任的研究中，有近半数的文献着重关注学系组织结构与领导体制、岗位设置和班子建设等问题（见图 2-1）。

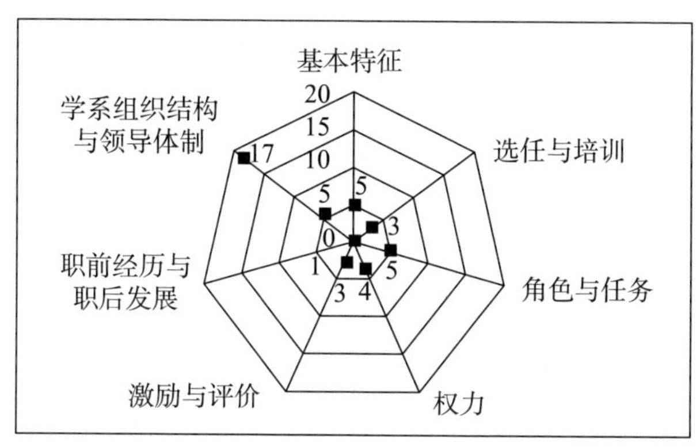

图 2-1　关于我国高校系主任研究的主题分布

研究者回顾了我国高校院系领导体制的探索与实践。新中国成立之初，我国高等学校采取的是校（院）长负责制。校（院）长领导学校一切教学、研究及行政事宜，包括政治学习。学校党的领导实行党组制，学校中的党组织在政治上起核心作用，但对学校行政不起直接领导作用，没有领导或指导关系。1958 年 9 月，中共中央、国务院发布的《关于教育工作的指示》中明确指出：在高等学校中，应该实行学校党委领导下的校务委员会负责制。于是，在系一级也就相应地实行了总支（支部）委员会领导下的系务委员会负责制。

1961 年 9 月，《教育部直属高等学校暂行工作条例（草案）》（即“高教六十条”）颁布试行。“高教六十条”规定：学校中党的领导权力集中在学校党委一级，系的总支委员会对行政工作起保证和监督的作用，由系主任在校长的领导下，主持系务委员会和系的经常工作。校一级的

领导制度是党委领导下的校长为首的校务委员会负责制，而在系一级实际上实行的是系主任负责制。

1978 年的《全国重点高等学校暂行工作条例（试行草案）》（即“高教六十条”修改稿）中提出，高等学校应实行党委领导下的校长分工负责制，系应实行在系总支委员会（或分党委）领导下的系主任分工负责制，系党总支委员会（或分党委）领导全系工作。但是时间不长，1982 年党的十二大通过的新党章中对党的基层委员会领导下的总支委员会和支部委员会的职责做出了规定，即“除特殊情况外，只对本单位生产任务和业务工作的正确完成起保证监督作用”。因此中宣部和教育部党组于 1983 年在《关于高等学校领导班子调整工作的几点意见》中提出关于系的领导体制问题，要按照新党章第三十三条规定要求，积极稳妥地把系党总支领导本单位的工作改为保证监督作用。但是，系党总支对思想政治工作仍实行领导。同年教育部又在《关于调整改革和加速发展高等教育若干问题的意见》中进一步明确：在高等学校中，系一级实行系主任负责制，系主任对校（院）长负责，系总支委员会的主要任务是做好思想政治工作和党的建设工作，对全系工作的正确完成起保证监督作用。

1990 年《中共中央关于加强高等学校党的建设的通知》中规定：“系党总支是全系的政治核心。其主要任务是：保证监督党和国家各项方针、政策及学校各项决定在本系的贯彻执行；参与本系行政管理工作重大问题的讨论决定；支持系主任在其职责范围内独立负责地开展工作；搞好党的建设；领导全系的思想政治工作；做好本系干部的教育和管理工作，配合系主任做好在选派人员出国等方面的政治审查；领导本系的工会、共青团、学生会等群众组织。”这里虽然没有明确系级的领导体制，但是明确了系党总支的政治核心地位，并在系党总支的主要任务中强调了参与和配合行政工作的职能。

1996 年中共中央正式颁发了《中国共产党普通高等学校基层组织工作条例》，对高校各级党组织的职责范围做了进一步的明确，并且在系级党总支委员会的职责中尤其强调了“参与讨论和决定本单位教学、科研、行政管理工作中的重要事项”。同时，中组部在《关于贯彻〈中国共产党普通高等学校基层组织工作条例〉问答》中又做了具体的解释：高等学校的系级单位党总支是全系的政治核心。系级单位的主要任务是贯彻落实校党委和校行政的决定。系党总支和行政适当划分职责范围，既有分工又要合作，应当共同做好工作。系党总支和行政“应当共同做好工作”的提出，应该说是总结了新中国成立以来我国高校院（系）领导体制的几经变化及其利弊得失，经过多年探索与实践的必然选择。这不仅有利于加强和改善高校院（系）党的领导，更好地发挥党总支的政治核心作用，而且更有利于调动系行政的积极性和发挥系行政的作用。

科学的领导体制、顺畅的工作体制是院系党政领导班子积极有效地开展工作的保证。实行党政共同负责是党委领导下的校长负责制的延伸和支撑，是院（系）党组织政治核心地位的重要体现，是社会主义高校培养目标得以实现的组织保证，是新形势下院（系）工作的必然要求。(王明元 等，2007)

研究者以武汉大学的院系党政领导体制改革为例探讨了党政共同负责制。武汉大学于2007年初印发了《武汉大学院（系）党政共同负责制实施办法（试行）》（以下简称《办法》）。《办法》规定院系党政领导班子在学校党委的领导下，对院系的教育教学、科学研究、人才培养、社会服务、行政管理等工作中的重大事项共同负责，并通过党政联席会议对共同负责的事项实行集体决策。《办法》还强调院系党委党总支和行政根据各自的职责范围，既有分工又有合作，共同做好工作。院系党政的职责不同、工作的内容不同、工作方式不一样，必然有所分工，但院系党政的目标又一致，共同保证院系的建设和发展，因此又必须合作。院系党组织是院系的政治核心，必须切实加强院系的政治领导，参与院系重大决策，支持院系行政依法行使职权、开展工作，保证和监督院系教学、科研及行政管理等各项任务的完成。院系行政领导班子负责对院系日常行政工作的领导，尊重和支持党委对院系重大问题的参与决策权。

(王明元 等, 2007)

实行党政共同负责体制，必须抓好以下三个环节：明确党政工作职责，即由党政通过联席会议形式共同决定本单位大事；完善工作运行机制，即规范办事程序和健全工作制度；提高思想政治素质。（李洪天，2001）

综上所述，我国高校院系领导体制的一个重要特点是设有系部总支（支部）委员会，其作用与地位先后经历了以下几个阶段。系总支委员会的主要任务是做好思想政治工作和党的建设工作，对全系工作的正确完成起保证监督作用；系党总支的政治核心地位，并在系党总支的主要任务中强调了参与和配合行政工作的职能；系党总支和行政“应当共同做好工作”，即党政共同负责制。系主任在院系领导体制中的作用与地位则相应地表现为：总支（支部）委员会领导下的系务委员会负责制、系主任负责制、系总支委员会（或分党委）领导下的系主任分工负责制、新的系主任负责制和党政共同负责制。总之，我国高校院（系）领导体制的探索与实践经历了一个长期的过程，基本上是与学校领导体制的探索与实践同步进行的。

关于学系的组织设置，有研究者认为，系主任上对院长与校长负责，下对教师负责，对学系的发展有着直接的重要责任。

领导群体的合理结构是处理好学系党政关系的基本条件。高校系级领导一般都受过一定程度的教育，具有一定领导素质，个体功能一般比较好，这就更需要考虑领导者的群体结构，包括智能结构、知识结构、年龄结构等。（叶小明，1987）一是专业职称和知识的搭配。一般而言，系行政负责人的技术职称高于党总支负责人。系主任要求有高级职称和较高学术造诣，对学系的发展有科学的考虑，有较强的领导能力。领导群体中的成员不应都是一个专业出身，要尽可能搭配不同专业，否则，在工作中就会不自觉地出现偏向性，过分强调某个专业的重要，忽视某些专业的作用，使工作出现失误。二是年龄的搭配。系主任有较长的教学、科研经历和经验。党总支书记也要有较长期从事或兼职党的工作的经历和经验。对系级领导群体而言，应该既有老同志，也有中年和青年人，形成一个梯队结构。这样便于发挥各年龄段成员的作用，形成较为理想的领导群体。三是“帅才”和“将才”的搭配。所谓“帅才”，是指具有全面领导和管理的能力的人才；“将才”是指适合具体分管某一方面的工作的人才。系党政正职不仅要有全面领导的能力和水平，也应该能做具体工作。若能合理搭配，可以使群体中的成员协调一致，减少内耗，提高工作效率。如果成员中都是只能决策不能执行的人，主意再好也不会有实际效果。反之，都是只能执行、不善于出主意的人，则不可能有目的地做好工作。

加强高校系级领导班子建设，需要做到以下几点：首先，强化班子结构，发挥班子整体功能。其次，正确处理内部关系，增强班子团结。再次，完善监督机制，净化班子内部风气。（王术，2001）系级领导班子建设年龄上要注意老、中、青合理配置，任期上注意长短结合。（朱桂兰，1994）由于学系领导班子成员任期满后一般都要回到教学和科研中去，所以在班子选配时，既要考虑学系工作的连贯性，不能采取一刀切的方法，使班子成员一起下一起上，同时也要适当考虑班子领导成员的业务基础和将来的发展，让阅历丰富的年长教师、奋发有为的中年教师和朝气蓬勃的青年教师相结合。学系干部的年龄，反映着干部在学术、业务和经验方面的成熟程度，干部年龄上的梯度既可以发挥具有一定威望的老同志的工作经验，有利于领导核心的形成，又可以充分发挥中青年勇于开拓、精力充沛等优势。年龄上的梯度不仅有利于当前的工作，而且有利于干部队伍的建设，有利于学系的长远发展。（朱桂兰，1994）[50]

学系通常设有副系主任，有研究者对学系正副主任的有效组合提出了以下建议，即年龄上有一定梯度，性格上能相容，知识、能力、业务上能互补。（王琴媛，1996）

有研究者指出，系主任应该准确定位，处理好与系党总支和系务委员会的关系。系主任与党总支关系问题，是系主任负责制所不能回避的问题，也是目前系主任感觉最难处理的问题。在这一问题上主要应把握住以下几点：第一，系主任在系里既是领导者又是决策者，是一把手，而系党总支是政治核心，处于监督保证地位。第二，在分工上系主任是全面领导，党总支是协助领导，处于协助地位。因此，可以由党总支主抓学生思想教育和德育工作。第三，系主任主要采取行政的办法，而党总支主要是通过党员的带头作用和做群众思想工作的方法，两者的共同目标都是全系的工作。(王亚新，1995)

马晓明（1998）分析了系主任与系务委员会的两种关系类型，即平行型和上下型，认为应该根据学校的领导体制、学系规模及系主任的工作性质与难易程度选择不同的系主任负责制类型。学校领导体制为集权制、教师人数在20人以下的规模较小的学系，以及学系专业方向较少的学系适于采用上下型系主任负责制，而学校领导体制为分权制、教师人数在20人以上的规模较大的学系，以及学系专业方向较多的学系适合采用平行型系主任负责制。

作为一类典型的基层学术组织，学系的诞生是多重力量共同交织的结果。(李鹏虎，2020）学系制开创了教师群体与系主任共享学系治理权力的新局面，并在大学、学院与学系之间形成了相对均衡的权力结构，有助于学科专业在各个组织层级实现交叉融合并达成大学的整体战略。学系组织的诞生以及学系制高等教育体系的形成，为迎接高等教育大众化与高等教育轴心时代的到来提供了组织架构与制度安排。(陈廷柱 等，2018）学术性既是高校的灵魂，也是大学生存的目的、基本逻辑和基本属性，建设中国特色现代大学制度，实行教授治学，应使大学学术性活动的管理重心下移到学院，落实到系、研究所。为进一步完善我国高校内部管理体制、增强高校治理能力、提高基层教学组织建设水平，我国高校应加强系一级基层组织的建设。（郭必裕 等，2020）在学科交叉和知识生产模式转型的时代，我国研究型大学的学系有必要进一步的完善，鼓励基于不同的组织原则将教师分组成系，以促进学科之间的交叉与融合。支持学系参与实践应用，并加强学系与外部社会的联系。在“双一流”建设的背景下，我国研究型大学需要走出学科思维，重新审视学术

组织结构，重视学术组织的创新。(李鹏虎，2020)

二、我国大学系主任的基本特征

马国柱（1988）认为，系主任应扮演好公仆、统帅、艺术家、中介者、多头和儒将等角色，相应地应该具备的特征分别为牺牲精神、运筹帷幄、灵活机变、(上下）沟通技能、善于协调和学术修养。系主任需要具备的自身修养包括坚定正确的政治方向、较强的业务能力、一专多能的“通才”、创造性、自信心、责任感和淡薄的名利观。(李德林，1993)[79]

裴春秀（2006）从系主任能力结构的视角探讨了系主任的能力特征。系主任的能力结构包括管理能力、开拓能力、专业能力、学习能力和个性魅力，其中个性魅力包括事业心、责任感、亲和力、宽容、耐心、坚毅和乐于助人。系主任需要有良好的能力结构，即较高的管理能力、足够的专业知识和社会活动能力；对外界的敏锐反应，即根据市场人才需求信息的变化和现代科技发展的最新成果，对本系的专业及课程做出适时、适当的调整；良好的人际技巧或公关本领。因为管理工作是处理人与人之间的关系的艺术，最终目标是协调好全体成员的关系，充分调动他们的积极性，以便同心协力实现既定目标。(王栾生，1998)

此外，系主任还需要有奉献与牺牲精神。系主任多为“双肩挑”，管理的担子十分繁重，这样势必影响个人学术水平的提升。另一方面，系主任最接近一线教师，直接同教师打交道，但由于学系是上级决策的执行和落实单位，自主权较少，必然会遇到许多意想不到的问题，也难免得罪人。没有足够的奉献精神和牺牲精神，是当不好系主任的。(王栾生，1998)

值得注意的是，有研究者通过访谈和问卷调查了50多所大学的系主任后发现，系主任最重要的素质包括一定的学术造诣和地位、强烈的责任心与事业心、充沛的精力和体力、改革创新与竞争意识、宽广的胸怀和科学道德，以及组织、领导与社会活动能力和丰富的大学教学经历。

眭依凡（1990）认为，“系主任”既不是一种荣誉，也不是一般意义上的行政官员。遴选系主任的科学可行的方法是对其专业素质和领导素质考察并重。

我国学者林日团等人通过对国内高校 57 名中层管理干部的关键事件访谈，初步建立了高校中层管理干部胜任力模型。结果发现，高校中层管理干部胜任力模型包括授权激励、组织协调、创新开拓、目标监控、决策判断、沟通表达、成就驱动、团结协作、教育视野、教育信念、民主责任、尊重理解、学术（业务）素养等 13 项特征。该研究表明，高校中层管理干部胜任力模型与中小学教师胜任力模型有一定的相似之处，但与企业家胜任力模型差异较大。(林日团 等，2007)

系主任是学术管理层的骨干之一，学校坚持要聘到的是优秀人才——“优秀”二字包括学术成就、管理经验和（愿意为学校效力的）“心”。(吴家玮，2007)[80]

三、我国大学系主任的选任与培训

我国大学中层管理人员任用机制的发展大致可分为三个阶段。第一阶段，1978—1992 年为传统阶段。干部工作具有神秘感，缺乏透明度，干部人选的提名仅在少数人和组织部门中，教师自主参与的积极性不高。第二阶段，1992—1999 年为转型阶段。随着高校内部管理体制改革的全面启动，干部聘任的形式发生了重大变化。干部任用普遍实行公开岗位信息、发布招聘公告、实行个人报名与推荐的形式，教师参与的积极性有了较大提高。第三阶段，2000 年至今，高校中层干部工作处于发展阶段。《党政领导干部选拔任用工作条例》正式出台，明确了公开选拔和竞争上岗是领导干部选拔任用的重要方式。（王兴杰，2006）[32] 高校中层干部的选拔和任用，也要坚持党管干部的原则，其中中层干部又可分为专职中层党政领导干部和从事学术领导工作的兼职中层干部。我国知名大学的系主任都是专业人士，一般都由具有副教授以上职称的人员担任，他们大多是学术权威或学术尖子（赵文华，2000）[43-44] 美国研究型大学外聘系主任的总体比例已经达到 18.9%，其中自然科学和专业学科已分别达到 22.0% 和 31.7%。（王庆辉 等，2012）而有关我国系主任的调查中，外聘系主任的比例仅为 2.9%。（鲍 等，1994）

我国台湾地区大学系主任的推选办法通常在《大学组织规程》中有明确规定。如某大学政治学系系主任推选依据组织规程，专门规定了学系主任与研究所（主管）的选任程序、任职资格、任期与连任事宜。由各学系与研究所组成选任委员会，选任新任学系主任与研究所所长，报请学院院长转请校长予以聘任。学系主任、所长应具备副教授以上资格，任期以 3 年为原则，可连任一次。推选办法由学系、所务会议确定，经学院院务会议通过后施行。

我国香港地区的老牌大学学术管理由每系仅有的一位正教授从事。院长和副校长一般由教师公选。学系的正教授兼任系主任，往往终生不退。这种架构的好处是高层领导易得人心，坏处是权力过于集中在系主任手中，学系的教研领域可能逐渐变窄。（吴家玮，2007）[82] 香港科技大学系主任的产生要通过遴选程序，任免权属于校长。系主任遴选委员会的成员多数来自该系的教师，也包括一些同院异系的教师，个别为其他学院的教师。遴选需要面向全球，虽然也会在学术报刊登载招聘广告，但是主要人选来自学界推荐。学校的学术领导和教师们来自五湖四海的一流大学，信誉高、网络广，不难获得国际学术同行的帮助。系主任的任期为 3 年，在类似遴选委员会的评价委员会的推荐下，可以连任。但为了让系主任保持或恢复尖端的研究工作，一般不鼓励他们在岗位上超过两任。（吴家玮，2007）[80-81]

研究者对我国大学系主任的培训机制极少关注，这在一定程度上反映出我国很多高校对系主任的培训不够重视。现有的研究中，王明元和周玉霞对武汉大学院系领导干部培训项目的研究最为典型。研究指出，系主任培训的形式可分为党建与思想政治工作研讨会、校内自主性培训、上级主管部门组织的校外培训和外出考察与见习培训等。（王明元 等，2007）

学校通过定期分专题召开党委理论学习扩大会、分党委直属党总支书记会及党建与思想政治工作研究会等，组织院系领导班子围绕新形势开展政治学习和研讨，对新形势下党的理论问题进行研究，提高领导干部水平和综合素质。

学校还自主举办一批针对院系领导干部的培训。一是每年举办一次院长、书记培训班。二是配合校院两级财务管理体制改革，举办院系财务负责人培训班，从财务政策、财务管理、党风廉政等方面对财务负责人进行业务培训。三是举办新提任干部培训班。

对于上级主管部门组织的校外培训，优先考虑和选送院系中层干部参加。近几年，学校选送的中层干部中，院系领导干部占到了 2/3。

此外，学校还大规模选派院系干部外出考察和见习，不断开拓干部眼界、拓展干部的工作思路。

四、我国大学系主任的角色、任务与领导效能

我国学界对系主任的专门研究很少，但在对我国高校中层管理者（中层干部）的研究中，通常包括了系主任一职。系主任属于从事学术领导工作的兼职中层干部。与党政机关管理岗位不同，院长和系主任在承担教学和科研任务的同时，还承担了学校的管理工作，这种“业务发展”与“管理工作”两不误的模式被称为“双肩挑”。(王兴杰，2006)[34]

院系领导者是连接学校与教师的中间成员，处于承上启下的重要位置。一方面，要把学校的决策目标贯彻到自己的部门（院、系），另一方面，又要带领本部门的教职工完成好工作任务。其主要作用是在学校战略和教师教学活动之间进行协调，在提高教育教学质量中起着重要作用。有研究者将我国高校的中层领导干部的角色定位为战略参与者、组织沟通者、部门管理者、部门稳定者和未来领导者。(景亭，2008）系主任应是品教兼优的教育者、内外兼通的管理者、教师学生的服务者和教改教研的带头者。(潘如勤 等，1998)

朴雪涛（2002）将系主任置于高等学校技术管理和行政管理交互作

用的交点之上，对我国大学系主任的角色进行了分析，认为系主任承担着系级组织的挂名首脑、变革的设计者和发起人、资源的分配者、联络者或中介人、组织利益的代表者、本部门的“守门人”、学校职能部门的“大干事”、学术工作的评价者、组织的“公关者”和系资产的经营者等10种角色。

对于系主任的任务，严琴（1985）认为，系主任应该设法取得外部支持，对专业性质较强的系尤为重要；应鼓励和关心变革，与教师一起探索变革和进行尝试；要处理如教师个人在教学和研究方面的兴趣与学系的目标之间的矛盾；应经常同院长进行讨论，选择合适的时机并注意方式方法；与其他系搞好关系，以及用相应的标准评价教师的工作。

有研究者认为，系主任需要承担的职责为：履行学系使命、加强对学科建设的重视和规划、建设一支过硬的教师队伍、创新管理制度等方面，包括提高教学质量、领导学生工作、制定或修订教学计划、学系课程建设、聘任教师、了解一线教学问题等具体事务（戴干策 等，1987）。

从管理工作的基本职能看，系主任的职责主要分为计划、组织、人事、领导和报告5个方面，具体表现为：学系的师资发展；教学、科研及学生培养规划；学科、课程及教学设施的发展建设；学系经费的预算和使用；教研人员和行政人员的考核、晋升和聘用；教学、科研和社会服务的校内外合作与交流；学系组织的建制等。眭依凡（1990）认为，由于一些职能部门不能恪尽职守，而迫使系主任不得不事必躬亲，导致他们既无暇致力于组织发展的重大问题，也无力参与适量的教研工作，所以单单明确系主任的职责是不够的。为了保证系主任有充裕的时间和充沛的精力履行自己的职责，职能部门需要加强认识和执行自己的职责，以免系主任感到工作庞杂棘手、不得要领或效率不高。

陈伟（2005）认为，系主任的权力应该包括行政权力、学术权力和情感融通几个要素：行政权力是前提，学术权力是底蕴，情感融通是关键。学系在新教员的聘任、教师的晋升、教学计划的确定、科研项目的申请与实施等方面具有重要的发言权，但重大问题往往并非由系主任个人决断。在有些问题上，系主任必须同其他正教授商讨，或许还要同聘为终身教职的副教授商讨；在有些问题上，系主任必须同全体教学人员商讨，并依照少数服从多数的原则进行决策。系主任的权力和责任在不同的院校可能很不相同。（陈学飞，1991）此外，随着高等教育从精英教育向大众教育转化和过渡，学校内部管理将从由高级教授控制发展为由初级工作人员和学生参与。

关于我国大学系主任的权力，有研究者认为，系主任并非一个特权性职位。学系组织中的权力相对分散，且首先在众多的教授之间进行分配，然后在副教授和助理教授之间分配。（陈伟，2005）[24]"系制的冲突最终集中到了系主任身上，这是一个处于上压下挤地位的中间人物，既负责教学工作，也负责行政工作，其权限责任很不清楚。"（范德格拉夫，2001）[114-129]

对于系主任来说，其权力有来自职位的行政权力，个人的学术成就带来的专业权力，还有特别人格魅力获得的感召力。组织的管理需要的是对或然率的运用能力，而科学研究强调的是严密准确、合乎逻辑的推理能力，只有在无碍于系主任进行决策时，优秀的学术素养对系主任管理才有利。（范德格拉夫，2001）[114-129]学科领域的发展是日新月异的，可是系主任常常会因为繁杂的行政事务而荒废或懈怠了学术研究，可能会影响对学术潮流的判断，还可能被后来者取代自己原先在系里的学术地位，以致失去专业权威而遭受质疑。这种情形下，系主任可以将新生力量吸收到自己的智囊团中，鼓励其为学系的建设出谋划策，同时还可以将之作为继任者的候选人进行观察、培养。（郑余，2005）

关于系主任的领导效能，其重要表现之一是提高学系教学水平。作为高校教育工作的基层单位，系级领导职能的发挥起着关键的指导作用。系领导监督职能的发挥是落实各项规章制度的关键所在。系领导轮流值周检查教学常规工作是对管理制度的实施和落实进行监督的一种有效形式。（贺国侠，1999）

李德林（1993）[81]从领导艺术的视角分析了系主任的有效领导行为：

充分调动教师的积极性、善于听取意见和进行批评、善于分配任务、协调各方面关系，以及成为青年学生的良师益友。

王琴媛（1996）根据系主任领导效能的表现程度将系主任分为三种类型，即成功型、维持型和思归型。成功型系主任的行为表现为：受到系里群众拥护，工作得心应手，能够打开局面；教学、组织、人事和学生工作等职能部门一致认为该系政策执行好，工作配合好，办事效率高；全系教风严，学风正，培养的学生质量高；全系科研、创收能力强，经济效益好；队伍稳定，凝聚力强。维持型系主任表现为说话尚有人听，工作尚能开展起来，但起色不大，系综合教学质量、办学效益、创收等比上不足，比下有余。思归型较为复杂，有因工作负荷大、健康状况差而想回到教师队伍中去的人，有因习惯于当教师，缺乏领导能力和领导艺术而思归的，也有极少数因不善于协调关系，班子内耗大或个人私心重，群众基础差，而考虑还是干教师本行的。总体而言，系主任的成功取决于系党政之间、系行政领导之间配合协调，关系融洽；系主任工作有目标、有方向；工作抓重点；以及自身素质较高。(李德林，1993)[81]

五、我国大学系主任的激励与评价

系主任通常是教学科研与行政工作“双肩挑”。学校应主动关心他们的切身利益，适当减免其工作量，实行津贴制，并且在评职评优时，同等条件下优先考虑系主任。(王琴媛，1996)

黄达人（2006）指出，我国高校领导干部的激励因素受传统文化的影响深刻，对晋升激励偏好过度。晋升意味着职位或级别的提升，待遇的改善，带来的不仅是更大的权力、更高的地位，同时还有实际利益。现行制度中职位的高低和个人利益（如薪酬等）直接挂钩，加上关键岗位往往可以掌控人事权和财务权，因此，晋升成为重要的激励手段。

然而，职位永远像一种呈金字塔型的稀缺资源，越往上层，上升的可能性就越小。成为中层领导干部的最大意义就在于已经得到一个平台，

所要做的就是在这个平台上更好地发挥自己的才干，享受在工作过程中不断闪现的自我实现的瞬间。(孟天财 等，2008)

关于大学系主任的评价，我国对学术领导者的评价通常称为绩效考核。有研究者指出，我国高校领导者的绩效考核基本上套用了党政领导干部的绩效考核模式，该制度设计在考核观念、内容、手段与方法等方面存在诸多需要解决的问题：考核主体缺少教师与学生参与；考核内容比较笼统，缺乏明确的量化标准；考核方法偏重于述职报告、民主测评等静态方法；考核结果的应用流于形式等。(刘延庆 等，2010)

李和平等人（1996）结合 W 研究型大学的实践研究了系主任的评价。关于系主任评价的目的，有研究者认为，学校对系部的考核并不能代替对系部领导者的任期考核。一方面，学期学年考核周期较短，其考核结果难以反映渐进的、周期长的工作状况和成果。另一方面，实行了系部领导班子聘任制、任期目标制，任期届满时就应对其所完成任务、履行合同的总体情况有一个以考核为依据的评价，相应的物质奖励上也应有所体现。这既是对本届领导班子功过是非的考核与评定，也是对未来新班子的激励和鞭策。

对于系主任评价的原则，有研究者认为应该坚持四个结合：一是领导考核、群众评议与系部领导班子自我测评相结合；二是定量考核与定性考核相结合；三是考核结果与奖惩相结合；四是考核与干部选拔、班子的换届相结合。

对于系主任评价的具体内容，任期考核指标体系设有六个子系统，即本、专科教学水平评估指标体系；研究生教育考评指标体系；科研系统水平考核指标体系；实验教学、实验室建设管理考评指标体系；党政、学生工作系统水平评估指标体系；领导班子、师资队伍建设考核指标体系。

在系主任的任期考核之前，成立校考核领导小组。评价的具体方法与程序为：第一，被考核的系部领导者做任期工作总结报告，征求全系教职工的意见，并送交校领导和有关职能部处审核；第二，系部领导者汇报工作，考核小组进行打分，写出评语；第三，根据评价结果确定奖励的等级，并对系主任系部领导者进行一次性的特殊奖励；第四，召开学系会议，宣布考核结果，由全系教职工推荐新的正副系主任人选；第五，个别谈话征求意见，确定正副系主任候选人。

总之，我国大学系主任的评价工作通常是由上级来做，应制定科学的评价标准。系主任人选更换过快、过于频繁，对学系的发展不利，至少会影响一部分系主任的情绪。（严琴，1985）研究者指出，我国高校教师对高校教师管理制度的评价不高，现行教师培训及支持系统的运行效率也有待提高。（史静寰 等，2011）系主任等学术领导的政策与制度则尤为如此。

六、我国大学系主任的职前经历与职后发展

关于我国大学系主任的职前经历与职后发展，有研究者对此进行了重要的实证研究。该研究的对象包括我国 307 所高校的 256 位系主任，其中有 208 位系主任参与了调查，回收率为 81%。参与这项研究的系主任 93% 是男性。所有系主任都具有高级职称，年龄在 50 岁以上的占 78%。在担任系主任之前担任过副主任的占 55. 3%，担任过教研室主任的占 31. 2%。（鲍 等，1994）

该调查中我国高校系主任的平均年龄为 53 岁，可以推知系主任担任该职前在高校工作的时间较长。（鲍 等，1994）而任初明（2009）对我国高校专业学院院长的调查中发现，我国高校学院院长的平均年龄仅为 46. 1 岁，任该职位的时间为 5 年左右，他们开始担任院长的平均年龄约为 41 岁。担任该职前在高校的工作时间约为 10 年。两个研究表明，我国大学中层学术领导者担任该职前在高校的工作时间正在缩短。

有研究者通过研究发现，我国高校系主任愿意连任职位的积极性很低，只有 3. 8% 的系主任愿意连任。系主任不仅被学者和管理者的双重角色搞得筋疲力尽，而且与职位相应的权益收获很少。这一结果与谢尔研究中国北京大学的系主任所得出的结论是一致的。谢尔指出，教师工作

积极性较低是中国高等教育存在的问题之一，也是中国高校系主任的问题之一。(鲍 等，1994)

我国大学在“国际化”和“全球化”进程中，不仅要向国际一流大学学习、看齐，而且要在全球化视野中考虑中国发展，解决中国问题，从而对国际大家庭做出中国应有的贡献。(龚放 等，2011) 从我国大学与国外一流大学的差距来看，我国某些大学从某个或某些学科寻求突破，实现跨越式发展是有可能的，但在短期内要整体跻身世界一流大学的行列，面临不小的困难，因为改革与发展需要一个较长的过程。(王孙禺 等，2009)

校院系建制是世界大多数国家高等学校的基本模式，它之所以能够延续至今，仍为大多数国家所沿用，几近成为国际惯例，有其历史的合理性和内在的必然性。我国高校通过新一轮“院系调整”，逐渐向校院系建制发展。(周川，2002) 美国社会学家帕森斯 (Parsons) 从功能角度出发，把组织的结构划分为技术层、管理层和制度层三个层次。组织结构的核心层是技术层。有研究者认为，大学组织结构也可分为三个层次。院、系和专业等与学术活动有关的属于技术层次。(阎凤桥 等，2004) 现代大学制度建设是一个系统工程，其本质是建立一个制衡的治理结构，实现社会需要、学术发展、个人发展和国家需要之间的协调。(王洪才，2006)

研究系主任的地位和角色，有助于了解高等教育系统基层组织的特点和学术生活运作过程的机制。(王福友，2008a)[28] 有研究者指出，我国研究人员对系主任的研究不够重视，可能有以下几个方面的原因：首先，我国高等教育管理的组织结构具有极为复杂和集权化的特征，在高校内部，表现为教务处和科研处等各类职能部门的影响。这些组织的建立本是为了方便教学与科研工作，但是后来变得过于膨胀。许多组织拥有大量学术上的决策权，而在美国高校，这些权力是属于系主任的。其次，缺乏与国外组织的交流和专门的系主任培训方案。最后，系主任角色本身的复杂性以及这一职位对系主任个人学术成果的影响或缺少报酬方面

的刺激，许多系主任不愿意连任。系主任的高更换率影响了人们的有效研究。(鲍 等，1994)

研究者的分析认为，我国高校中与系主任职位相应的权益很少，具体表现为教师的社会地位下降；在高度集权化的教育系统中，系主任在教师招聘、工资分配和解聘等方面的决策权很小；系里的课程和教学经常被干涉；系主任的个人发展或生活与事业难以平衡；系主任常与学校后勤意见不一致。此外，系主任工作积极性较低也是我国系主任普遍存在的问题。(鲍 等，1994)

研究者指出，目前我国高等教育研究在宏观、总体、抽象领域中颇有成就，但在以院校为对象、以实证为手段、以具体问题为切入点的研究方面力度不够。最为直接的表现之一就是，学术界对系主任这种负责基层学术组织运转的职位较少进行系统、深入的探讨。(陈伟，2005)[22]

总之，对领导者职业发展的研究有助于实现组织的一般目标，以及组织内各单位的具体目标和组织中个体成员的目标。职业发展研究为观察组织中个体的特征及其与组织的关系建立了平台。(Carroll，1991) 系统管理理论认为，个人目标和组织目标经常是既一致又矛盾的。组织目标必须满足参与者一定程度的需要，使他们对组织做出贡献。卡斯特(Kast) 提出一个重要的概念——互惠，即个人和组织之间的互惠。个人和组织之间存在着一种心理上的契约，它可以帮助完成各自的目标。(卡斯特 等，2000)[231-236]

研究者主要考察了个人背景、学系背景等因素以及职位特征与职业发展的关系。其中个人背景包括年龄、性别、工作经历、管理经验等；学系背景包括学系规模、学科等因素：研究者对其性别、角色冲突等进行了探讨。有研究者对女性系主任进行了调查，分析了女性系主任比例偏低的潜在原因。(Niemeier et al.，2004) 布斯 (Booth) 研究了系主任的职业发展与角色冲突的关系，认为可以通过改善学校管理来减少系主任的角色冲突；教育、培训与职业发展对系主任而言十分必要；提升系主任职位的吸引力可以考虑其职业定位和学科差异，因而可能需要对招

聘方式和遴选政策做相应调整。(Booth et al. , 1982)[31]

戴尔(Dyer)和米勒(Miller)在对系主任的相关研究进行梳理后指出：系主任职位相当重要，但已有的研究对系主任的本质来说还很不够。研究者应加强对以下方面的研究：怎样有效地培训系主任并取得预期效果；怎样评价系主任，总结出一些领导案例和加强对系主任成绩的评估；关注系主任职位的历史、成长和发展以及和高等教育机构发展全貌之间的相互联系，即对整体和部分之间的相互关系的研究。(Dyer et al. , 1999)[20]

国外对大学系主任有广泛和深入的调查研究，我国学界需要加强对该角色和职位的研究，尤其需要关注系主任的成长与大学发展二者如何相互作用和影响，也需要在研究方法上取得突破。大学系主任的话题已经引起我国学界的关注，但整体而言，我国学者对系主任的研究还较少。因而，我们要获得经得起检验的研究成果，促进我国大学系主任管理和领导水平的提高，还需要做长期的艰苦探索。

第三章 研究方法

本研究采用定量与定性相结合的混合研究方法。研究以职业动机理论和领导理论为基础，根据研究目的与研究问题的需要采用问卷调查、半结构式访谈及文本分析等方法。

第一节 混合研究方法

混合研究方法是指在同一研究或一系列研究中混合使用定量与定性方法收集数据，分析与解决问题。其基本假设是综合运用定量与定性方法比单独使用其中的一种方法更有助于对研究问题的理解。值得注意的是，混合研究方法并非简单地使用定量与定性研究，而是两种方法的有机结合、互相渗透、相互联系与互相融合。

混合研究可以结合定量数据与定性数据的优势。定量数据为可以用来进行统计分析的具体数字，其结果表现为频次和大小，可以描述较大样本的趋势。而定性数据为人们的实际话语，可以反映同一问题的不同方面及复杂情形。定量研究强调变量间因果关系的测量和分析。定量研究者称其工作与价值无涉。(邓津 等，2007)[32] 定量研究的研究范式是客观科学的方法的使用，其目的是寻求发现普遍规律，解释研究者所观察、记录的现实的本质。(张俊华，2008)[104] 定性研究强调现实社会的建构性，强调研究者与研究对象之间的关系、研究问题的情境限制性和研究价值的承载性。定性研究强调社会经验是如何被创造出来并赋予意义的。(邓津 等，2007)[32] 定性研究方法是受主观人文主义影响，可以收集到人们的话语的描述性资料。(张俊华，2008)[10] 定量研究旨在对研究假设进行检验，对研究结果进行推导。定性研究则对定量研究的结果进行解释和补充。

第二节　技术路线

本研究采用以下技术路线（见图 3-1）。

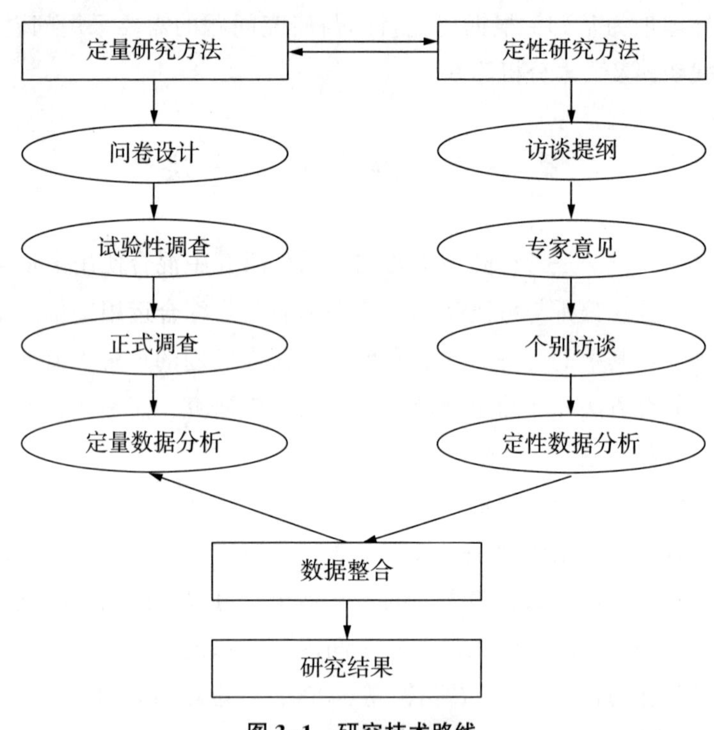

图 3-1　研究技术路线

第三节　问卷调查与分析

问卷设计基于系统管理理论。该理论认为，个人目标和组织目标经常是既一致又矛盾的。组织目标必须满足参与者一定程度的需要，使他们对组织做出贡献。

一、调查方法

本研究问卷调查的对象为AAU大学，即北美63所顶尖研究型大学联盟（其中美国61所，加拿大2所）成员大学的系主任——其中大多（81%，51所）为世界大学学术排名（ARWU）前100的大学。63所AAU大学中，除去试验性调查中的3所、加拿大成员大学2所以及加州理工学院（该校未设置系主任职位），实际样本大学数为57所。每所大学抽取20名系主任作为调查对象，通过网络问卷方式共调查1140位系主任。截至2010年10月31日，共有337名系主任接受了问卷调查，问卷的有效回收率为29.6%，回收的问卷数量符合研究需要。

问卷初稿对美国东北部B地区的8所研究型大学进行试验性调查。问卷的变量包括系主任的基本特征，学系背景，学科差异，系主任的责、权、利等60多个变量。访谈考察的变量主要为系主任对其职位的认知与体验、面临的困难与挑战、与院长和教师的关系、工作环境及工作成效等。

所有问卷通过网络进行发放、填写和回收。抽样前，通过各大学网站尽可能完整地找到所有系主任的信息，然后将其所在学系、姓名、性别、电子邮件等信息以学校为单位进行汇总，再将各所大学的系主任按性别分为两大类，以其前名（given name）按顺序排列，最后在每一所大学随机抽取20名系主任。问卷的链接通过电子邮件分别发送给相应的系主任，并在此后10至15天内再次发送邮件进行提醒，同时对已经完成问卷的系主任予以致谢。

问卷正式发放前，已通过美国波士顿学院伦理委员会（Institutional Review Board）的审查。

二、接受调查的系主任总体状况

接受调查的 AAU 大学系主任的总体状况见表 3-1。其中性别结构：男性系主任的比例是女性系主任的两倍多，占比为 70.6%；族裔结构：白人占绝大多数，为 92.9%，而少数族裔中亚裔略高，为 2.7%；年龄结构：51~60 岁的系主任超过被调查总数的一半，占比为 51.3%；学历结构：绝大多数接受调查的系主任学历为博士研究生，占 96.4%；职称结构：拥有教授职称的系主任比例为 86.1%；任现职时间：半数以上的系主任担任现职不到 3 年；任期状况：任期在 3 年及以下的系主任占 48.7%；选任方式：81.1% 的系主任通过内部选任的方式产生；学校层次：来自世界大学学术排名（ARWU）前 100 名的系主任占 76.9%，其中来自 50 名之前与之后大学的系主任比例均衡；学科结构：分布在社会科学领域的系主任比例较低，为 18.1%，其余人文学科、自然学科和专业学科三个学科系主任的比例均在 25% 以上；学系规模：系主任所在学系大多为拥有 11~30 名全职教师的中等规模，这一组别占总体比例的 61.4%。

为了方便数据分析，将接受问卷调查的系主任编码为 DCQ（department chair as questionnaire participants），按照系主任接受调查的时间上的先后顺序分别编为 DCQ001 至 DCQ337。

表 3-1 系主任的基本特征（N=337）

		n	%
性别	男	238	70. 6
	女	99	29. 4
族裔	白人	313	92. 9
	黑人	1	0. 3
	西班牙裔	5	1. 5
	亚洲人	9	2. 7
	两个或两个以上族裔	4	1. 2
	其他族裔	5	1. 5
年龄	40 岁及以下	8	2. 4
	41~50 岁	69	20. 5
	51~60 岁	173	51. 3
	60 岁以上	87	25. 8
学历背景	博士	325	96. 4
	硕士	11	3. 3
	学士	1	0. 3
职称	教授	290	86. 1
	副教授	45	13. 4
	助理教授	1	0. 3
	其他	1	0. 3
任职时间	1 年及以下	67	19. 9
	2~3 年	114	33. 8
	4~5 年	71	21. 1
	6~10 年	54	16. 0
	10 年以上	31	9. 2

续表

		n	%
任期	1~3年	164	48.7
	4~5年	116	34.4
	6年及以上	9	2.7
	无固定任期	48	14.2
选任方式	内部选拔	273	81.1
	外部竞聘	64	18.9
学校层次	ARWU 1~20	58	17.2
	ARWU 21~50	107	31.8
	ARWU 51~100	94	27.9
	ARWU 101~	78	23.1
学科类别	人文学科	87	25.8
	社会科学	61	18.1
	自然科学	87	25.8
	专业学科	95	28.2
	其他	7	2.1
学系规模	10人及以下	53	15.7
	11~30人	207	61.4
	31~50人	58	17.2
	50人以上	19	5.6

三、调查问卷数据分析

本研究采用描述方法和相关统计方法分析和整理数据，用方差检验、t检验、相关分析及回归分析等方法分析数据。调查问卷采用的分析工具为SPSS 18.0。在具体的统计过程中，尽可能对所有相关变量进行多重检验与分析，以得出具有显著统计学意义的分析结果。

研究从学校层次、学科类别和学系规模三个角度分析系主任的基本特征和职业发展状况。

（1）学校层次。为了便于区分大学层次，将样本大学分为三类：世界顶尖大学、世界一流大学和世界知名大学。位于世界大学学术排名前20位的为世界顶尖大学，前100位的为世界一流大学（刘念才 等，2002），101~500位的为世界知名大学。

美国61所AAU大学在世界大学排名中都有很好的表现，有49所AAU大学位于世界大学学术排名的前100位，进入世界一流大学的行列；其中排在前20位的世界顶尖大学中就有16所为AAU大学，占世界顶尖大学的80%。另外12所也都位于前500名（6所位于101~200名，4所201~302名，2所303~400名），为世界知名大学（见图3-2）。

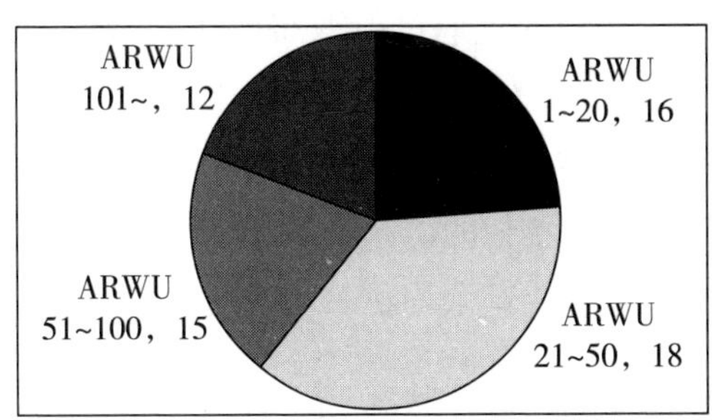

图3-2 位于美国的61所AAU大学在ARWU排名中的表现

（2）学科类别。盖夫（Gaff）和威尔逊（Wilson）按人文学科、社会科学、自然科学和专业学科等四个学科领域，通过对教师在教育价值、教学方向和生活方式等问题的考察了解不同学科文化之间的差异。（Gaff et al.，1971）本研究主要采用盖夫和威尔逊的四分法将系主任所属的学科归为人文学科、社会科学、自然科学以及专业学科。

（3）学系规模。学系规模这一变量考察系主任所在学系的全职教师人数，可分为10人及以下的小规模学系、11~30名全职教师的中等规模学系、31~50名全职教师的大规模学系和50人以上的特大规模学系。

第四节 个别访谈与分析

一、个别访谈方法

现场观察和个别访谈主要在美国东北部 B 地区的研究型大学进行。个别访谈的样本为美国东北部 3 所研究型大学的 50 名系主任，有 20 名系主任接受了访谈（其中 2 名为专业学院院长，都曾担任过系主任：1 人以前任系主任的身份接受访谈，另 1 人则以院长的身份接受访谈）。从接受访谈的系主任所属的学科类别看，分别包括人文学科 4 人、社会科学 4 人、自然科学 4 人和专业学科 8 人。

访谈提纲的内容包括系主任工作的乐趣与困惑，学校为系主任提供的环境与政策，系主任担任该职位所取得的主要成绩、未来的规划与面临的挑战等。

预约的访谈时间为半小时，实际的访谈时间有两人为 30 分钟，17 人超过 1 小时，还有 1 位系主任的访谈时间在 2 小时以上。访谈地点除 1 人在其住所附近的咖啡吧外，其余均在系主任（院长）本人办公室。

二、接受访谈的系主任总体状况

接受访谈的美国 B 地区的大学系主任的总体状况见表 3-2。其中，男性系主任 11 人，女性 9 人；拥有教授职称的 14 人，副教授 6 人；人文学科、社会科学、自然科学各 4 人，专业学科 8 人。有 5 名系主任通过外部竞聘产生。

为了方便数据分析，现将本研究中接受访谈的系主任编码为 DCI（department chair as interviewees），按照系主任（院长）接受访谈时间的先后顺序分别编为 DCI01 至 DCI20。

表 3-2 接受访谈系主任的基本信息

序号	系主任编号	系主任基本情况					学科类别	学校类型	现任何职（2012.12）
		性别	职称	博士学位获取单位	选任方式	任职年数			
1	DCI01	男	副教授	加州大学伯克利分校	内部选任	11	自然科学	RU/H	学院副院长
2	DCI02	女	教授	耶鲁大学 1973	内部选任	11	人文学科	RU/H	学院院长
3	DCI03	男	教授	威斯康星大学 1969	内部选任	2	社会科学	RU/H	教师
4	DCI04	男	教授	斯坦福大学 1992	外部竞聘	—	专业学科	RU/VH	学院院长
5	DCI05	男	教授	哈佛大学 1972	内部选任	15	人文学科	RU/H	教师，专业项目主任
6	DCI06	女	副教授	华盛顿大学 1993	内部选任	1	自然科学	RU/H	系主任
7	DCI07	女	教授	德州大学奥斯汀分校 1985	内部选任	3	社会科学	RU/H	教师，研究生项目主任
8	DCI08	女	教授	辛辛那提大学 1976	外部竞聘	5	专业学科	RU/VH	教师
9	DCI09	女	教授	芝加哥大学 1983	外部竞聘	5	人文学科	RU/H	系主任
10	DCI10	男	教授	斯坦福大学	内部选任	4	专业学科	RU/H	教师
11	DCI11	男	副教授	波士顿大学	内部选任	6	专业学科	RU/H	系主任，教授
12	DCI12	男	教授	美国西北大学 1985	内部选任	10	专业学科	RU/VH	讲习教授
13	DCI13	男	教授	杜克大学	外部竞聘	17	自然科学	RU/VH	副教务长

续表

序号	系主任编号	系主任基本情况					学科类别	学校类型	现任何职（2012.12）
		性别	职称	博士学位获取单位	选任方式	任职年数			
14	DCI14	男	副教授	乔治·华盛顿大学	内部选任	1	专业学科	RU/H	教师
15	DCI15	女	教授	波士顿大学 1992	内部选任	8	专业学科	RU/VH	系主任
16	DCI16	男	教授	匹兹堡大学	外部竞聘	4	自然科学	RU/H	系主任
17	DCI17	女	教授	新墨西哥州立大学	内部选任	1	社会科学	RU/H	系主任
18	DCI18	男	副教授	哈佛大学 1970	内部选任	27	人文学科	RU/H	系主任
19	DCI19	女	教授	新墨西哥大学 1972	内部选任	3	专业学科	RU/H	教师
20	DCI20	女	副教授	美国东北大学	内部选任	1	社会科学	RU/H	系主任

三、个别访谈的数据分析

本研究采用 Nvivo10.0 工具对访谈数据进行分析。

从学校层面、系主任的自身因素和上下关系（学院层面和学系层面）三个视角提取信息：

学校层面的积极影响因素包括组织结构设置合理、管理机制运行良好、资源状况较为充足，以及学校在系主任的选任、培训、激励和评价等政策环境上为系主任提供支持。

系主任的自身因素包括系主任对工作感兴趣、工作任务得以分担和享有较大的管理权限等都对系主任的领导效能产生积极影响。

上下关系方面包括高层管理者的关心与支持、经常性的沟通，以及学系成员良好的精神风貌与组成状况等都对系主任的领导效能产生积极影响。

根据研究所确定的框架，访谈数据主要于第六章中对“系主任领导效能的影响因素”部分进行分析。

第五节 研究的局限性

第一，研究的调查与访谈对象分别从 AAU 大学和美国东北部 B 地区研究型大学的系主任中随机抽取，两个群体总体上能够反映美国研究型大学系主任的基本特征和职业发展状况。但是如果只从中选取学校高层和学系教师公认的优秀系主任，则会更具参考与借鉴意义。

第二，研究主要针对系主任进行调查，所收集的数据均为从系主任本人处得来。因此，部分数据难免有一定的主观性。若能同时对系主任相关的上级领导和所在学系的教师进行调查，则反映的情况会更加客观和全面。

第三，现有研究中缺乏关于我国研究型大学系主任的基本特征和职业发展状况等相关信息，本研究未能同时对我国大学系主任尤其是 C9 大学①的系主任进行调查。

① 九校联盟（C9 League），简称 C9，是中国首个顶尖大学间的高校联盟，于 2009 年启动。联盟成员包括北京大学、清华大学、复旦大学、上海交通大学、南京大学、浙江大学、中国科学技术大学、哈尔滨工业大学、西安交通大学共 9 所高校。

第四章 系主任的基本特征

成功的领导者是先天禀赋使然还是后天训练养成，领导理论在不同的发展阶段，对此有不同的阐述。特质理论认为，成功的领导总是具备某些素质、性格或特质，特质是决定个体行为的基本特性。正是基于特质理论，近年来，国内外学界已对大学校长的群体特征进行了诸多探索，以期对大学校长的选拔、聘任与职业化发展提供参考和借鉴（郭俊 等，2011）。

本章拟对大学系主任的人口统计学特征、选任特征和个性特征进行分析。其中系主任的人口统计学特征包括性别、年龄、学历、职称、族裔等；系主任的选任特征包括任期和选任方式；系主任的个性特征从系主任成功担任该职位的重要特征的自我描述进行分析。

第一节 AAU 大学系主任的人口统计学特征

一、系主任的年龄特征

参与调查的系主任平均年龄为 55. 8 岁（*SD*=7. 23）[①]。取得最高学位的年龄和开始担任系主任职位的入职年龄分别为 29. 7 岁（*SD*=4. 43）和 51. 3 岁（*SD*=7. 33）。如前所述，分析时根据系主任所在大学在世界大学学

① 后文以 *SD* 表示数据的标准差，*M* 表示数据的平均数。

术排名（ARWU）（Shanghai Ranking Consultancy，2009）中的表现将大学层次分为以下四组，即位于前20位、21至50位、51至100位，以及位于100名以后的大学。本调查的结果表明，不同组别的大学系主任的现龄和入职年龄都与总体平均年龄非常接近，四个组别之间无显著差异。但系主任取得最高学位的年龄存在显著差异，$\chi^2=21.65$，$p<0.01$。

如图4-1所示，系主任所在的学校层次越高，其在26~30岁之间获得最高学位的比例最大，年满36岁以后获得最高学位的比例最小。四组系主任获取最高学位的平均年龄分别为28.5岁（$SD=3.11$）、29.3岁（$SD=3.64$）、29.9岁（$SD=4.84$）和30.7岁（$SD=5.43$）。

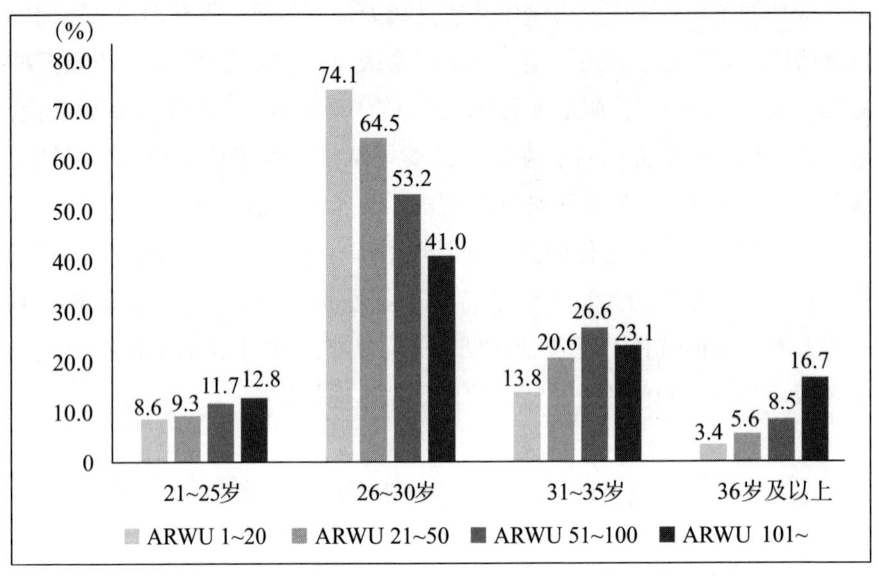

图4-1 不同组别系主任获取最高学位的年龄比较

二、系主任的学历背景

样本中不同层次的各组大学系主任中拥有博士学位的比例很高，总体为96.0%。前三组所在的世界一流大学（ARWU 1~100）系主任获博士学位的比例均为97.3%，第四组为93.4%。不同学校层次系主任的学历背景无显著差异。

关于不同学科系主任的学历背景，自然科学和社会科学的系主任全都获得了博士学位，获硕士及以下学位的系主任主要分布在人文学科和专业学科，其比例分别为 6.9% 和 5.3%（见图 4-2）。不同学科系主任的学历背景存在显著差异，$\chi^2=11.43$，$p<0.05$。

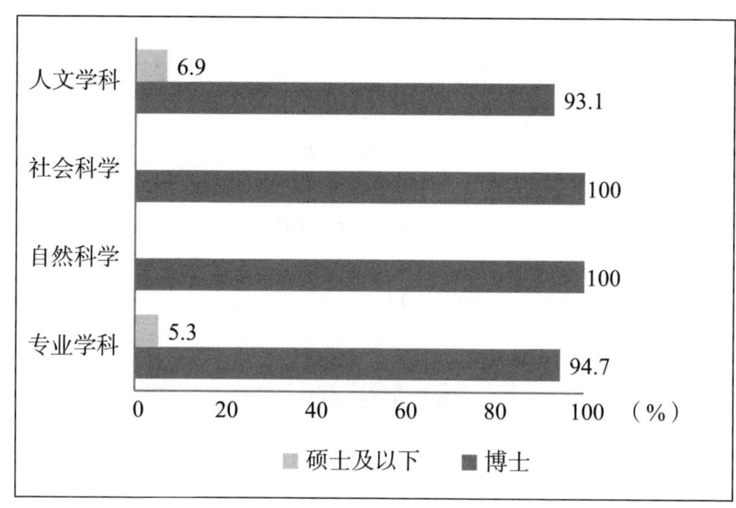

图 4-2 不同学科系主任获最高学位情况

二、系主任的职称状况

不同层次各组大学的系主任中拥有教授职称的比例很高，总体为 86.1%。如图 4-3 所示，在接受调查的系主任中，世界一流大学系主任拥有教授职称的比例较其他大学的系主任更高，尤其是前两组系主任中，获教授职称的比例分别高达 98.3% 和 90.7%，后两组则为 80%（见图 4-3）。不同层次大学系主任拥有教授职称情况有显著差异，$\chi^2=16.19$，$p<0.01$。

各学科间获得教授职称的系主任比例总体为 86.1%。占比最高的学科为自然科学和社会科学，分别为 100% 和 91.8%。专业学科和人文学科较低，分别为 84.2% 和 70.1%（见图 4-4）。不同学科系主任的职称情况

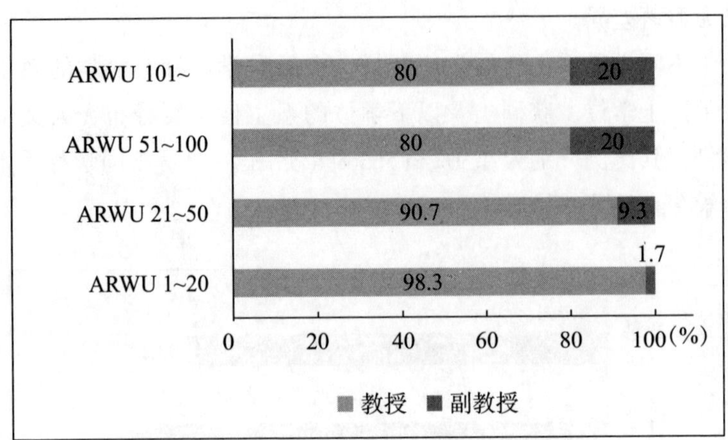

图 4-3 不同组别系主任的职称情况

存在显著差异，$\chi^2=34.47$，$p<0.01$。

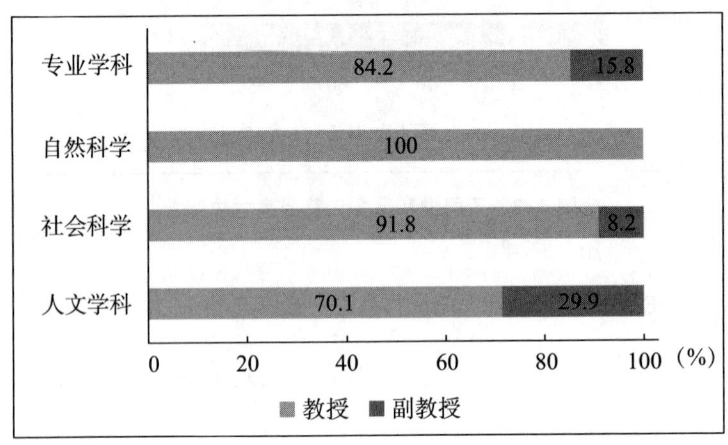

图 4-4 不同学科系主任的职称情况

不同学系规模的系主任其职称状况表现为，系主任所在学系的规模越大，其拥有教授职称的比例越高。全职教师在 50 人以上的学系，其系主任全都拥有教授职称，而 10 人及以下的小规模学系该比例仅为 67.9%（见图 4-5）。不同学系规模的系主任所获职称情况有显著差异，

$\chi^2=22.95$，$p<0.01$。

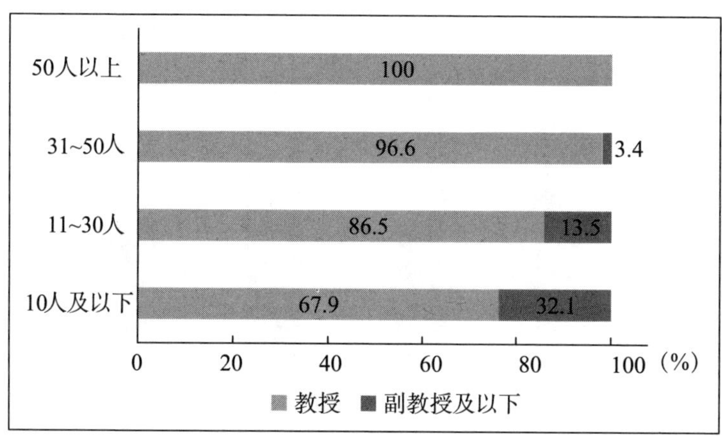

图 4-5 不同学系规模系主任的职称情况

此外，接受调查的系主任总体上拥有终身教职的比例为 96.7%。人文学科、社会科学、自然科学与专业学科等不同学科系主任拥有终身教职的状况无显著差异（$\chi^2=8.11$，$p=0.09$），分别为 94.3%、98.4%、100% 和 95.8%。有研究者认为，大学管理面临的一个重要问题是如何确保在职教师愿意选聘最好的候选人，而终身教职是解决这一问题的必要条件。大学管理在很大程度上依赖于在职教师对专业人才质量的判断。如果在职教师意识到优秀人才对自身职位的威胁，那么，他们可能出于私利而难以做到择优选聘（顾建民，2006）。

四、系主任的性别与族裔

总体而言，样本中各大学系主任的女性总体比例为 29.4%。如图 4-6 所示，除世界顶尖大学（ARWU 1～20）女性系主任的比例较低（仅为 17.2%）外，其余三组大学系主任的男女比例与总体比例较为接近，女性比例分别为 32.7%、33.0% 和 29.5%。尽管四组不同学校层次的系主任性别状况无显著差异，但是第一组的女性系主任比例低于其他三组，

$\chi^2=4.93$，$p<0.05$。其他三组的女性系主任占总体的 31.9%。

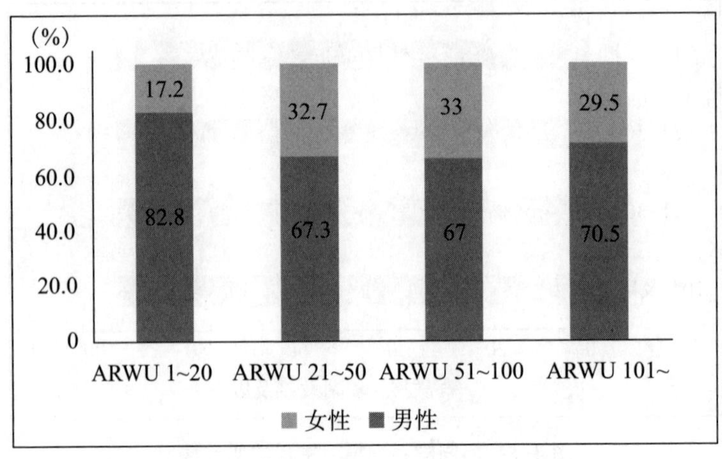

图 4-6 不同层次学校的系主任男女比例

女性系主任占总体的 29.4%。从不同学科女性系主任的比例看，占比最高的为人文学科，女性系主任占 41.4%；最低的为自然科学，占比为 12.6%。其余两个学科女性系主任的比例均在 1/3 左右，分别为社会科学 31.1%、专业学科 32.4%（见图 4-7）。不同学科系主任的性别之间存在显著差异，$\chi^2=18.36$，$p<0.01$。

全职教师在 10 人及以下的小规模学系女性比例很高，为 45.3%。50 人以上的学系女性系主任比例最低，为 10.5%。11~30 人的中等规模学系和 31~50 人的较大规模学系的女性系主任比例与女性系主任的总体比例 29.4% 较为接近（见图 4-8）。不同学系规模的系主任其性别分布有显著差异，$\chi^2=11.88$，$p<0.01$。

不同层次各组大学的系主任中少数族裔比例都很低，总体比例为 7.1%。第四组的比例（ARWU 101~）略高，为 11.5%。不同学校层次的系主任族裔状况无显著差异。

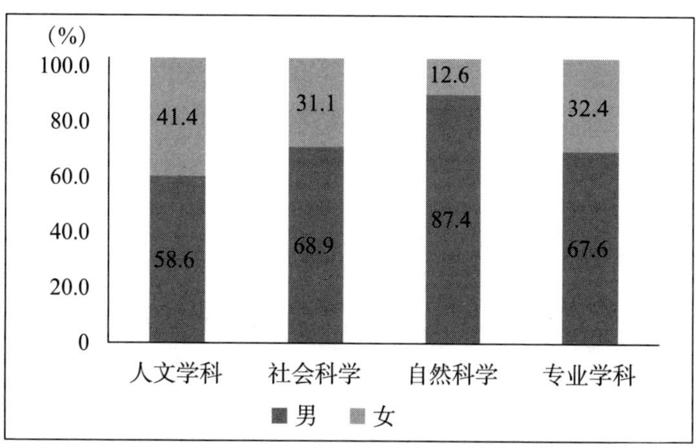

图 4-7 不同学科系主任之间的男女比例

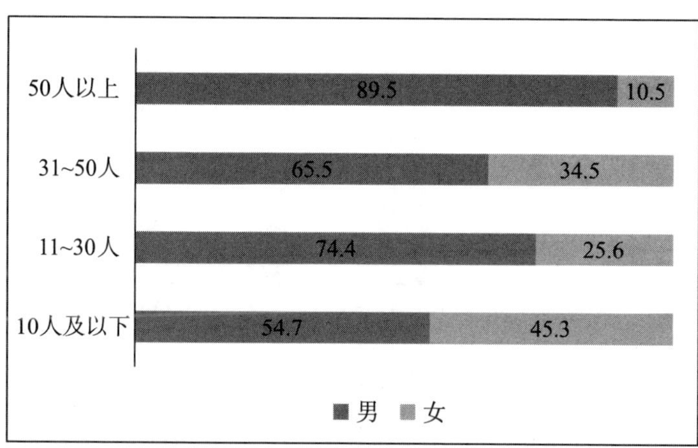

图 4-8 不同学系规模系主任的男女比例

第二节 AAU 大学系主任的选任特征

一、系主任的任期

不同层次的四组大学之间系主任的任期无显著差异。但是前三组比最后一组系主任的平均任期普遍要长（见图 4-9），F（1，335）= 6.95，p <= 0.01。前三组系主任的平均任期为 3.28 年（SD = 1.55），最后一组为 2.72 年（SD = 1.92）。

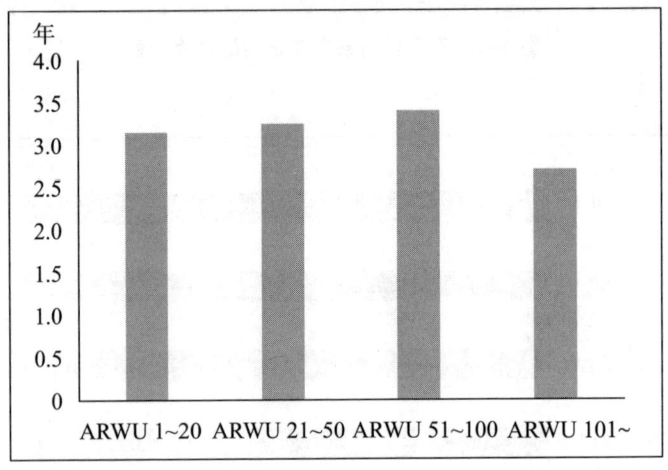

图 4-9　不同组别大学系主任的平均任期

关于不同学科系主任的选任特征，人文学科系主任的任期最短，有 75.9% 的系主任任期为 1~3 年。自然科学的系主任任期较长，有超过一半的系主任任期在 4 年及以上（见图 4-10）。不同学科系主任的任期长短有显著差异，χ^2 = 21.95，p<0.01。

不同学系规模之间，系主任所在学系的规模越小，任期为 1~3 年的系主任比例越大。系主任所在学系的规模越大，任期为 4~5 年的系主任

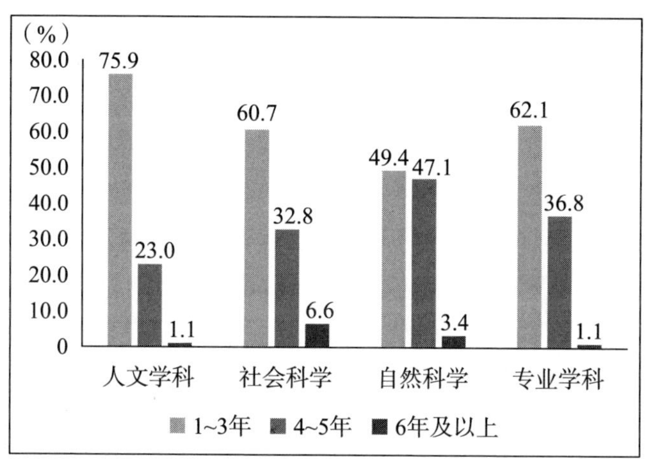

图 4-10 不同学科系主任的任期情况

比例越大（见图 4-11）。不同学系规模的系主任任期长短有显著差异，$\chi^2=36.98$，$p<0.01$。

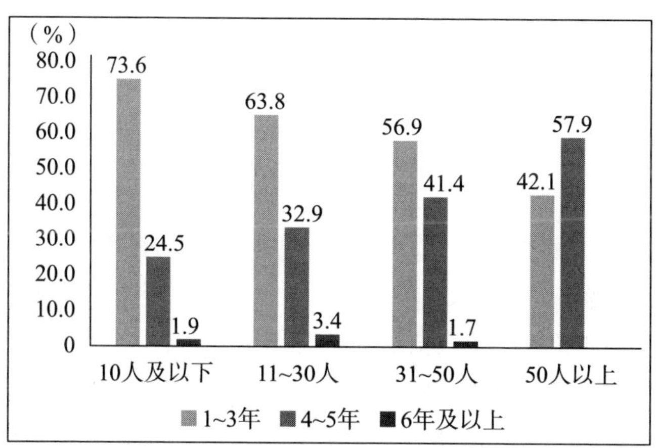

图 4-11 不同学系规模系主任的任期情况

二、系主任的选任方式

从系主任的来源看，系主任的选任可以分为内部选拔和外部竞聘两种方式。本研究中，自然科学和专业学科的系主任通过外部竞聘的方式产生的系主任比例相对较高，分别为22.0%和31.7%（见图4-12），不同学科系主任的选任方式有显著差异，$\chi^2=13.40$，$p<0.01$。

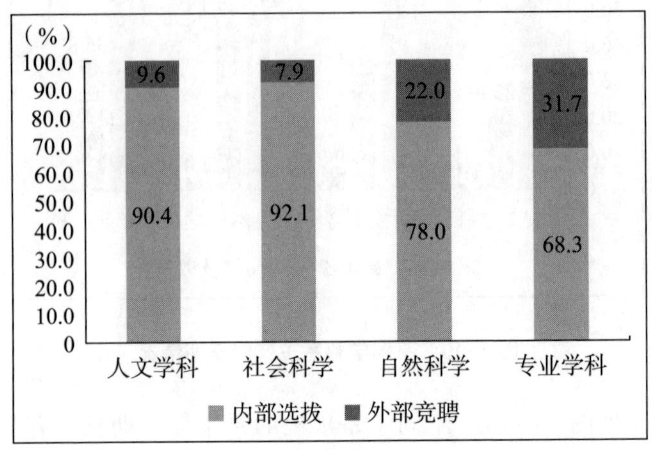

图4-12 不同学科系主任的选任方式

第三节 AAU大学系主任的个性特征

调查中，系主任认为担任该职位最重要的特征为学术成果或教学成绩受人尊敬和富有管理经验。最突出的个性特征包括善于沟通、富有远见、容易相处、理解和尊重他人、条理性强、甘于奉献、注重合作和善于协调。

第一，参与调查的系主任认为，有助于其担任系主任的最重要的个性特征是学术成果或教学成绩受人尊敬（38.5%）。有研究者认为，具有杰出学术成就的人出任领导，至少可在以下几方面促进领导工作的有效性：可以更为广泛地利用其成功的学术经验、良好的学术作风以及出众的学术成就，影响和带动学校教师队伍成长，尤其是青年教师的成长；大学的发展离不开学术界的交流与合作，具有较高学术造诣的领导者的交往与合作对象往往也是高层次的，这样可使组织成员有更多机会进行高层次的交流与合作；便于集合更多的科学家对政府有关部门的工作提出合理建议，继而提高学校在社会上的影响力和知名度（薛天祥 等，1997）[29-32]。因为科研能力突出而被选任担任该职位的系主任往往在科研领域表现活跃，在专业领域颇有名气，已经获得全国性声誉甚至是国际性声誉，因而能够获得外部资助。他们有的是全国知名或国际知名的杰出学者、成功的科学家。有的是学校的讲席教授，有的是国家科学院院士，有的在专业领域享有国际声誉（DCQ378）。他们往往获得过大量研究资助及科研奖励等。相对于美国大学资深教师轮流担任系主任的传统，有的系主任指出，是因为其研究成果而非因为年近迟暮而被推选为系主任的（DCQ102）。布迪厄说："学术世界与所有的社会世界没什么两样，也是争斗的场所；学者们彼此争夺对学术世界和一般社会世界的真理的掌握权。"（布迪厄 等，1998）[103] "真理的掌握权"，即"话语权"，会因学术的专深和权威性而具有极大的影响力（冯向东，2010）。

第二，参与调查的系主任认为，有助于其担任系主任的第二重要特征是富有管理经验（25.4%）。有的系主任在担任该职位前担任过副系主任或见习系主任，有的在其他学校担任过系主任。例如有的系主任反映，因为自己有在其他学校成功担任系主任的经验，因此成了合适的人选。（DCQ152）有的担任过副院长或院长，有的甚至在其他大学担任了10年副院长（DCQ079）；有的系主任有5年的副院长经历，具有常人不具备的院校管理知识。（DCQ235）

第三，参与调查的系主任认为，善于沟通和建立良好的人际关系有助于其成功担任系主任（22.2%）。面对特立独行的教授和学者，系主任需要掌握一定的人际交往技能和沟通技巧。有的系主任反映，与学系成员相处得好，就能够有效应对难以相处的教师（DCQ320）；有的系主任认为领导一群聪明、积极并且很有成就的人并非易事，认识到与教师之间会有分歧，应该注重沟通，善于倾听。他们认为作为系主任，必须不偏不倚，否则会有损士气（DCQ090）；有的系主任在系里很受欢迎，好相处，善于沟通（DCQ105）；或是高效、负责任，系主任与学系成员相处甚洽，充满活力（DCQ094）。

第四，参与调查的系主任认为，富有远见是帮助其成功担任系主任的重要特征（17.6%）。优秀的领导者善于建立清晰的愿景，并激励全体成员朝着目标努力。他们能够支持本学科所有专业方向的发展，对学系的发展有清晰的愿景（DCQ081）；他们很愿意并且能够坚定地推进学系的持续发展，愿景同时引起了教师和院长的共鸣（DCQ081）。作为系主任，有机会直接从高层管理者那里了解到学校的发展目标，领导学系朝学校的愿景发展（DCQ090）；能与学校管理者沟通并受到尊重；对学系发展有愿景，并知道如何达成（DCQ188）。

第五，参与调查的系主任认为，有助于成功领导学系的典型的个性特征还包括为人随和，容易相处（13.3%）；关心、理解和尊重他人（12.2%）；条理性强，拥有良好的组织能力，大到确定学系的战略规划，小到及时回复邮件等（10.8%）；甘于奉献，将集体利益和他人利益置于个人利益之上并愿意牺牲自己的研究来承担系主任工作（9.9%）；注重合作和善于协调与同事、院长的关系（9.8%）等。

此外，还有诚实可靠、思想开明、处事公平、工作热情等重要个性特征（见图4-13）。

成熟，诚实/值得信赖，聪明，高标准，公正无私，沟通能力，果断，积极向上，精力充沛，敬业肯干，乐观，冷静，了解学系的专业项目，了解学系运作，民主，耐心，勤奋，全局观念，热情，认真，人际关系，包容，善于倾听，视野开阔，熟悉大学管理工作，有同情心，细心，性情温和，兴趣广泛，要事优先，幽默风趣，友好，与院长的良好关系，院校知识，有远见，有创意，愿意表达观点，责任感/领导意愿，执行力，直率，注重实际，追求卓越，自信

图4-13　系主任担任该职位的重要个性特征

值得注意的是，成功的系主任往往同时具备多种个性特征。如有的既是顶尖学者，拥有管理经验，同时也具备为人随和、处事公平等特征，如有的系主任反映，自己是学系的顶尖学者之一，受人敬重，此前在学系的几个领域都担任过领导。此外，大家认为他处事公平，为人随和

（DCQ140）；很注重沟通，善于倾听；诚实且值得信赖，如果想要改变对某一问题的看法，会首先与教师进行开诚布公的对话（DCQ256）；愿意成为教师发展的支持者，能够使学系事务正常运转，工作热情，态度积极，务实但不失高期望和高标准（DCQ142）；拥有管理经验，具有与不好相处的教师打交道的能力，以积极和温和的方式发起变革的能力（DCQ146）；个人在专业领域的国内与国际声誉；具有领导能力；兴趣广泛（DCQ178）；不会以自我为中心，善于与不同个性的人相处，同时处理不同的任务，工作认真，必要的时候很执着（DCQ218）；善于营造和谐的工作氛围，处事公平，对教师一视同仁（DCQ231）。

第四节 结果与讨论

对于美国大学系主任的基本特征，美国研究者在近 20 年来做过全国性或地区性的大型调查（见表 4－1），如史密斯等人（Smith et al.，2012）、尼埃美尔与冈萨雷兹（Niemeier et al.，2004）、伯恩斯（Burns，1992）和卡罗尔（Carroll，1991）对美国研究型大学系主任的调查研究，朱东等人（Chu et al.，2002）对加州州立大学系统的调查报告。此外，鲍等人（1994）对中国高校的系主任进行过广泛的调查。现结合上述研究对本研究的结果进行讨论。

一、研究型大学系主任的年龄趋大

通过比较不同层次的学校、学科和学系规模的系主任获取最高学位时的年龄、入职年龄和现龄等情况。结果发现，仅有不同学校层次系主任在取得最高学位年龄一项存在显著差异，即系主任所在的学校层次越高，其获得最高学位的年龄越小。

从历史的角度看，本研究中系主任获最高学位的年龄（$M = 29.7$，$SD = 4.43$）与 20 年前的 29.3 岁无显著差异；开始担任系主任职位的年龄

表 4-1 美国大学系主任基本特征的相关研究

	大学类型	研究型大学					教学型大学	社区学院
	资料来源	本研究	Smith et al.，2012	Niemeier et al.，2004	Burns，1992	Carroll，1991	Chu et al.，2002	Hilton，1997
	调查时间(年)	2010	2009	2000	1991	1990	2001	1996
	样本大小，回收率	美国 57 所 AAU 大学的 1140 名系主任，30%	美国 27 所研究型大学的 303 名系主任，33%	AAU 各成员大学约 95% 学系系主任相关信息	美国 100 所研究型大学的 800 名系主任，66%	美国 101 所研究型大学 808 名系主任，70%	加州 2 3 所州立大学的 850 名系主任，50%	北卡地区 50 所社区学院的 200 名系主任，73%
年龄	获得最高学位的年龄	29. 7				29. 3		
	入职年龄(岁)	51. 3				46. 4		
	现龄（岁）	55. 8	55~64，56. 0%	—	50. 4		50~59，55. 0%	40~49，44. 9%
学历	博士	96. 4%						12. 0%
	硕士	3. 6%	—	—	—	—	—	77. 8%
终身教职	是	96. 7%						
	否	3. 3%	—	—	—	—	—	—

续表

职称	教授	86. 1%						
	副教授	13. 4%	—	14. 0%	—	—	—	—
任职时间	1 年及以下	19. 9%	51. 0%		16. 4%		48. 0%	31. 5%
	2~3 年	33. 8%			40. 1%			
	4~5 年	21. 1%			28. 1%		31. 8%	
	6~10 年	16. 0%	34. 0%		18. 4%		10. 7%	25. 0%
	10 年以上	9. 2%	15. 0%	—		—	14. 3%	43. 5%
任期	1~3 年	48. 7%	—	—	大多为 3 年	—	63. 0%	—
	4~5 年	34. 4%					15. 0%	
	6 年及以上	2. 7%					18. 0%	
	无固定任期	14. 2%			—		4. 0%	
选任方式	内部选拔	81. 1%						96. 4%
	外部竞聘	18. 9%	—	—	—	—	9. 4%	4. 5%
性别	男性	70. 6%		74. 4%				59. 8%
	女性	29. 4%	32. 0%	17. 5%	10. 3%	9. 5%	34. 0%	40. 2%
族裔	白人	92. 9%						89. 6%
	其他族裔	7. 1%	8. 0%	<10%	4. 8%	—	—	10. 4%

（M=51.3，SD=7.33）与此前研究中的46.4岁有显著差异，t（336）=12.18，p=0.00（Carroll et al.，1991）。系主任开始担任该职位的入职年龄比20年前约晚5岁。研究中系主任的平均年龄（M=55.8，SD=7.23）与前期研究（Burns，1992）中的50.4岁有显著差异，约比20年前研究型大学系主任的平均年龄大5岁，t（336）=15.58，p=0.00。

系主任的入职年龄和现龄趋大，可能的原因有高等教育全球化背景下研究型大学所面临的激烈竞争，大学内部组织结构和管理活动日益复杂，这些都给系主任带来了更大的压力与挑战。系主任通常是在学系甚至学科领域站稳脚跟或取得一定的成就后才开始接受该职的。

此外，尽管本研究中AAU大学组内不同层次的大学其系主任的平均年龄十分接近，然而与教学型大学相比，研究型大学系主任的年龄也相对较大。

二、系主任学历背景很强，但教授职称并非必要条件

拥有博士学位是美国大学教师的“基本资格”。（刘念才，2007）有研究者对16所美国一流大学教师的最高学历进行统计后发现，这些教师拥有博士学位的比例很高，比例最高的加州理工学院达99.7%，最低的也达到94.5%（姜远平 等，2007）。本研究中的系主任拥有博士学位的总体比例为96.4%。通过进一步的统计分析发现，系主任学历背景的差异主要体现在不同的学科之间。人文学科与专业学科分别有6.9%和5.3%的系主任未获得博士学位，而自然科学与社会科学的系主任则全部拥有博士学位。

职称也是作为系主任的任职条件之一。对于研究型大学系主任的职称状况，有研究者对AAU大学的统计发现，有14%的系主任为副教授和助理教授，未获教授职称的系主任中大多来自人文艺术与社会科学学系（Niemeier et al.，2004）[157-171]。本研究中拥有教授职称的系主任比例为86.1%，与此前的研究一致。本研究发现，除不同学科类别外，不同学校层次和学系规模的系主任职称状况也存在显著差异。未获教授职称的系

主任主要集中在10人及以下的小规模学系和人文学科，占比在30%左右；位于ARWU 50名以后的大学中未获教授职称的系主任占比20%。

三、任期普遍较短，自然科学与专业学科系主任实际任职时间较长

本研究中AAU大学组内不同学校层次的系主任选任特征没有显著差异。研究型大学系主任的任期大多为3年（Burns，1992）。从系主任的选任方式看，仍然以内部选拔为主（占81.1%），外部竞聘的系主任比例仅为18.9%，然而相比其他层次和类型的高校而言，该比例相对较高，如前期调查中的教学型大学其外部竞聘的系主任仅为9.4%（Chu et al.，2002）[6]。

学科之间系主任任期也存在差异，人文学科系主任的任期大多在3年以内；自然科学系主任的任期相对较长。研究发现，外部竞聘较多出现在自然科学和专业学科中。普费弗和穆尔认为系主任的正式任期并不能准确预测其实际的任职时间。相反，学科会影响系主任的任期。对资源的竞争，给人文学科和社会科学造成了不利影响，可能同时影响系主任的任期和学系的氛围。社会科学和人文学科面临更为剧烈的竞争，更容易产生冲突，因此，这些学科的系主任更容易调整。（Pfeffer et al.，1980）[387-406] 本研究中系主任的任现职时间印证了该观点，人文学科与社会科学系主任其担任现职的平均时间分别为3.9年（$SD=3.10$）和4.1年（$SD=2.92$）；自然科学和专业学科则分别为4.6年（$SD=4.78$）和5.0年（$SD=4.84$）。

四、少数族裔的系主任比例偏低，女性比例趋于合理

系主任的性别与族裔是反映高等教育领域教师多元化和学术领导者多元化发展的重要指标。尽管在《高等教育纪事》等资料中可以找到有关高层管理职位中女性与少数族裔的发展状况，但却很少有系主任的相关信息（Niemeier et al.，2004）[157-171]。

从已有的研究成果看，近年来研究型大学中系主任少数族裔的比例

变化不大，此前的两个研究中少数族裔的比例都低于 10% （Niemeier et al.，2004）[157-171]（Smith et al.，2012）[53-63]。本研究中少数族裔系主任的比例为 7.1%，其中亚裔的比例略高。

对于研究型大学中的女性系主任，此前跨越两个年代的三项研究中，其比例分别为 9.5% （Carroll，1991）[669-688]、17.5% （Niemeier et al.，2004）[157-171] 和 32.0% （Smith et al.，2012）[53-63]。系主任中女性比例呈上升趋势，20 年间女性系主任的比例每 10 年增长近一倍。美国大学教授联合会（American Association of University Professors，AAUP）关于教师性别平等的报告称，具有博士学位授予权的美国研究型大学中，女性全职教师的比例为 34.1% （其中获教授职称的女性教师占 19.3%）。本研究中女性系主任的比例为 29.4%，与 AAU 大学的整体女性教师比例较为接近。

调查结果表明，目前美国 AUU 大学中女性系主任也较多地集中在人文学科和学系规模在 10 人及以下的小规模学系，而且在处于全球前 20 位的世界顶尖大学中，女性系主任的比例也明显偏低。但从总体上看，本调查中女性系主任的比例已趋于合理。

第五章 系主任的选任与培训

系主任职位是通向更高学术管理职位最为普遍的途径（McDade，1987）。美国大学的系主任是由全体教师选举产生，传统上由拥有终身教职的教授轮流担任。系主任的任期一般为3年，有时为5年，通常可以连任。近年来，美国大学中通过外聘产生的系主任比例有所上升，研究型大学及其专业学院的系主任尤为明显。本章拟从系主任的入职动机、选任方式、任期与任职时间等方面分析系主任的选任机制及其影响因素，包括系主任的人口统计学特征、所属学科类别和所在学校层次等对选任的影响。

系主任所遇到的任何情况，所在学院的其他系主任也都经历过。既然在本院乃至整个高等教育系统都有前辈，新任系主任大可不必将每一项挑战都当作首次发生的新鲜事物来独自面对，而是应该汲取他人的经验与教训（Buller，2012）[215]。尽管对于许多系主任而言，他们担任该职位唯一的入职准备仅限于其作为教师的经历以及对前任系主任工作的观察和与之共事而获得的经验（Chu et al.，2002）[15]。但是，美国大学系主任的培训项目和职业发展资源十分丰富，主要包括全国性系主任培训会议、专业学科组织的系主任研讨会、校内组织的系主任研讨会等正式培训项目，以及大量关于系主任职业发展的专著、期刊、网络资源和新近发展起来的网络研讨会等非正式培训资源。此外，本研究还将探索系主任接受培训现状，以及培训对其职业发展的影响，即是否如现有研究中

指出的那样有助于他们取得成功。(Chu et al., 2002)[55]

第一节 系主任的选任

一、入职动机

系主任的入职动机中，既有谋求个人发展、寻找工作流动机会和进入高层管理等主动寻求发展的动机，也有出于需要或他人提名等被动接受的职业动机（见表 5-1）。

56.1% 的系主任选择担任该职位是由于没有其他合适的人选，49.2% 的通过院长或同事提名，仅仅因为所在学系要求轮流担任系主任而入职的不到 10%。

同时，52.5% 的系主任是为了寻求个人发展。主观因素中较为重要的还有为了进入高层管理，有此入职动机的系主任占 41.9%。想要寻求更高经济报酬的目的的系主任比例略高于 20%。另外，9.6% 的系主任选择担任该职位是因为这是工作流动的机会。

表 5-1 系主任的入职动机（N =337）

入职动机	比例
a. 寻求个人发展（有趣的挑战，新的发展机会）	52.5%
b. 出于需要（因为没有其他合适的人选）	56.1%
c. 通过院长或同事提名	49.2%
d. 寻求更高的薪资	23.7%
e. 出于责任感，因为本系要求轮流担任系主任	9.6%
f. 工作流动的机会	9.6%
g. 能更好地掌控周围环境	19.9%
h. 进入高层管理	41.9%
i. 其他原因	7.1%

系主任所处的年龄阶段对其个人发展、增加收入、环境掌控和工作流动等入职动机均有显著影响（见图 5-1）。

系主任寻求个人发展的动机与系主任的年龄显著相关，t（337）= 0.17，p <0.01。比例最高的两个年龄组为 41~45 岁与 46~50 岁，分别为 75.4%和 58.6%；51~55 岁与 56~60 岁两个年龄组其比例分别为 49.0%和 45.1%；比例最小的一组为 60 岁以上者，选择该动机的比例为 30.4%。

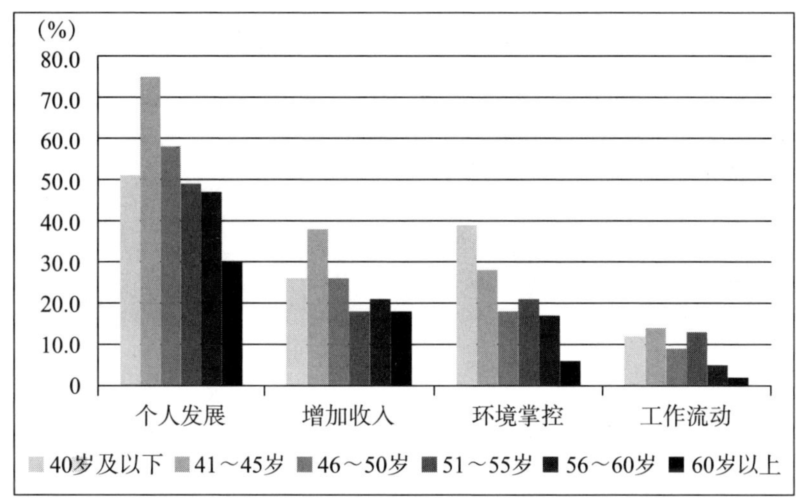

图 5-1　系主任的年龄与入职动机

系主任的年龄与其寻求更高的薪资的入职动机显著相关，r（337）= 0.13，p<0.01。50 岁及以下的系主任受该动机影响的比例相对较高，46~50 岁、41~45 岁与 40 岁及以下三个年龄段的系主任拥有该动机的比例分别为 25.3%、37.7%和 25.8%，其中 41~45 岁年龄段的系主任受该动机影响的比例最高；而 51 岁及以上三个年龄段的系主任拥有该动机的系主任比例均在 20%左右。

系主任的年龄与掌控周围环境的动机显著相关，r（337）= 0.18，p <0.01。年龄在 45 岁及以下者拥有该动机的比例相对较高，41~45 岁与

40岁及以下两个年龄段的系主任拥有该动机的比例分别为27.9%和38.7%。

系主任工作流动的动机仅与系主任的年龄显著相关，$r(337)=0.11$，$p<0.05$。处于41~45岁年龄段的系主任拥有该动机的比例略高，为14.8%。

除年龄因素外，系主任的族裔、学历、学科差异、所在学系的规模和学校层次等都分别对其动机有不同的影响。

如图5-2所示，系主任所在学系的规模、系主任的学历、族裔以及所在学校的层次等因素都与系主任的个人发展动机显著相关（$p<0.05$）。

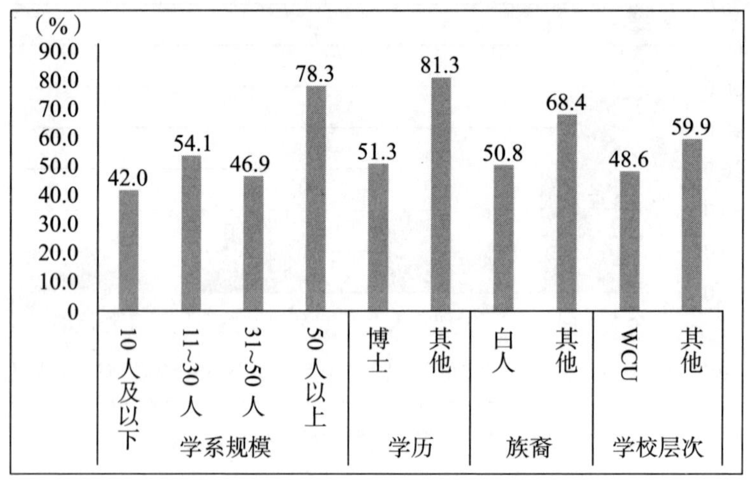

图5-2 影响系主任个人发展动机的其他因素

系主任进入高层管理的入职动机与系主任的选任方式显著相关，$r(337)=0.35$，$p<0.01$。如图5-3所示，通过内部选任的系主任中将近半数有进入高层管理的动机，而通过外聘当选的系主任该比例仅为4.3%。此外，学系规模也与系主任进入高层管理的入职动机显著相关（$p<0.05$）。

学科类别和学校层次与系主任增加收入的入职动机显著相关（$p<$

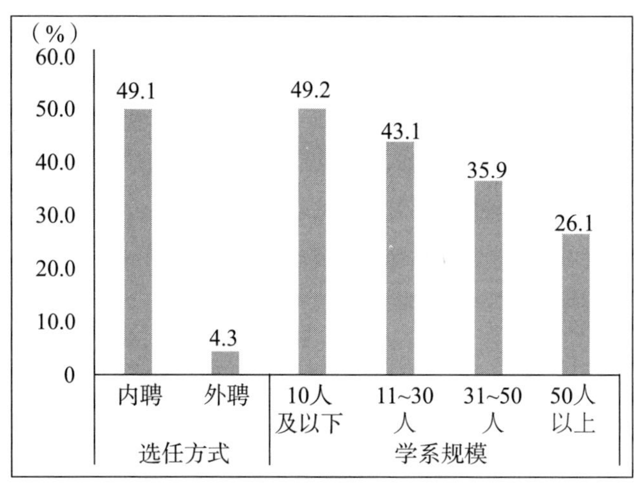

图 5-3 影响系主任进入高层管理动机的相关因素

0.05）。如图 5-4 所示，与自然科学和专业学科的系主任相比，人文学科和社会科学的系主任增加收入动机的比例较高。世界一流大学系主任较其他研究型大学系主任有该动机的比例要低。

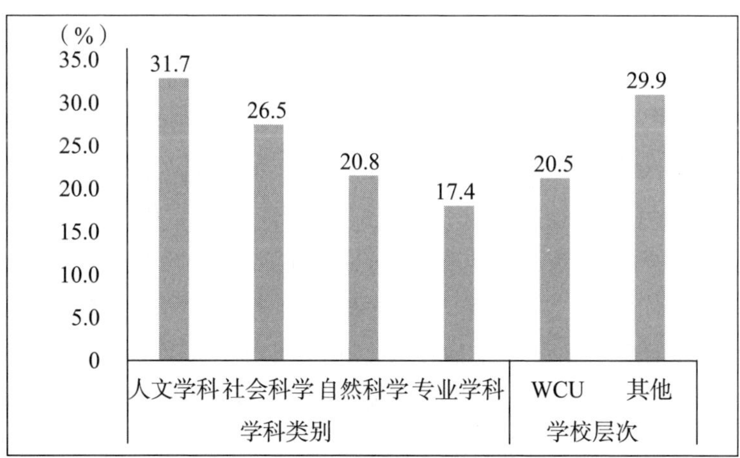

图 5-4 不同学科和学校层次系主任的增加收入动机比较

此外，系主任所在学系的规模和系主任的职称状况与系主任的环境掌控动机显著相关（$p<0.05$）。如图 5-5 所示，学系规模较小者和未获教授职称的系主任拥有该动机的比例相对较高。

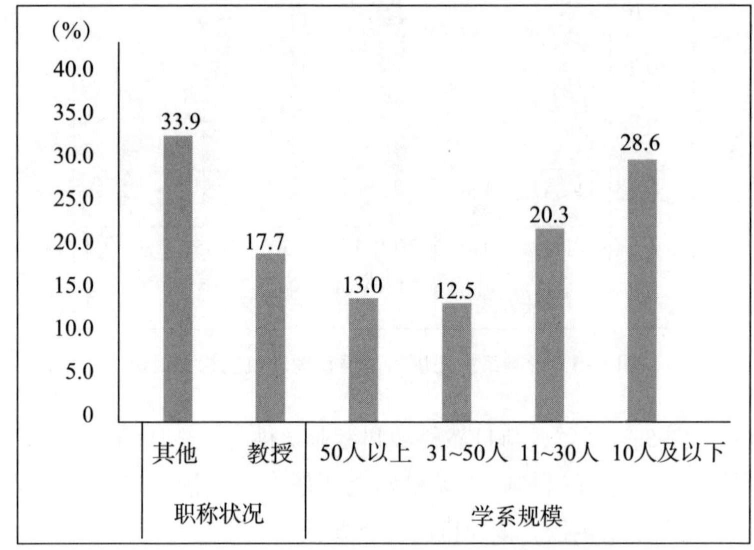

图 5-5 影响系主任具有环境掌控动机的其他因素

系主任是否通过院长或同事提名而当选与以下因素显著相关：系主任的选任方式，$r(337)=0.36$，$p<0.01$；系主任的学历，$r(337)=0.15$，$p<0.01$；学科类别，$r(337)=0.16$，$p<0.01$；学系规模，$r(337)=0.13$，$p<0.05$。内部选任的、已获博士学位的或者学系规模在 50 人以下的系主任中均有半数以上是通过院长或同事提名。而通过外聘产生的、未获博士学位的和学系规模在 50 人以上的系主任被提名的比例很低，分别为 10.6%、14.3% 和 26.1%。此外，人文学科和社会科学的系主任获得提名的比例略高，分别为 56.7% 和 60.3%，自然科学和专业学科的系主任该比例分别为 46.2% 和 41.3%。

二、选任方式

系主任的选任方式仍以内部选任为主，占 81.1%。通过外部公开竞聘的比例为 18.9%。

系主任的选任方式与学科类别显著相关，r（271）= 0.15，p <0.05。人文学科和社会科学通过公开招聘的方式选拔系主任的比例较低，自然科学和专业学科对外招聘系主任的比例相对较高（见图 5-6）。其中专业学科通过外聘方式选拔的系主任超过 1/4。

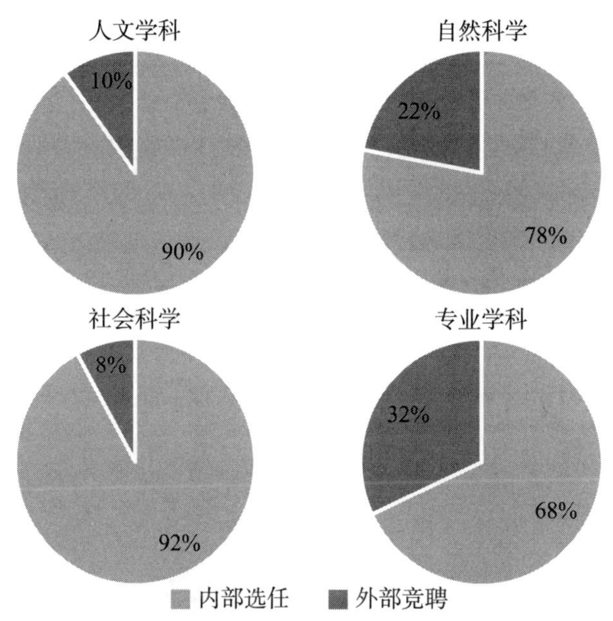

图 5-6　不同学科的系主任选任方式比较

关于系主任的选任方式与研究成果的变化情况，系主任担心其入职后研究成果受到影响是阻碍其选择该职位的重要因素之一。如表 5-2 所示，有 56.7% 的系主任入职后其研究成果有所减少。选择研究成果能在减少之后又恢复到原来的水平或者不降反升的系主任比例很低。但是仍有 29. 1% 的系主任能够维持研究成果不变。

表 5-2 系主任入职后研究成果变化情况（$N=337$）

变化情况	频率	百分比	有效百分比	累积百分比
减少	191	56. 7	56. 7	56. 7
增加	21	6. 2	6. 2	62. 9
保持不变	98	29. 1	29. 1	91. 0
减少后恢复到原有水平	27	8. 0	8. 0	100. 0
合计	337	100. 0	100. 0	

系主任的选任方式与其研究成果的变化情况呈显著相关，r（271）= 0. 13，$p<0.05$。如图 5-7 所示，通过外聘产生的系主任上任后其研究成果的保持情况相对较好。外聘产生的系主任中反映其研究成果减少者的比例也远比内部选任的系主任低。

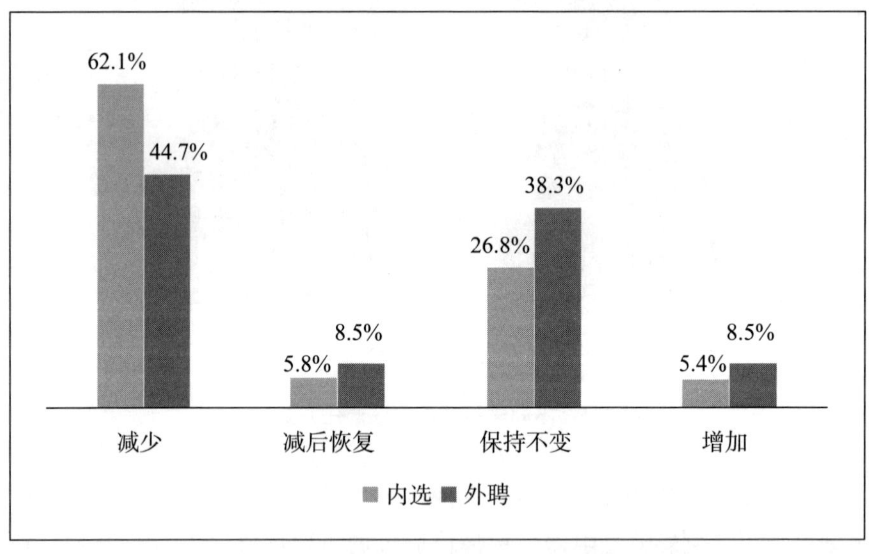

图 5-7 系主任的选任方式与研究成果的变化情况

三、任期与任职时间

关于系主任的任期，从有无固定任期的比例看，85.8%的系主任有固定任期，没有固定任期的系主任占14.2%。

系主任有无固定任期与学科领域显著相关，$r(337)=0.29$，$p<0.01$。自然科学与专业学科领域没有固定任期的系主任比例相对较高，其比例分别为17.0%和33.0%，明显高于人文学科（5.8%）和社会科学（4.4%）。

另外，系主任有无固定任期与学校层次显著相关，$r(337)=0.22$，$p<0.01$。世界一流大学中，没有固定任期的系主任比例为10.8%，其他大学中无固定任期的系主任比例为27.7%。

有固定任期的系主任中，其平均任期为3.6年（$SD=1.11$）。近半数的系主任任期为3年，占42.4%。其次是5年和4年，其比例分别为24.6%和9.8%。任期为1年、2年或6年及以上的系主任比例均为3%左右。任期为3~5年的系主任比例占到系主任总体的76.8%。

现将系主任的任期分为1~3年、4~5年和6年及以上三组，分析不同学科和学校的系主任任期是否存在显著差异。

结果表明，系主任的任期与学科之间存在显著相关，$r(330)=0.17$，$p<0.01$。人文学科的系主任任期较短，其任期不超过3年的比例为75.9%，而自然科学的系主任任期相对较长，有超过一半的系主任任期在4年及以上（见图5-8）。

系主任的任期与学校层次之间也存在显著相关，$r(330)=0.14$，$p<0.01$。世界一流大学的系主任任期相对较长，任期在4年及以上的占44.2%，其他研究型大学任期在4年及以上的系主任比例为28.3%。

关于系主任的理想任期，如图5-9所示，均值为4.5年（$SD=1.19$）。认为理想的任期应在3年或5年的比例分别为25.8%和37.1%。值得注意的是，认为应该任期在6年及以上的也占到20.5%。有半数以上的系主任认为其任期最好在5年及以上，占57.6%。

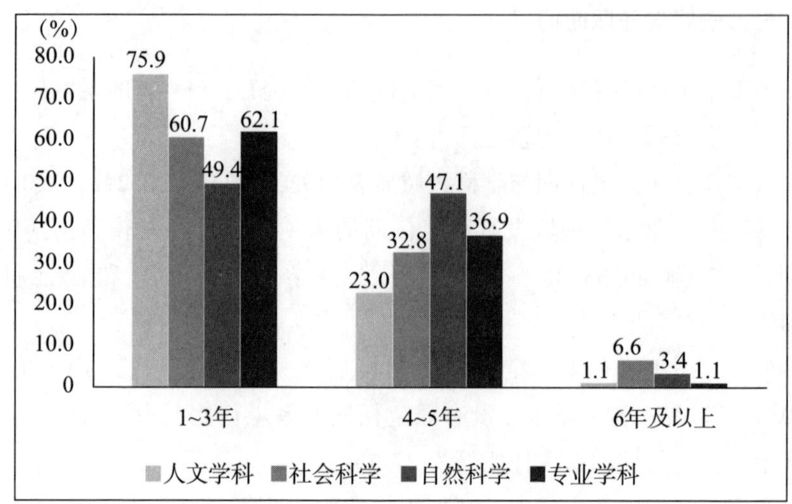

图 5-8 不同学科系主任的任期情况

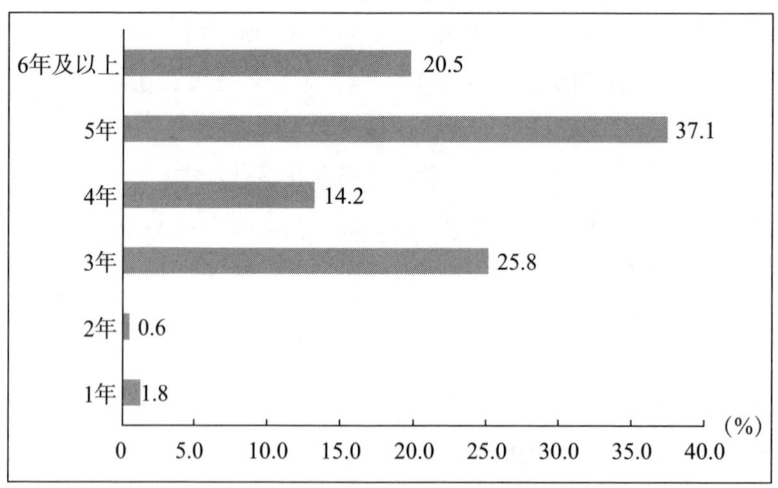

图 5-9 系主任的理想任期

系主任的理想任期与学科之间存在显著相关，r（337）= 0.23，$p <$ 0.01。人文学科系主任心目中的理想任期最短，43.7%的人文学科系主任

认为其理想任期不应超过 3 年。而自然科学和专业学科系主任的理想任期相对较长，认为其任期应在 4 年及以上的分别占到 79.3% 和 80.0%（见图 5-10），其中 34.7% 的专业学科系主任认为其理想的任期应在 6 年及以上。

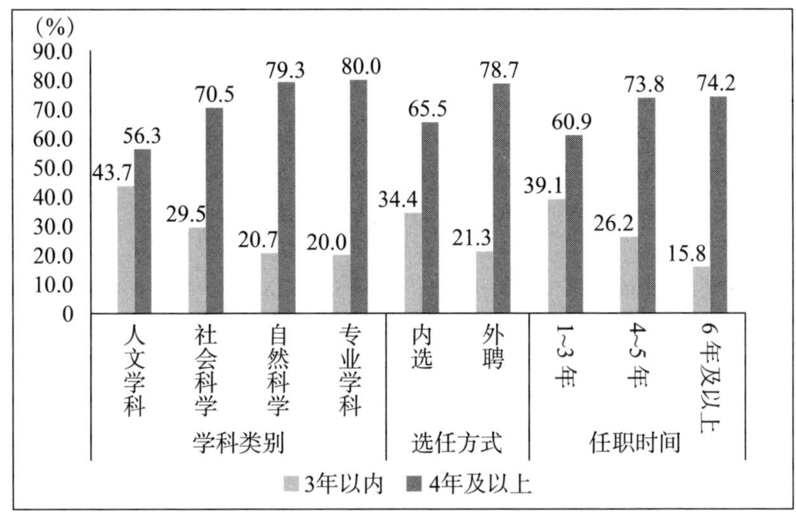

图 5-10　影响系主任理想任期的因素

此外，系主任的选任方式与其理想任期显著相关，r（271）= 0.21，p <0.01。认为理想任期在 6 年及以上者大都通过对外公开招聘的方式，约为内部选任系主任的 3 倍（外聘 42.6%，内选 16.5%）。

系主任担任现职的时间与理想任期显著相关，r（337）= 0.34，p < 0.01。其任现职时间越长，所反映的理想任期越长。任现职时间为 1 年及以下的系主任中，仅有 4.5% 认为其理想任期应在 6 年或 6 年以上；任现职时间为 4~5 年的系主任中，该比例为 16.9%，而任现职满 6 年的系主任中，有 47.1% 的系主任认为其理想任期应在 6 年或 6 年以上。

关于系主任的任现职时间，本研究中接受调查的系主任其任现职的时间平均为 4.5 年（SD=4.10）。其中任职 1 年（含未满 1 年）的比例最大，为 19.9%；其次为任现职 2 年和 3 年的，均为 16.9%；任现职 4 年的为 13.9%；5 年和 6 年的分别为 7.2% 和 6.8%。有 74.8% 的系主任在 5 年及 5 年以内，任职 10 年及 10 年以上的为 11.6%。任职时间最长的为 26 年。

学科类别与系主任任现职时间显著相关，$r(337)=0.12$，$p<0.05$。人文学科和社会科学系主任任现职的平均时间较短，分别为 3.9 年和 4.1 年；自然科学和专业学科的系主任任现职的平均时间较长，分别为 4.6 年和 5.0 年。系主任的性别、族裔和所在学校的层次等因素与任现职时间无显著相关。

研究表明，有无固定任期对系主任的任现职时间有较大影响。如图 5-11 所示，无固定任期的系主任入职年龄更小，而现龄更大。无固定任期的系主任担任现职时间平均约为 7 年，而有固定任期者约为 4 年。

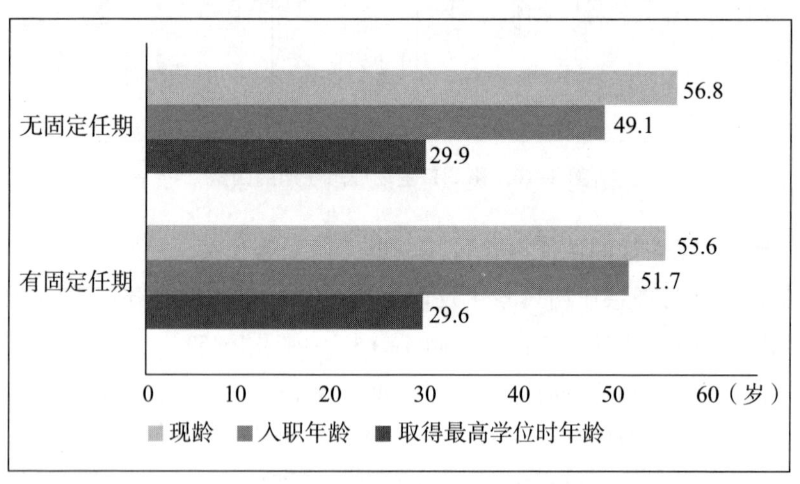

图 5-11 有无固定任期对系主任任职时间的影响

第二节 系主任的培训

一、AAU 大学系主任接受培训的现状

本调查表明，目前美国研究型大学系主任接受培训的形式主要为校内组织的研讨会，其次为全国性的系主任培训会议与专业学科组织的研讨会。也有部分系主任通过担任实习系主任或接受前任的指导，或是直接参与大学课程而获取管理经验与技能（见表 5-3）。

表 5-3 系主任接受培训的形式（N =337）

培训项目	参与比例
校内组织的研讨会	77.0%
专业学科组织的研讨会	31.6%
全国性的系主任培训会议	35.9%
大学课程	15.2%
实习或前任指导	24.2%
其他	7.8%

从系主任接受培训的种类来看，有近 20% 的系主任接受了以上不同形式的培训中的 3 种，接受其中 1~2 种培训的在半数以上，占 56.7%，而接受 4 种以上培训或者完全没有接受任何培训的系主任比例分别为 11.1% 和 12.3%。

二、AAU 大学系主任接受培训的影响因素

关于学校层次与系主任接受培训的机会，就学校层次而言，位于排名第三组（ARWU 51~100）的大学为系主任提供了最多的校内培训机会，校内组织的研讨会在大学组别之间有显著差异（$\chi^2 = 11.43$，$p < 0.01$）。

同时，第三组（ARWU 51~100）大学也为系主任提供了最多的参加全国性的系主任培训会议的机会。相比之下，第一组（ARWU 1~20）大学极少为系主任提供参加全国性的系主任培训会议的机会，该项培训在大学组别之间差异十分显著（$\chi^2=29.73$，$p<0.001$）（见表 5-4）。

表 5-4　学校层次与系主任接受不同培训的机会

	ARWU 1~20	ARWU 21~50	ARWU 51~100	ARWU 101~	卡方值	Sig. 值
校内组织的研讨会	70.70%	76.60%	89.40%	70.50%	11.434	0.010
专业学科组织的研讨会	32.80%	30.80%	27.70%	38.50%	2.390	0.496
全国性系主任培训会议	6.90%	41.40%	48.90%	42.30%	29.727	0.000
大学课程	13.80%	15.00%	16.00%	15.40%	0.137	0.987
实习或指导	22.40%	19.60%	23.40%	30.80%	3.191	0.363
其他	10.30%	7.50%	10.60%	6.40%	1.368	0.713

注：表中的百分比为接受培训的系主任比例。

就学科类别而言，自然科学与专业学科的系主任享有更多专业学科组织的培训机会，学科之间的此类培训有显著差异（$\chi^2=10.50$，$p<0.05$）（见表 5-5）。

表 5-5　学科类别与系主任接受不同培训的机会

	人文学科	社会科学	自然科学	专业学科	卡方值	Sig. 值
校内组织的研讨会	77.00%	83.60%	75.90%	76.80%	1.623	0.805
专业学科组织的研讨会	24.10%	27.90%	31.00%	44.20%	10.493	0.033
全国性系主任培训会议	34.50%	42.60%	41.40%	33.60%	2.246	0.691
大学课程	11.50%	8.20%	18.40%	21.10%	7.741	0.102
实习或指导	25.30%	13.10%	29.90%	24.20%	6.091	0.192
其他	5.70%	3.30%	14.90%	8.40%	7.838	0.098

注：表中的百分比为接受培训的系主任比例。

就系主任的任期而言，任期为4~5年的系主任比任期较短的系主任接受培训的机会普遍要多，可能的原因是，学校更愿意为任期较长的系主任提供培训的机会。其中，任期为4~5年的系主任中有近半数参加过全国性的系主任培训会议，而任期为1~3年和6年及以上的系主任参加该培训的比例分别为32.5%和11.1%，不同任期的系主任接受此类培训的机会有显著差异（$\chi^2=10.57$，$p<0.01$）（见表5-6）。此外，任期在5年及以内的系主任有更多的机会接受校内组织的研讨会培训，$\chi^2=9.03$，$p<0.05$。

表5-6　系主任任期与其接受培训的机会

	1~3年	4~5年	6年及以上	卡方值	Sig. 值
校内组织的研讨会	74.10%	86.20%	55.10%	9.029	0.011
专业学科组织的研讨会	29.20%	38.80%	11.10%	5.000	0.082
全国性系主任培训会议	32.50%	49.10%	11.10%	11.569	0.003
大学课程	15.10%	15.50%	11.10%	0.127	0.939
实习或指导	23.40%	21.70%	11.10%	0.091	0.579
其他	8.00%	9.50%	11.10%	0.278	0.870

注：表中的百分比为接受培训的系主任比例。

就系主任的选任方式与接受培训的机会而言，通过不同选任方式产生的系主任所获得管理与领导技能培训的机会不同。如表5-7所示，尽管美国研究型大学的大多数系主任都曾参加过校内组织的研讨会，但是就参加全国性的系主任培训会议和专业学科组织的研讨会的机会而言，通过外部竞聘产生的系主任获得类似培训机会的比例明显要高。不同选任方式产生的系主任接受专业学科组织培训的机会有显著差异（$\chi^2=12.76$，$p<0.001$）；参加全国性的系主任培训会议的机会也有显著差异（$\chi^2=5.23$，$p<0.05$）。

此外，在外部竞聘产生的系主任，通过大学课程获得相关管理与领导技能的比例也比内部选任产生的系主任高，不同选任方式产生的系主任接受此类培训的机会有显著差异（$\chi^2=5.34$，$p<0.05$）。

表 5-7 系主任的选任方式与接受不同培训的机会

	内部选任	外部竞聘	卡方值	Sig. 值
校内组织的研讨会	76.70%	80.00%	0.196	0.658
专业学科组织的研讨会	27.90%	57.50%	12.759	0.000
全国性系主任培训会议	33.10%	52.50%	5.231	0.022
大学课程	12.80%	27.50%	5.342	0.044
实习或指导	24.10%	36.20%	3.427	0.064
其他	8.10%	15.00%	1.788	0.181

注：表中的百分比为接受培训的系主任比例。

三、系主任培训对其角色、任务以及权力等因素的影响

本调查的研究结果表明，系主任接受培训的状况对其角色、任务和权力均有重要影响。受到培训的系主任较多地扮演活动与计划倡导者的角色，更多地承担筹备性与协调性的任务，并且普遍被认为拥有较大的权力（见表 5-8）。

（一）系主任培训对其角色的影响

系主任参加校内组织的研讨会与系主任扮演活动与计划倡导者角色呈显著差异，参加培训者更多地扮演该角色（$\chi^2=9.835$，$p<0.01$）。

系主任参加专业学科组织的研讨会与系主任扮演活动与计划倡导者角色呈显著差异，参加培训者更多地扮演该角色（$\chi^2=5.833$，$p<0.05$）。

（二）系主任培训对其任务的影响

参加校内组织的研讨会的系主任对其在召开会议上花的时间有显著影响，得到培训者在事务性任务上所花费的时间明显要少（$\chi^2=4.651$，$p<0.05$）。

表 5-8 系主任培训对系主任角色、任务与权力的影响（$N=337$）

	校内研讨会				专业学科组织研讨会				全国性系主任会议				实习			
	无培训	有培训	卡方值	Sig. 值	无培训	有培训	卡方值	Sig. 值	无培训	有培训	卡方值	Sig. 值	无培训	有培训	卡方值	Sig. 值
系主任角色																
活动倡导者	67.6%	84.0%	9.835	0.002	76.8%	88.0%	5.833	0.016								
系主任任务																
教师招聘													63.3%	76.3%	4.593	0.032
科研鼓励					42.5%	57.9%	6.926	0.008					45.9%	58.8%	5.370	0.02
委员会工作					40.2%	52.8%	4.726	0.03								
预算准备									39.0%	52.5%	6.733	0.009	41.2%	55.0%	4.673	0.031
活动协调					36.1%	47.2%	3.766	0.035					36.9%	48.8%	3.594	0.039
会议召集	44.0%	30.7%	4.651	0.031												
课程评价													26.5%	40.5%	5.704	0.017
资金筹措					26.8%	36.4%	3.268	0.047					26.3%	41.3%	6.522	0.011
系主任权力																
人事管理	42.7%	59.5%	6.732	0.009	49.3%	69.4%	12.%	0.001	50.5%	64.6%	6.371	0.012	51.4%	70.0%	5.238	0.021
财务管理					67.0%	80.6%	6.616	0.010	63.9%	83.5%	14.700	0.000				
设施管理									45.1%	61.3%	6.357	0.012				
任务安排									52.4%	68.5%	8.471	0.004	54.5%	71.2%	7.070	0.008
信息管理	51.4%	64.7%	4.244	0.039	56.5%	72.9%	8.234	0.004					57.4%	75.9%	8.787	0.003

参加了全国性的系主任培训会议的系主任在准备预算上花的时间有显著影响，得到培训者在筹备性任务上所花费的时间更多（$\chi^2=6.733$，$p<0.05$）。

系主任的实习经历对系主任的以下任务有显著影响，有过实习经历的系主任更为注重这些任务，所花费的时间更多：教师招聘（$\chi^2=4.593$，$p<0.05$），科研鼓励（$\chi^2=5.370$，$p<0.05$），预算准备（$\chi^2=4.673$，$p<0.05$），活动协调（$\chi^2=3.594$，$p<0.05$），课程评价（$\chi^2=5.704$，$p<0.05$），资金筹措（$\chi^2=6.522$，$p<0.05$）。

总体上看，学科专业组织的研讨会和系主任的实习经历对系主任在不同任务上的时间分配有较大影响。

（三）系主任培训与系主任对其享有权力的认知

系主任参加校内组织的研讨会对其人事管理与信息管理两项权力有显著影响，接受培训的系主任认为自己在人事管理（$\chi^2=6.732$，$p<0.01$）和信息管理（$\chi^2=4.244$，$p<0.05$）方面拥有相关权力的比例更高。

专业学科组织研讨会的培训对系主任的以下权力有显著影响，接受培训的系主任认为自己在人事管理（$\chi^2=12.020$，$p<0.01$）、财务管理（$\chi^2=6.616$，$p<0.01$）和信息管理（$\chi^2=8.234$，$p<0.01$）方面拥有相关权力的比例更高。

全国性的系主任培训会议对系主任的以下权力有显著影响，接受培训的系主任认为自己在人事管理（$\chi^2=6.371$，$p<0.05$）、财务管理（$\chi^2=14.700$，$p<0.01$）和任务安排（$\chi^2=8.471$，$p<0.01$）方面拥有相关权力的比例更高。

系主任的实习经历对其以下权力有显著影响，接受培训的系主任认为自己在人事管理（$\chi^2=5.238$，$p<0.05$）、设施管理（$\chi^2=6.357$，$p<0.05$）、任务安排（$\chi^2=7.070$，$p<0.01$）、信息管理（$\chi^2=8.787$，$p<0.01$）方面拥有相关权力的比例更高。

第三节 结果与讨论

一、系主任大多有固定任期，近半数的系主任其任期在 3 年及以下

早期的研究中，仅有 1/3 的系主任有固定任期（McLaughlin et al.，1975）[246]。本研究中 85.8% 的系主任有固定任期，无固定任期的系主任仅占 14.2%。

任期为 3 年及以下的系主任接近一半，为 48.7%。伯恩斯（Burns）对研究型大学系主任的研究中大多数系主任的任期在 3 年及以下（Burns，1992）[67]；朱东对教学型大学系主任的研究中则为 63.0%。相比前期的研究，该比例下降较大（Chu et al.，2002）[6-7]（见表 5-9）。

二、半数系主任的实际任职时间不到 3 年，学科之间差异较为明显

本研究中系主任担任现职的时间平均为 4.5 年，有近 1/5 为任职在 1 年及以下的新任系主任，近 75% 的系主任任职时间在 5 年以内。

表 5-9 相关研究中高校的系主任任职时间比较

资料来源	本研究	Smith et al.，2012	Burns，1992	Chu et al.，2002	Hilton，1997
学校类型	研究型大学			教学型大学	社区学院
任职 3 年及以下的比例	52.7%	51.0%	56.5%	48.0%	31.5%
任职 10 年及以上的比例	11.6%	15.0%	18.4%	14.3%	43.5%

有 52.7% 的系主任担任现职时间在 3 年及以下，与前期的研究较为一致。任职时间在 10 年及以上的占 11.6%，比前期相关研究中的比例略低。值得注意的是，结合其他有关系主任任职时间的研究来看，社区学院系主任的任职时间比其他层次高校的系主任任职时间要长，有 43.5% 的系主任任职时间在 10 年及以上。

不同学科之间系主任的任职时间有显著差异，自然科学与专业学科的系主任其任职时间比人文学科和社会科学的普遍更长。从系主任心目中的理想任期看，人文学科系主任的平均理想任期不超过 3 年，而自然科学与专业学科的系主任则认为理想任期应在 4 年及以上。从系主任的任职时间和理想任期来看，自然科学和专业学科的系主任拥有更多可供支配的资源。

此外，系主任的任职时间与理想任期之间存在显著相关，系主任的任职时间越长，其反映的理想任期越长。由此可见，系主任对于其所扮演的多种角色和承担的多重任务，经过一定的时间适应下来后，他们往往愿意任职更长的时间。

三、系主任的任职动机主要出于个人发展和他人信任，外部竞聘的系主任比例相对较高

系主任的入职动机中，排前三位的分别为没有其他合适的人选（56.1%）、寻求个人发展（52.5%）和院长或同事提名（49.2%）；后三位为系主任的轮流制传统（9.6%）、工作流动机会（9.6%）和其他原因（7.1%）；出于渴望进入高层管理、追求更高薪资和掌控周围环境等动机的系主任分别占 41.9%、23.7% 和 19.9%。其中个人发展动机较强的系主任群体特征包括学系规模在 50 人以上，未获博士学位，少数族裔或掌权层次为 AAU 大学以外的其他研究型大学；增加收入动机较强的群体特征包括人文学科的系主任和掌权层次为 AAU 大学以外的其他研究型大学。尽管学系的客观环境是没有其他合适的人选，但总体上看，系主任选择担任该职主要出于个人发展需要和院长与教师对他们的信任。

其他关于教学型大学系主任的研究中，大多数系主任反映他们担任该职是为了学系发展（71%），其次分别为没有其他人选（34%）、想做领导（33%）和促进学系专业发展（25%）；排后三位的分别为学系的轮换制传统（13%）、希望进入管理高层（10%）和增加收入的动机（6%）（Chu et al.，2002）[31]。相比之下，研究型大学系主任中寻求个人发展和

希望进入管理高层的系主任比例较大，共同之处是学系保留轮换制传统的系主任比例在 10% 左右。

本研究中通过外部竞聘产生的系主任比例接近 20%。此前的两个研究中，教学型大学系主任的该比例为 9.4%（Chu et al.，2002）[6]，而社区学院通过外部竞聘的系主任仅为 4.5%（Hilton，1997）[99]。外部竞聘产生的系主任其任职时间和理想任期更长，拥有更大的权力。担任该职后其研究成果受影响的程度相对更低。相对而言，外部竞聘系主任的整体素质较高，在职业发展上具有许多优势。

四、美国大学系主任的培训项目十分丰富，系主任主要以接受校内培训为主

美国大学系主任的正式培训项目主要有全国性的系主任培训会议、专业学科组织的研讨会、校内组织的研讨会等。许多优秀的研讨会和培训会议为系主任提供他们职业发展所需的相关信息，组织系主任讨论其共同关心的问题，并通过讨论、案例研究和情景模拟等方式提高其管理技能。此外，大学课程中有关管理与领导能力的训练、系主任担任其他管理职位的经验、与其他同仁的非正式交流和通过阅读和反思等都是系主任进行职业发展训练的有效途径。

目前美国研究型大学系主任接受培训的形式主要为校内组织的研讨会，近 80% 的系主任反映参加过校内培训项目。参加全国性的系主任培训会议与专业学科组织的研讨会的系主任仅在 30% 左右。也有部分系主任通过担任实习系主任或接受前任的指导，或是直接参与大学课程而获取管理经验与技能，但其比例仅在 10% 左右。

值得注意的是，世界顶尖大学（ARWU 1～20）极少为系主任提供的参加全国性的系主任培训会议的机会，该项培训在大学组别之间差异十分显著。其他大学的系主任参加全国性系主任培训会议的比例在 40% 以上，而该组的比例仅为 6.9%。

五、系主任培训对其角色和任务有重要影响

系主任参加校内和专业机构组织的研讨会对系主任扮演活动与计划倡导者角色有显著影响，接受培训的系主任更多地扮演活动与计划倡导者的角色。

系主任参加专业学科组织研讨会和拥有实习经历对系主任在科研鼓励、资金筹措，以及活动协调等任务上所花的时间有重要影响，接受培训的系主任更为注重上述任务。

此外，系主任培训有助于提升系主任对权力的感知和运用。接受过校内研讨会培训的系主任拥有更大的人事管理和信息管理权力；接受专业学科组织研讨会的系主任拥有更大的人事管理、财务管理和信息管理的权力；参加全国性系主任会议的系主任拥有更大的人事管理、财务管理和任务安排的权力；有实习经历的系主任在人事管理、设施管理、任务安排和信息管理等方面拥有更大的权力。

第六章 系主任的角色、任务与领导效能

不同的领导理论往往侧重考察领导者的不同方面，如领导特质理论、行为理论和权变理论分别考察领导者的特征、行为和所处环境。具体而言，领导特质理论试图发现优秀领导者的群体特征，而领导行为理论则关注领导者在不同任务上的时间分配及其领导效能的具体表现，而对领导效能影响因素的研究则主要基于权变领导理论。因此，考察大学系主任的角色、任务与领导效能，有助于探索和丰富领导理论。

如前所述，对系主任角色的研究可回溯到20世纪70年代。其重要的标志之一是1975年由美国教育理事会（American Council on Education，ACE）出版的沃尔泽报告《系主任工作：迈阿密大学的经验与启示》（Waltzer，1975）。该报告清晰地指出，学校的行动（决策）在于学系，同时提醒学校高层、教师和有担任系主任意愿的教师，不能低估系主任的作用。（Hecht，2004）[27] 关于美国大学系主任的研究中，对系主任角色与任务的探讨已经非常丰富，相反，对系主任领导效能的研究则比较少。然而，即使是在对系主任角色和任务的探索中，也缺少对美国顶尖研究型大学系主任的专门研究。

本章旨在探索AAU大学系主任所扮演的角色、承担的任务和享有的权力，同时通过实证数据分析考察系主任的基本特征和环境因素对其角色、任务和权力的影响。对系主任领导效能的研究则主要根据问卷调查

中系主任所普遍反映的主要贡献的几个重要方面，进一步了解其发挥领导效能的具体表现。同时，通过访谈数据深入剖析影响系主任领导效能的关键因素，主要包括组织结构、管理机制、资源状况和政策环境等学校层面的因素；系主任对工作性质的认识、工作时间的分配和享有的管理权限等自身因素，以及高层管理者的能力素质、情感维系、下属的精神风貌与组成状况等。

第一节　系主任的角色

一、AAU 大学系主任所扮演的角色

问卷使用李克特量表（Likert Scale）对系主任在管理与领导过程中所扮演的角色及其重要程度进行调查。在表示系主任所扮演角色的符合程度时，5 表示完全符合，1 表示完全不符合；在表示角色的重要程度时，5 表示非常重要，1 表示非常不重要。

系主任所扮演的角色中，最相符的角色分别为活动/计划倡导者、对内对外交涉者与人际关系协调者，其相符程度分别为 4.15、4.12 和 4.02。日常事务管理者和首当其冲者（在学系面临内部或外部矛盾时，系主任最先受到冲击）符合程度较低，符合程度分别为 3.50 和 3.33（见表 6-1）。

在系主任看来，自己最为重要的角色也分别为活动/计划倡导者、对内对外交涉者与人际关系协调者，其重要程度分别为 4.08、4.04 和 3.93。日常事务管理者和首当其冲者两个角色的重要程度相对较低，重要程度分别为 3.15 和 2.78（见表 6-1）。

表 6-1 系主任所扮演的角色及其重要程度（$N=337$）

角色	相符程度		重要程度	
	均值	标准差	均值	标准差
日常事务管理者	3.50	1.37	3.15	1.42
人际关系协调者	4.02	0.87	3.93	1.02
对内对外交涉者	4.12	0.88	4.04	0.96
首当其冲者	3.33	1.34	2.78	1.39
活动/计划倡导者	4.15	0.87	4.08	1.06

调查结果表明，系主任认为重要程度最高的三个角色与他们现在所扮演的角色相符程度最高的角色一致。对于另外两个角色，系主任认为其重要程度要低于其实际扮演该角色的程度。换言之，系主任认为他们扮演最多的三个角色是很重要的，而另外两个角色则不然，尽管他们也较多地扮演该角色，但其实没那么重要（见图 6-1）。

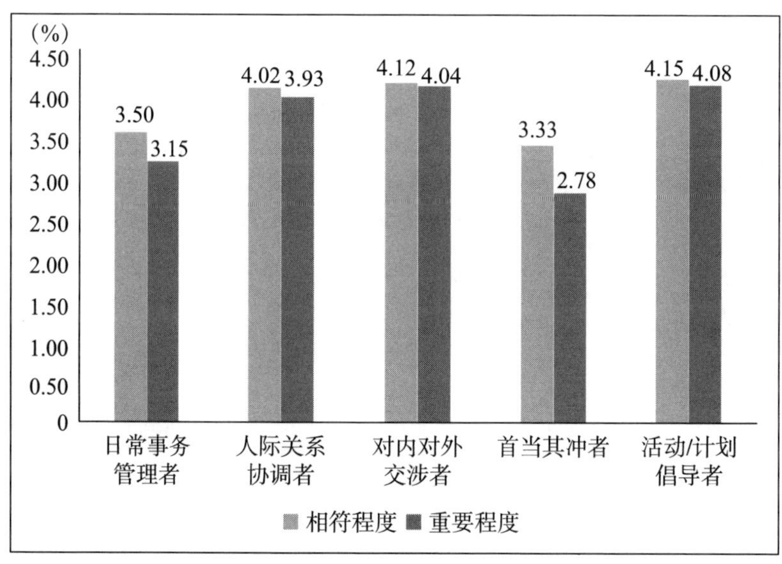

图 6-1 系主任不同角色的相符程度与重要程度比较

另外，通过选择以上角色“符合”或“非常符合”其所扮演的角色的系主任的比例，同样可以发现大多数系主任主要扮演了活动/计划倡导者、对内对外交涉者与人际关系协调者的角色，其比例分别为 81.3%、79.5%和 74.0%，而扮演日常事务管理者和首当其冲者的系主任比例较低，分别为 57.9%和 49.1%（见图 6-2）。

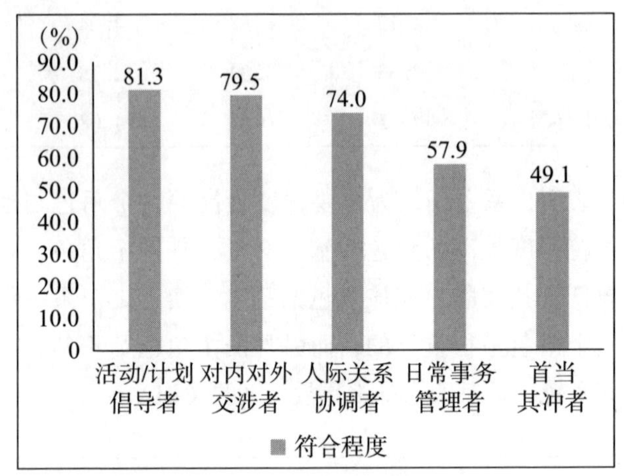

图 6-2 选择“符合”或“非常符合”以上角色的系主任比例

系主任对以上角色重要程度的认知也同样印证了大多数系主任认为活动/计划倡导者、对内对外交涉者与人际关系协调者等角色非常重要，其比例分别为 78.3%、75.5%和 70.9%，而认为日常事务管理者和首当其冲者两个角色重要或非常重要的系主任比例较低，分别为 47.1%和 32.2%（见图 6-3）。

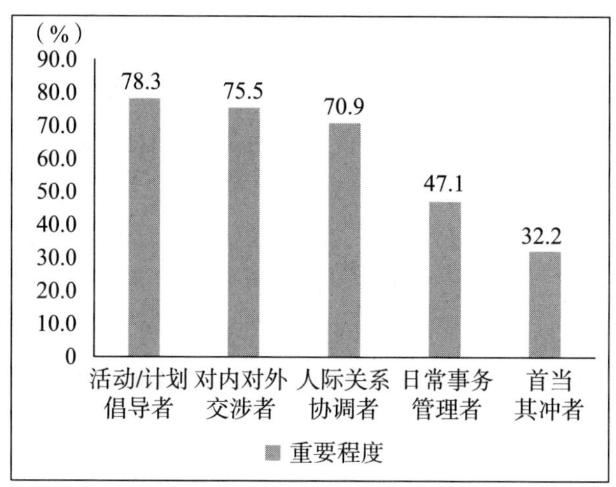

图 6-3 认为以上角色“重要”或“非常重要”的系主任比例

二、系主任的人口统计学特征与系主任的角色

不同性别的系主任与日常事务管理者角色的相符程度有显著差异($\chi^2=7.096$，$p<0.01$)，男性和女性系主任扮演该角色的比例分别为52.9%和68.7%。不同性别系主任对以下两个角色的重要程度的认识有显著差异：人际关系协调者（$\chi^2=3.812$，$p<0.05$)，认为该角色很重要的男性和女性系主任比例分别为66.8%和77.6%；对内对外交涉者（$\chi^2=6.155$，$p<0.01$)，认为该角色很重要的男性和女性系主任比例分别为69.7%和82.8%。

少数族裔的系主任扮演首当其冲者角色的比例更高（$\chi^2=4.616$，$p<0.05$)，尽管他们并不认为该角色更重要（$\chi^2=0.328$，$p=0.567$)。

拥有教授职称的系主任扮演活动与计划倡导者的比例（82.0%）比未获教授职称的系主任（70.2%）要高（$\chi^2=3.563$，$p<0.05$)。

年龄和学历对系主任所扮演的角色及其对不同角色重要性的认知程度无显著影响。

三、系主任的选任特征与系主任的角色

系主任的任现职时间对其扮演活动/计划倡导者角色有显著影响，任职时间在一年及以下的系主任扮演该角色的比例为 66.7%，而任职时间超过一年的系主任扮演该角色的比例超过 83.1%（$\chi^2=10.010$，$p<0.05$）。

系主任的选任方式对其扮演人际关系协调者角色有显著影响，外部竞聘和内部选任产生的系主任扮演该角色的比例分别为 70.9% 和 87.5%（$\chi^2=4.638$，$p<0.05$）。

系主任的任期长短与系主任所扮演角色的相符程度及其对不同角色重要性的认知无显著影响。

此外，学系规模、学校层次与学科差异等环境因素对系主任的角色无显著影响。

第二节　系主任的任务

一、AAU 大学系主任承担的任务

问卷中使用李克特量表对系主任在管理与领导过程中在各项具体任务上所花费的时间进行调查。5 表示花费了大量时间，1 表示花费的时间极少。

调查涉及系主任的基本职责中所包含的各项任务，如教师招聘、资源管理、教学指导、科研鼓励、会议召集、记录保持等，系主任各项任务时间分配的情况见表 6-2 和图 6-4。

表 6-2　系主任各项任务的时间分配（$N=337$）

具体任务	均值	标准差
a. 为教师分配教学、科研等其他相关任务	2.78	1.16
b. 招聘教师与评价教师的工作	3.89	0.96
c. 保持良好的工作氛围，减少教师之间的冲突	3.49	1.03

续表

具体任务	均值	标准差
d. 管理学系资源（资金、设施、设备等）	3. 78	1. 00
e. 组织和召开学系会议	3. 16	0. 96
f. 征求改善学系工作的意见	3. 23	0. 92
g. 确保学系记录准确	2. 65	1. 06
h. 教学与指导学生/招收和指导研究生	3. 31	1. 11
i. 课程开发的组织与评价	3. 03	1. 04
j. 协调学系活动	3. 29	1. 00
k. 准备预算	3. 27	1. 10
l. 吸收和管理外来资金（研究基金、合同收入等）	2. 66	1. 30
m. 参与学院和学校组织的委员会工作	3. 39	1. 04
n. 鼓励教师开展科研并发表成果	3. 43	1. 06

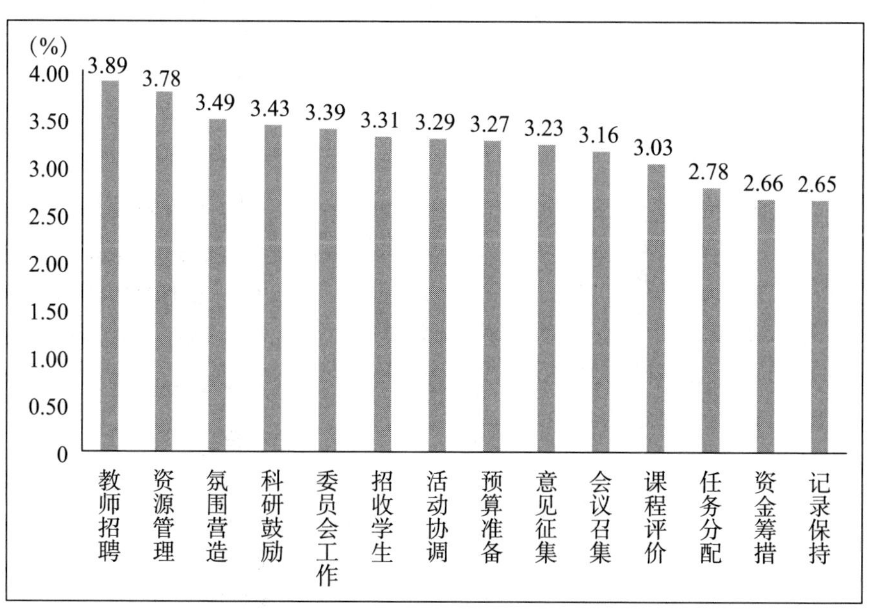

图 6-4　系主任在不同任务上的时间分配

从调查结果可知，花费系主任时间较多的5项工作分别为教师招聘、资源管理、氛围营造、科研鼓励和委员会工作，系主任在这5项工作上所花时间的程度分别为3.89、3.78、3.49、3.43和3.39。花费时间较少的工作为会议召集、课程评价、任务分配、资金筹措和记录保持，系主任在这5项工作上所花时间的程度分别为3.16、3.03、2.78、2.66和2.65，其中花在保持学系记录上的时间最少。

从每项任务上花费较多时间的系主任的比例看，其比例从高到低分别为教师招聘、资源管理、氛围营造、科研鼓励和委员会工作5项。比例较低的5项任务分别为会议召集、课程评价、资金筹措、任务分配和记录保持，选择在保持学系记录上花费较多时间的系主任比例最低（见图6-5）。

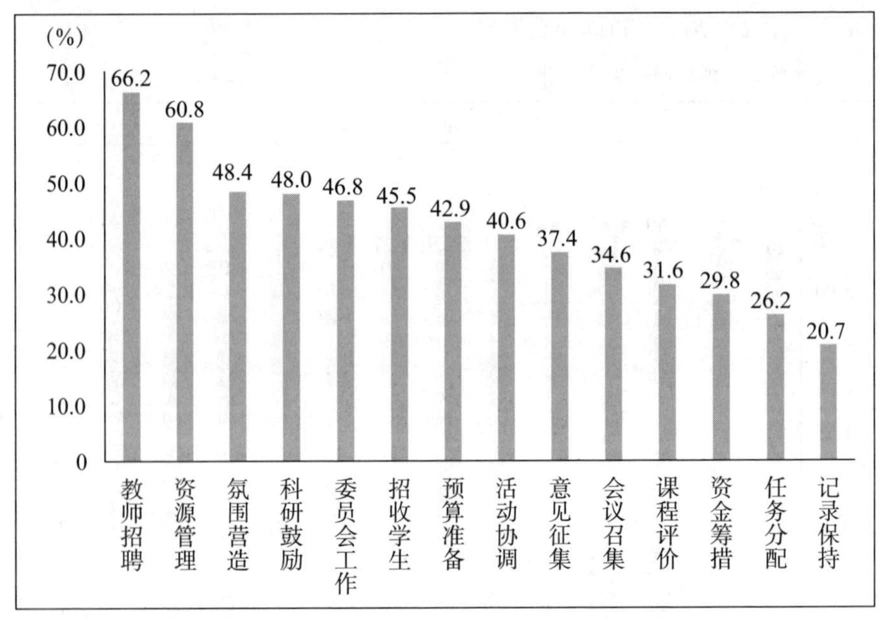

图6-5 在不同任务上花费较多的时间系主任比例

二、系主任的人口统计学特征与系主任的任务

系主任的年龄、性别和族裔等特征对其所承担的任务无显著影响。

未获博士学位的系主任在以下两项任务上所花的时间较多：课程开发的组织与评价($\chi^2=4.860$，$p<0.05$)和学系活动协调($\chi^2=9.897$，$p<0.01$)。

拥有教授职称的系主任在教师招聘与资金筹措两项任务上所花的时间更多，在任务分配、招收与指导学生和课程评价等任务上所花的时间更少（见表6-3）。

表6-3 系主任职称对在不同任务上所花时间的情况（$N=337$）

具体任务	教授	副教授及以下	卡方值	Sig. 值
a. 为教师分配教学、科研等其他相关任务	23.1%	42.5%	14.715	0.005
b. 招聘教师与评价教师的工作	67.1%	61.7%	13.523	0.009
c. 保持良好的工作氛围，减少教师之间的冲突				
d. 管理学系资源（资金、设施、设备等）				
e. 组织和召开学系会议				
f. 征求改善学系工作的意见				
g. 确保学系记录准确				
h. 教学与指导学生/招收和指导研究生	40.3%	61.7%	9.060	0.044
i. 课程开发的组织与评价	27.0%	46.8%	16.308	0.003
j. 协调学系活动				
k. 准备预算				
l. 吸收和管理外来资金（研究基金、合同收入等）	31.6%	19.1%	11.875	0.018
m. 参与学院和学校组织的委员会工作				
n. 鼓励教师开展科研并发表成果				

注：表中的百分比是认为自己在具体任务中权力很大或权力较大的系主任比例。

三、系主任的选任特征与系主任的任务

系主任任现职的时间对系主任在以下两项任务上所花的时间有显著影响：教师招聘和招收与指导学生。任职时间在一年及以下的新任系主任在教师招聘上所花的时间较多（$\chi^2 = 12.256$，$p < 0.05$）；任职时间在6年及以上的系主任在招收与指导学生任务上所花的时间较少（$\chi^2 = 14.779$，$p < 0.01$）。

系主任的选任方式对其在以下任务上所花的时间有显著差异：分配任务、招收与指导学生和准备预算。通过外部竞聘的系主任在预算准备的任务上所花的时间更多（$\chi^2 = 3.505$，$p < 0.05$），而在任务分配（$\chi^2 = 8.053$，$p < 0.01$）和招收和指导学生（$\chi^2 = 11.598$，$p < 0.01$）两项任务上所花的时间更少。

系主任的任期与系主任所承担的任务相关程度不显著。

四、环境因素与系主任的任务

系主任所在学系的规模对系主任在以下多项任务上所花的时间有显著影响，即教师招聘、学系记录保持、招收与指导学生、课程开发与评价和鼓励教师科研等。具体表现为学系规模越大，系主任在教师招聘上所花的时间越多（$\chi^2 = 20.140$，$p < 0.001$）；学系规模越大，系主任在招收与指导学生（$\chi^2 = 8.568$，$p < 0.01$）和课程开发与评价（$\chi^2 = 11.194$，$p < 0.05$）上所花的时间越少。50人以上的大型学系在鼓励教师科研（$\chi^2 = 8.133$，$p < 0.05$）和保持学系记录（$\chi^2 = 8.358$，$p < 0.05$）两项任务上花费的时间更多。

不同学校层次的系主任仅在鼓励教师开展科研并发表成果这项任务上有显著差异，学校层次越高，系主任在该项任务上所花费的时间越少（$\chi^2 = 10.209$，$p < 0.05$）。

人文学科、社会科学、自然科学和专业学科四大学科类别的系主任在14项任务的时间分配上有5项任务的时间分配有显著差异，分别为保

持学系记录、学系资源管理、招收与指导学生、吸收和管理外来资金，以及鼓励教师开展科研（见表6-4）。具体表现为自然科学的系主任在保持学系记录上所花的时间最少（$\chi^2=11.871$，$p<0.05$），在吸取外来资金上花费的时间最多（$\chi^2=28.724$，$p<0.001$）；人文学科系主任在招收与指导学生上花费的时间较多（$\chi^2=14.640$，$p<0.01$）；自然科学与专业学科系主任在学系资源管理上花费的时间较多（$\chi^2=15.124$，$p<0.01$）；社会科学与专业学科系主任在鼓励教师科研上花费的时间较多（$\chi^2=14.006$，$p<0.01$）。

表6-4 在不同任务上花费较多时间的系主任比例

具体任务	人文学科 N=87	社会科学 N=61	自然科学 N=87	专业学科 N=95	卡方值	Sig. 值
a. 为教师分配教学、科研等其他相关任务	30.80%	32.30%	14.10%	29.50%	11.871	0.018
b. 招聘教师与评价教师的工作	58.70%	72.00%	66.90%	68.80%	3.858	0.426
c. 保持良好的工作氛围，减少教师之间的冲突	52.90%	38.30%	43.40%	55.00%	6.634	0.157
d. 管理学系资源（资金、设施、设备等）	55.80%	50.00%	74.50%	59.60%	15.524	0.004
e. 组织和召开学系会议	44.20%	22.10%	34.90%	67.00%	8.688	0.069
f. 征求改善学系工作的意见	34.70%	33.80%	41.50%	39.40%	4.549	0.337
g. 确保学系记录准确	25.90%	29.10%	19.80%	16.50%	1.081	0.897
h. 教学与指导学生/招收和指导研究生	57.70%	50.00%	40.60%	36.70%	14.640	0.006
i. 课程开发的组织与评价	39.50%	25.00%	22.60%	35.80%	8.552	0.073
j. 协调学系活动	46.20%	30.90%	37.80%	43.10%	5.775	0.217

续表

具体任务	人文学科 N=87	社会科学 N=61	自然科学 N=87	专业学科 N=95	卡方值	Sig. 值
k. 准备预算	39. 40%	32. 40%	51. 00%	43. 10%	8. 193	0. 088
l. 吸收和管理外来资金（研究基金、合同收入等）	13. 50%	26. 50%	49. 00%	28. 50%	28. 724	0. 000
m. 参与学院和学校组织的委员会工作	50. 00%	42. 60%	43. 40%	47. 70%	2. 414	0. 660
n. 鼓励教师开展科研并发表成果	33. 70%	53. 00%	46. 20%	59. 60%	14. 006	0. 007

注：表中的百分比是认为自己在具体任务中权力很大或权力较大的系主任比例。

第三节 AAU 大学系主任的权力

一、AAU 大学系主任享有的权力

对于大学组织内部各层次间关系的处理，明智的做法是分权而不是集权。权力的分散才符合大学作为松散结合系统所具有的运作特征，也在制度上体现出大学内部学术活动的特点。(阎光才，2000) 系主任的权力是其从事管理活动和发挥领导效能的重要基础和条件。问卷中使用李克特量表对系主任在管理与领导过程中所拥有的权力进行调查。5 表示所拥有的权力很大，1 表示权力极小，调查结果见图 6-6。系主任所拥有的权力由大到小分别为：财务管理、信息管理、时间管理、空间管理、人事管理和设施管理。

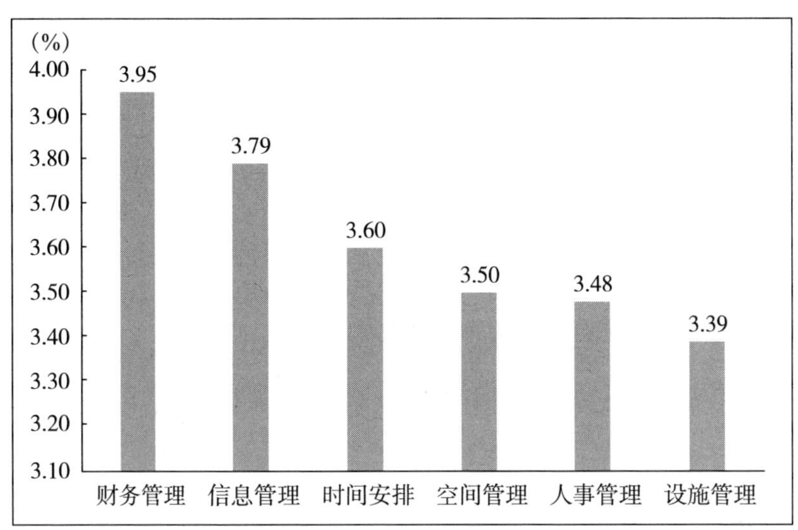

图 6-6 系主任所拥有的权力

二、系主任的人口统计学特征与系主任的权力

不同年龄的系主任认为其人事管理权力有显著差异，系主任所处的年龄阶段越高，其拥有的该项权力越大（$\chi^2=9.990$，$p<0.05$）。

男性系主任认为其拥有较大的权力，如场所安排等（$\chi^2=5.310$，$p<0.05$）。

拥有不同职称的系主任认为其拥有的人事管理、设施管理和空间管理这三种权力有显著差异。大多数拥有教授职称的系主任认为自己享有的各项权力很大或较大（见表 6-5）。

不同族裔和不同学历背景的系主任认为其所拥有的权力无显著差异。

表 6-5 系主任职称对其权力的影响（$N=337$）

具体权力	教授	副教授及以下	卡方值	Sig. 值
a. 人事管理	58.2%	40.4%	8.980	0.035
b. 财务管理	71.2%	72.3%	0.027	0.870
c. 设施管理	52.1%	29.8%	11.397	0.022

续表

具体权力	教授	副教授及以下	卡方值	Sig. 值
d. 时间管理	59.3%	53.2%	0.624	0.430
e. 空间管理	56.2%	34.1%	20.018	0.000
f. 信息管理	63.4%	52.2%	2.106	0.147

注：表中的百分比是认为自己权力很大或权力较大的系主任比例。

三、系主任的选任特征与系主任的权力

系主任的任职时间对其拥有的人事管理（$\chi^2=10.668$，$p<0.05$）、设施管理（$\chi^2=11.076$，$p<0.05$）和任务安排（$\chi^2=11.150$，$p<0.05$）这三种权力有显著影响。总体而言，系主任的任职时间越长其享有的权力越大。

系主任的任期对其拥有的设施管理权（$\chi^2=7.982$，$p<0.05$）和任务安排（$\chi^2=7.833$，$p<0.05$）权有显著影响。总体而言，系主任的任期越长其享有的权力越大。

系主任的选任方式对系主任所拥有的5项权力都呈显著相关：人事管理、财务管理、设施管理、时间管理和信息管理。通过外部竞聘产生的系主任其拥有的上述权力明显较大（见表6-6）。

表6-6　系主任选任方式对其权力的影响（$N=337$）

具体权力	内部选拔	外部竞聘	卡方值	Sig. 值
a. 人事管理	50.0%	87.5%	18.682	0.000
b. 财务管理	70.0%	90.0%	6.700	0.010
c. 设施管理	45.0%	69.2%	7.441	0.006
d. 时间管理	54.7%	80.0%	8.649	0.003
e. 空间管理	51.2%	65.0%	2.490	0.115
f. 信息管理	60.5%	79.5%	4.963	0.026

注：表中的百分比是认为自己权力很大或权力较大的系主任比例。

四、环境因素与系主任的权力

系主任所在学系的规模对系主任所拥有的时间管理即任务安排权力有显著影响（$\chi^2=7.833$，$p<0.05$）。所在学系规模较大的系主任拥有的权力更大。

系主任所在学校的层次对系主任所拥有的时间管理即任务安排权力有显著影响（$\chi^2=9.024$，$p<0.05$），所在学校层次高的系主任拥有的该项权力较小。

AAU 大学与其他研究型大学的系主任所拥有的 4 种权力呈显著相关：财务管理［r（396）=0.19，$p<0.01$］；设施管理［r（396）=0.17，$p<0.01$］；时间管理［r（396）=0.12，$p<0.05$］；空间管理［r（396）=0.22，$p<0.01$］。AAU 大学系主任所拥有的以上 4 种权力明显要大。

人文学科、社会科学、自然科学和专业学科等学科类别对系主任所拥有的以下 4 种权力有显著影响：人事管理、设施管理、时间管理和空间管理。自然科学和专业学科的系主任权力相对较大（见表 6-7）。

表 6-7　不同学科系主任所拥有的权力状况

具体任务	人文学科 $N=87$	社会科学 $N=61$	自然科学 $N=87$	专业学科 $N=95$	卡方值	Sig. 值
a. 人事管理	43.7%	49.2%	58.6%	67.7%	23.074	0.027
b. 财务管理	60.5%	75.4%	75.6%	74.5%	16.018	0.190
c. 设施管理	33.7%	50.8%	59.3%	52.0%	25.975	0.011
d. 时间管理	43.7%	54.1%	62.0%	70.6%	39.221	0.000
e. 空间管理	35.6%	54.1%	68.6%	56.5%	30.523	0.002
f. 信息管理	55.8%	56.6%	61.9%	70.0%	12.495	0.407

注：表中的百分比是认为自己权力很大或权力较大的系主任比例。

第四节 AAU 大学系主任的领导效能

如前所述，现有的文献中不乏对高校领导者的反思和研究，但极少有对富有效能的领导行为的专门和系统研究。哈里斯等人指出："有人已经开始研究高等教育领域的领导实践，但却没有人关注领导者的领导效能及其提升的途径，在学系层面尤为如此。"（Harris et al.，2004）正如巴格与穆桑比拉所言：系主任（部门主管）对学系与学校的发展真的很重要吗？类似问题在其他非学术组织中得到了肯定回答，但在高等教育领域没有相应的实证研究对此进行检验（Barge et al.，1992）。

布莱曼对 1985—2005 年之间出版的英国、美国和澳大利亚三个国家的有关系主任领导行为的外部评审文章（其中大多数为美国学者的研究）进行了梳理，发现几乎没有关于系主任领导效能的系统研究。（Bryman，2007）布莱曼从现有的文献中归纳出 13 种与学系领导效能相关的领导行为，分别为清晰的发展方向和战略愿景、合理安排学系资源以服务学系发展、考虑周全与深思熟虑、公正无私、值得信赖、鼓励公开交流与重要决策的民主参与、身体力行推进学系朝既定目标发展、以身作则（榜样作用）、创造积极与团结的学系氛围、为了实现学系目标而充分尊重内部和外部利益相关者、对学系成员的表现及时做出反馈、为激励教师的教学与科研提供必要的资源和减轻其工作负担，以及招聘优秀教师以提高学系声誉等。（Bryman，2007）加州大学戴维斯分校将优秀系主任的表现从管理能力、学术愿景和共同治理三个主要方面予以说明，具体包括教学、科研、社会服务、学系规划与愿景、教师招聘、资源获取和氛围营造等指标。（UC Davis，1996）然而，对于研究型大学的系主任如何发挥其管理作用和领导效能，目前尚缺乏相关的调查分析。

本研究针对作为美国大学联合会成员的顶尖研究型大学的系主任进行问卷调查，探索系主任自担任该职位以来其自我感知到的对于学系发展的贡献。337 名接受调查的系主任中，共有 270 名系主任对该问题做了具体回答（占 80.1%），有 4 名系主任只是回答“贡献较大或很大”，12 名系主任回答“有所贡献”，5 名系主任回答“微乎其微”或“现在谈贡献还为时过早”。另外 46 名系主任（占 13.6%）没有回答该问题或因刚刚上任不久而不适合回答该问题。

根据系主任所反映的其最有成就感的工作，将系主任的贡献分为以下 14 个方面（见图 6–7）。

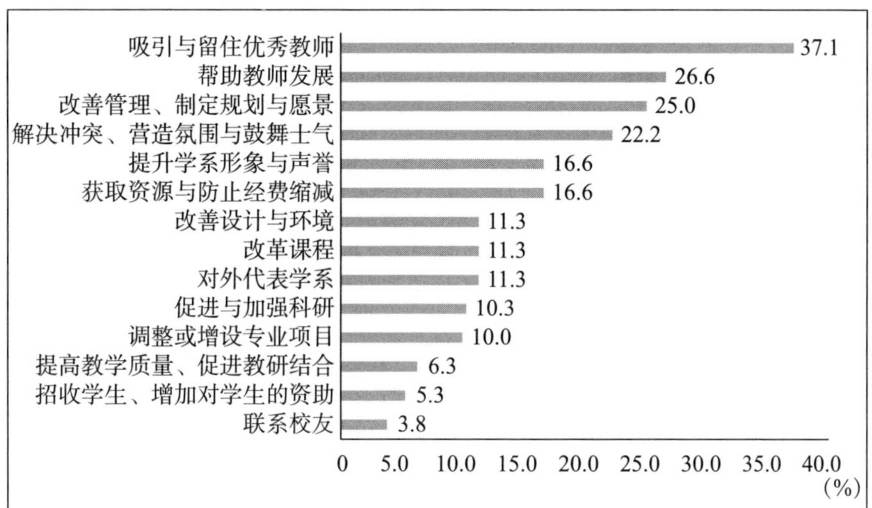

图 6–7　系主任对学系发展的贡献

调查表明，系主任贡献最为突出的前三个方面是吸引与留住优秀教师，帮助教师发展，改善管理、制定规划与愿景等，在这些方面取得成绩的系主任分别为 37.1%、26.6% 和 25.0%。

系主任贡献较大的活动还有解决冲突、营造氛围与鼓舞士气，提升学系形象与声誉获取资源与防止经费缩减，在解决冲突、营造氛围与鼓舞士气方面取得成绩的系主任为 22.2%，其余两项活动中取得成绩的系主任均为 16.6%。

结合对系主任任务的研究结果，本研究中系主任最为重视且所花费较多时间的三项任务，即教师招聘、资源管理、氛围营造均在系主任的贡献中得到体现。鼓励科研仅次于以上三项活动，在系主任的贡献中也有所反映。

一、系主任领导效能的主要表现

以下分别就系主任所反映的贡献最大和领导效能表现得较为普遍的活动进行分析。

（一）吸引与留住优秀教师

师资是学系竞争力的核心和根本所在，优秀的师资可以为学系带来声誉，提升学系的形象。人才的合理流动可以为组织带来生机和活力，但频繁的人才流失会损伤组织的元气，所造成的后果无法在短期内得到弥补。有的系主任拥有“招聘优秀教师是学系长期发展和追求卓越的基础”（DCQ038）的理念，认为只要教师处于前瞻性的研究领域，其教学与研究能力远比具体的教学和科研内容重要，因此对努力改善学系的教学和科研环境、招聘优秀教师给予全力支持（DCQ036）。有的学系规模较小，系主任接手时，系里已经流失了几位重要教师，系主任通过努力使学系教师和学生规模扩大了一倍，招聘到优秀的教师，使学系在学校和学科领域的名气大增（DCQ097）。很多系主任都因为招聘到顶尖教师和吸引了一流的人才而感到骄傲和自豪，认为自己通过努力提升了学系在学校高层管理者心目中的形象（DCQ179）。

系主任在招聘到优秀教师前，通常需要根据学系发展的重点领域，向院长或学校高层争取师资指标（DCQ282）。有的系主任通过申请到重大科研基金来增加招聘的机会，或者建立讲习教授席位以吸引顶尖师资（DCQ197）。

除了招聘教师外，留住优秀教师以防止人才外流也是系主任作用于学系发展的重要方式之一。如有的系主任认为其贡献是“招聘到一位新教师，并且挽留了一名已被其他大学录用的老教师”（DCQ108），“争取到好的薪酬吸引新教师和挽留老教师”（DCQ123）。

此外，如果能够辞退懒散消极和不称职的教师，就能减轻学系的财政压力，改善学系的氛围。有的系主任反映其“以认真工作的教职员工替换了磨洋工的员工”（DCQ185），“辞退了能力较弱的教师，招聘了优秀教师（DCQ365）”。

有的系主任虽然意识到改善师资的重要性，但却感觉力不从心。“希望在 3 年任期结束时有所贡献，目前我在财政困难时担任此职，留住老教师和招聘新教师都很难（DCQ003）”。

（二）帮助教师发展

系主任主要通过为教师推荐晋升终身教职、晋升职称和举荐优秀教师申请各种教学与科研相关的奖励等促进教师发展。同时也包括关心、鼓励和指导年轻教师成长，为教师的教学和科研争取资源，减轻任务，创造良好的条件。在招聘到优秀的年轻教师后，系主任通常会帮助其发展和成长并取得终身教职，以此来获得工作的满足感。

帮助年轻教师发展，系主任需要明确终身教职评审和教师晋升的政策与程序（DCQ288）。有的学系重新建立了教师招聘机制（DCQ252）。系主任的成功决策对于教师的晋升和终身教职的获得也很重要（DCQ180）。

除了帮助教师获得终身教职和职称晋升外，系主任常以推荐获奖和加薪的方式对教师的成绩表示认可。如认真为教师和学生撰写推荐信，助力教师提名教学奖和科研奖项（DCQ278）；认可和奖励教师成果（DCQ238）；帮助教师晋升和加薪（DCQ055）。

此外，有的系主任为教师的教学与科研提供支持和帮助，对教师所关心的问题进行积极回应。具体表现有减少教师的行政事务，使其潜心教学和科研（DCQ214）；使老教师专注于重大科研项目并取得成功（DCQ186）；（在当前加州财政预算紧张的情况下）努力为教师在时间、场所和经费上提供支持，以期帮助其实现教学和科研目标（DCQ164）；

吸取到外部资金，使教师招聘和学生招收成为可能（DCQ126）；了解教师所关心的问题并做出回应（DCQ253）。

系主任帮助教师发展也是帮助学系发展，可以为学系赢得声誉，是学系发展壮大的重要基础。如通过激励教师和合理安排帮助他们找到努力的方向，建立起很好的工作环境，使学系成为全校人均产出最高的系（DCQ061）；有的系主任反映开始担任该职时，系里仅有 6 名教师获得终身教职，而现在已有 27 名，另有 40 名教师获得终身研究员职位（research track）。在任期内使学系升格为公共卫生学院，设有 4 个独立的学系（DCQ256）。

（三）改善管理、制定规划与愿景

学系愿景是在学系层次上由系主任和全体教师为了本系的未来发展而共同建构的远景规划蓝图，既有现实意义又有精神引导作用，对提高系主任的领导效能、促进学系的发展具有重要意义。调查发现，系主任对学系愿景和规划的重要作用表示认同，并以此作为带领学系前进的方向。在这方面，具体工作如带领学系朝战略规划的方向前进（DCQ037）；领导教师进行战略规划的编制；制订关于科研和对外事务的计划；完成全面的学科评估；全面修订学系战略规划；敢于直面困难，组织制定学系长期发展规划并争取到校长和教务长的支持（DCQ025）。有的系主任应部分教师要求制定了学系愿景并付诸实践，获得了捐赠，可以支持学系长期发展；为研究生寻找教学机会；让教师调整本科生项目（DCQ295）。

有的系主任刚上任不久，对专业的声誉还没有贡献，但已经形成新的学系愿景（DCQ175）。有的系主任制定了战略规划，在未来 5 年需要招聘 10 名左右的教师（DCQ213）；有的系主任制订了设施发展计划，从内容和顺序上调整了核心课程（DCQ227）。此外，有的系主任讨论和深化了学系愿景，征得了意见反馈，让教师和学生致力于创建良好的环境以推动学系发展，让教师和学生能够自信和高效地投入教学、科研和社会服务，多产出成果（DCQ229）。

为了实现学系愿景，系主任也十分注重学系的民主管理，鼓励教师参与。如对教师的管理公开透明，让教师参与主要决策（DCQ095）；在资金缩减和教师减少的情况下，以及时和开放的方式管理好日常事务，较好地服务教师；重组管理委员会，优化工作方法，调整工作任务（DCQ117）；改善管理方法（DCQ118）；开设论坛组织教师讨论学系未来的发展方向（DCQ170）；制订联系校友的计划，成立学系顾问委员会（DCQ171）；在学系会议前分发会议议程，做好会议记录并核准会议记录；让教师对工作进行匿名评价，提出批评意见（DCQ185）；尽量减少学系会议，所有事关学系发展的重大问题都能征求教师的意见等（DCQ231）。有的系主任反映前任系主任试图自己包揽一切事情，而她让更多的教师参与管理，使得自己能够重点关注学校的主要事务，制定规章制度和学系政策（DCQ284）。

（四）解决冲突、营造氛围与鼓舞士气

高等教育管理的本质是协调。（薛天祥，2001）[116] 达成一致是教师管理的常规模式，然而它却不一定是理想模式。（科尔 等，2008）[100] 领导学专家和组织发展理论创始人本尼斯（Bennis）有“管人如养猫”的论断（本尼斯，2006）。科恩（Cohen）和马奇（March）提出研究型大学是“有组织的无政府状态”的概念：教师们提出令人困惑的目标，他们也不清楚管理方面的技术规范，并随意参与决策过程，这些使得研究型大学被人明确地用无等级的术语加以描述（Cohen et al.，1974）[95]。如果说企业管理者像“牧羊人”，带领守纪律的团队“逐草而行”，那么大学的学术领导者则更像是“养猫人”，带领的是一群各有目标、东奔西跑的“散兵”。

系主任职位的特征是，不仅系主任自身对其角色有模糊与冲突，其所处的环境也经常面临矛盾与冲突。一般而言，高校教师对其研究领域知识的掌握与管理人员对这些领域中的大多数知识的无知之间是不平衡的，这使得管理人员难以在教师的晋升与终身教职的聘用、课程设置，以及教师保留的决定权上进行很好的控制。因而研究型大学的这些特点已经体现出一个众所周知的说法：管理由这些思想独立的教师所组成的机构就好似“养猫”。（埃伦伯格，2010）[79]

有系主任反映学系教师的自然状态是各自为政、互不信任，同事难以相处、要求很多，有的学系存在宿怨，教师明争暗斗。系主任在上任后成功地处理了学系的冲突与不合，扭转了局面。如协调学系成员间的不同意见，使学系高效地实现其目标（DCQ017）；在面临好几位教师退休、课程改革和学系愿景调整的情况下，努力推动学系向前发展，在没有激化内部矛盾的情况下解决了教师之间的冲突（DCQ47）；成功应对难以相处的同事（DCQ144）；维持学系稳定，尤其在有的教师想要损害学系的集体利益时（DCQ245）；阻止教师的外流，平息教师之间的明争暗斗；在营造健康和谐的学系氛围上取得了很大进步（DCQ252）；帮助学系中有宿怨的两个部门建立起相互信任的关系；改善学系氛围等（DCQ320）；有的系主任认为其工作很枯燥，上任时学系还是一团糟（该系主任曾在其他大学成功担任过几年系主任，是通过外聘选任上的），上任后将学系成员团结在一起，制定了可持续发展的政策等（DCQ152）。

有的系主任面临财政资源的缩减，在艰难时期鼓舞教师士气，营造了良好的学系氛围。主要表现为艰难时期凝聚人心（DCQ011）；营造相互尊重和开明的学系氛围（DCQ040）；建立新的委员会给教师更多的归属感（DCQ065）；使院长理解学系专业项目的价值（DCQ074）；在资源缩减的情况下，提供（学系所需的）以思想开明、关心同事、排忧解难、包容性强为特征的学系领导（DCQ098）；将学系氛围从困难重重和很不愉快转变为令人振奋（DCQ156）；当所有事情看起来都走下坡路的时候鼓舞学系士气。有的系主任树立了领导观念，获得教师的支持，认为这样做需要很高的士气和道德水平以及很强的敬业精神，而且，其努力得到了同事的认可和支持（DCQ183）。

有时学系的特殊群体成为学系发展中的影响因素。系主任需要关注特殊群体，成功化解学系教师之间的矛盾。如有的系主任解决了几个严重的问题，包括让一位患有精神疾病而未能完成教学任务的教师请了病假；指导三位年轻教师，让他们感到自己很重要，同时帮助几位年长的教师，使他们受到更多的尊重；同时阻止一位老教师滥用职权和无故休假以及严格限制其所任教课程的学生人数（DCQ173）。

（五）获取资源与防止经费缩减

吸引和留住优秀的师资需要教师与专业发展所必备的经费支持和物质资源。有的系主任认为其领导效能主要表现在争取到学系发展所需的资金支持、教师招聘指标和办公场所。如经过持续的努力使学系在短时间内搬进了新办公楼，帮助学系渡过了经济上的难关（DCQ160）；在预算紧张的情况下，争取到新的办公场所和新的教师指标（DCQ180）；尽管美国经济不景气，学系仍运作良好，经费有所增加（该系主任认为，在美国大学中，学系花费大量时间募集资金，即使像他所在的公立大学，也是仅有一小部分的预算来自公共资金。总体而言靠学费和私人捐赠运作）（DCQ102）。

艰难时期，有的系主任极力保护学系，使学系预算免遭缩减（DCQ077）；在学校预算缩减的情况下成功保护了学系资源（DCQ083）。一位系主任反映："这是经济很不景气的时期。我们没有减少任何课程，没有影响研究成果，同时维持了学系的财政状况（我接手时学系管理很糟糕）。"（DCQ140）

值得注意的是，资源的获取和经费的保障通常需要院长的支持。有些系主任的贡献表现为争取到院长办公室的支持，提高学系在学校的地位，争取到更多资源，如研究生津贴、教师招聘名额和办公场所等（DCQ040）。有的系主任在院长同意给予更多的资源（主要为更多的教师指标）支持学系的情况下担任系主任，担任系主任的3年期间成功招聘了2名教师（另有1名未招聘成功）。院长同意其继续招聘新教师

(DCQ041)。或是在经济萧条的大背景下，说服院长不对学系的预算和资源进行削减（DCQ091）。

此外，有的系主任获得了校友和其他外部资源支持，解决了学系发展所需的财政问题。为学系争取到大量的捐赠，可以用作差旅费等(DCQ105)；为学系多争取到100万美元的资金，为许多教师争取到提升的机会，以及更多的教室和办公室（DCQ175）；联系了校友协会和个人，募集到差旅费和学系项目发展经费（DCQ231）；获得对学系所获捐赠的支配权（DCQ240）。

（六）提升学系形象与声誉

提高学系形象与声誉，主要是提高学系排名及其在国内乃至国际上的知名度和影响力。其实现途径主要包括加强师资力量、发展专业项目、建立外部联系与合作、完善网页信息与加强对外宣传等。

许多系主任为其在学系的排名表现、知名度及其国际影响力方面的贡献感到骄傲。不同的系主任反映其最主要的贡献表现为：学系排名很高，学系的声誉好（DCQ059）；朝新的学系愿景努力，提高了学系的知名度（DCQ216）；供应链管理（Supply Chain Management，SCM）专业进入排名前10位（DCQ223）；提升了学系在外部评审中的位置(DCQ231)；提升了学系在国际上的声誉，吸引到更多和更好的学生申请该系，招聘到来自国外的教师（DCQ223）；让学校领导知道该系很优秀[最近的NRC（美国国家研究委员会）排名中排名第一]（DCQ258）；扩大了学系的知名度，提高了其获取外部经费的能力（DCQ322）。

为提高学系声誉，系主任在加强师资力量、发展专业项目、建立外部联系与合作等方面做出了努力。如通过向校友寻求资助发展新的专业项目，形成一系列优秀课程，成功树立学系对内对外的良好形象(DCQ094)；刚上任时学系教师因为系里的一桩丑闻郁郁寡欢萎靡不振，该系主任接任后，改变学系氛围，加强师资力量（教师获得了很多奖项），重新树立学系在国内的声誉（DCQ096）；招聘到6位优秀教师，提升学系在学校高层管理者心目中的形象（DCQ179）；与学校管理高层建立良好的联系，与其他学系建立良好的联系（DCQ180）；招聘优秀的新教师，提升科研水平；将学系在全国的名次从40多名提升到20多名；改革和提升本科生和研究生课程，建立新的学位项目；学校认可学系有最优秀的专业项目，为学系新建了一座具有现代化实验设施的楼房（DCQ188）；使学校认可学系及其专业项目，提升研究生项目，改革课程以吸引更多的学生；树立更好的学系形象（DCQ208）；建立国际合作与联系，改革课程，加强与其他学系的合作（DCQ218）；学系规模扩大了一倍，新增了一个专业，研究成果急剧增加，提高了学系在学院和学校的地位等（DCQ309）。

此外，有系主任提出，完善学系网页信息和加强对外宣传与合作也很重要。他们在这方面的工作具体表现为：完善学系网页信息，提升学系形象（DCQ080）；在校内为学系做有效宣传（DCQ153）；与其他学系建立联系，让学校高层了解学系贡献（DCQ181）；组织讲座和研讨会等活动，吸引更大范围的人参加，扩大学系在校内的影响（DCQ245）；通过宣传和提升学系委员会并帮助教师取得成功，使学系受到校长和院长的关注（DCQ290）；制定更为严格的人事与学生工作政策，调整学系网页以增加外界的关注，改善信息容量以便更好地决策，同时更加关注战略性的领域，如国际化专业项目和硕士项目等（DCQ294）；扩展外部合作伙伴，加强外部联系，加强国际活动，提升知名度（DCQ309）。

（七）促进与加强科研

有的系主任在促进与加强科研方面取得了非常明显的成效。如有一位系主任在接任系主任职位时，系里有35名教师和27名研究生，其中只有2位是获得外部资助的研究助理，总的外部科研项目经费为200万美元。而现在，教师规模没有改变，研究生规模扩大到70多人，获得外部资助的人数增加到20位，外部项目科研经费已经超过3000万美元。系内有两个研究中心，其中一个由该系主任亲手创建，现正在建立一个新的中心。系内新进了富有经验的顶尖教师，其中有好几位都是接替系主任职位的理想人选（DCQ081）。

系主任促进和加强科研方面的领导效能主要表现为科研资助的增加和科研成果的提升。为此，系主任所做的努力除了建立良好的基础设施、招聘优秀教师和合理使用经费外，还包括开展科研合作、开设学术论坛，以及系主任自己做出表率等。如系主任反映：担任系主任的5年间学系规模扩大了一倍，所获科研经费增加了一倍（DCQ073）；为年轻教师和研究生树立了榜样，包括成为优秀的教师、研究者、作者，为学术组织服务（担任评审和组织管理工作）（DCQ075）；高效合理地使用经费，承担管理事务，使教师专注于教学和科研，帮助教师多出成果（DCQ076）；建立良好的基础设施，招聘优秀教师，实施提升学系科研成果的项目和政策（DCQ093）；打破壁垒，开展系内科研合作，组织公开交流的学系学术活动（DCQ103）；开设论坛组织教师讨论学术问题（DCQ170）；减少教师的行政事务，使其潜心教学和科研；安排兼职教授承担教学任务，使拥有重大科研项目的全职教师专心科研等（DCQ214）。

总之，大学是开展学术活动的组织，公平竞争、团结友爱、多元化、有发展机会的学术和生活环境在增强教师对学校的归属感和吸引人才方面都很重要。（徐文 等，2004）创造良好的环境使教师潜心科研是研究型大学系主任发挥领导效能的重要方面。好的院系可以成为年轻科研人员的主要训练基地，并树立学术行为的典范，将他们融入形成良好行为的文化氛围中；为他们提供专业设施，有助于其学术生涯的成功，并且在“无形大学”中给他们以认可；可以保证他们在其专业领域中，在更广泛的学术群体中崭露头角（夏托克，2006）[83]。

（八）提高教学质量、促进教研结合

一流大学应使科研、教学相互促进，但在实践中，由于研究成果是硬指标，容易体现和衡量，又与教师的切身利益直接相关，因而高校不同程度地存在重科研轻教学，或科研与教学两张皮的情况。尽管近年来

不少高校在培养创新人才方面做了不少尝试，也对研究型大学中如何发展本科教育进行了探索，但不可否认，大学中确实存在教与学双方都对教学过程投入不足，教学改革滞后于社会对人才培养需要这一事实。这不仅是高等教育大众化进程中亟须关注的问题，也是在建设一流大学中特别需要重视的问题（周谷平，2002）。有的系主任对学系的教学质量也非常重视，通过说服教师更多地参与本科生课程教学、鼓励教学和科研人员的合作，以及对专业项目进行外部评审等努力保持或提升学系教学质量。系主任在这方面的工作主要体现在：针对之前学系教师主要关注博士生项目的情况，努力说服教师更多地参与本科生课程的教学（DCQ090）；增加教学型教师人数和认可非终身教职教师的成绩，激励教学和科研人员的合作，使教师更加团结（DCQ095）；在金融危机的背景下保持良好的教学质量（DCQ124）；通过同行评审，重视教学，系内教学质量有所提高，并从经费和政策上支持教师申请研究经费和教学资助（DCQ143）；尽管受到金融危机和预算缩减的影响，在系内建立了两个文科硕士（MA）项目：5 年的本硕连读项目和与商学院合作的 MA-MBA 双学位项目（DCQ261）；对研究生项目进行外部评审，为学系和管理者提供书面报告（DCQ284）。

（九）关心学生发展

系主任在关心和帮助学生发展方面的贡献包括改善生源、增加对研究生的资助，以及促进生源的多元化发展等。如为招收研究生寻找奖学金机会（fellowship opportunities），使原本已经减少的研究生人数得以增加（DCQ090）；努力吸引教师和研究生参与学院的暑期项目，以招收少数高中学生。参与该项目的学生中有 40% 的人成为学系新生。促进本科生族裔结构的多元化发展，为教师和学生提供领导机会（DCQ143）；尽力减少预算削减对教师和研究生的影响，增加对研究生的资助（DCQ182）；增加研究生奖学金（DCQ218），建立博士后和访问学者项目，开设专业硕士项目（DCQ240）；增加或至少保持本科生主修与辅修专业的数量，吸引优秀的博士研究生等（DCQ245）。

（十）其他贡献

系主任的其他贡献包括改善学系设施、注重发挥行政管理人员的作用和加强校友联系等。系主任通过装修办公室、添置现代化的办公设备、为研究生安排新的学习场所和为新教师安排带有窗户的办公室、扩大或争取到新的办公场所等改善学系设施。通过选择优秀的办公室负责人、招聘到效率高的办公室人员、对办公室管理人员做重要提拔、重新安排学系的服务岗或招聘到管理学系财务的优秀管理人员等使其工作变得轻松。通过制订联系校友的计划等加强与校友的联系。

有的系主任发现同事喜欢学系由他（她）领导，许多同事愿意承担额外的任务以实现学系目标和服务学生的学习需要。有的系主任在其管理工作的诸多方面都取得了成效，认为其领导效能是“工作满意感”的主要来源，如招聘优秀教师；帮助优秀的教师获得晋升，对终身教职申请进行把关；开设新的学位项目；改善设施；营造互相合作与相互尊重的学系氛围；为教师和专业项目获取额外资助等。这些是系主任工作的真正奖赏。如果没有这些来自工作本身的“工作满意感”，不管管理岗位津贴多少，都不能吸引其担任该职位（DCQ293）。

需要指出的是，并非所有接受调查的系主任都表现出出色的领导效能，都有卓著的成绩。除了对“系主任的贡献”这一问题未作回应的系主任外，还有其他系主任对此发表了自己的看法。如有的系主任因为任职时间不长，认为现在还谈不上贡献。主要原因在于：担任系主任才一年时间，现在谈贡献还为时过早（DCQ108）；虽然招聘了 2 名新教师，使学系经费有较大提高，同时解决了许多其他问题。但是，在学系的相关方案启动和规划实施之前还难以谈贡献（DCQ033）。3 年的任期很难发挥很大的作用，个人认为系主任的任期应该在 3 年以上，现在谈贡献还为时过早，但是大家比以前喜欢参加学系会议（DCQ108）。

同时，也有系主任分析了影响其发挥领导效能的外部环境与条件等因素，包括金融危机的影响、学校组织结构设置和政策环境等。如有系主任认为其贡献一般，因为学系有资深教师担任副主任，还有研究生项目主任和负责多元化的主任，他们都可以独立地做决定（DCQ276）。有的系主任发现学校领导对学系很不支持，感觉其大多数工作都受到了影响（DCQ255）。尽管系主任个人受到学系教师的尊重和欣赏，但学校领导的行为大大影响了其担任系主任的积极性。有系主任认为学系士气不足，很难界定贡献所在，尽管有优秀教师个人取得了成功，但与他（她）关系不大（DCQ287）。

有的系主任认为在一年多以后才能看出其对学系的贡献，而系主任本人并非贡献的最佳评价者。此外，处于金融危机的时代，我们不再青睐“成功”二字，“生存”“勉强”“恢复”“要不然可能更糟”等更符合当前的学系状况（DCQ288）。

二、系主任领导效能的影响因素

本研究围绕研究型大学系主任领导效能这个主题对美国东北部 B 地区的三所研究型大学的二十名系主任（其中两人为专业学院院长，都曾担任过系主任，一人以前任系主任的身份接受访谈，一人以院长的身份接受访谈。）

有研究者指出，高校作为一种特殊的社会组织，在组织结构、人员关系，以及教师劳动性质上具有自身的特点，对这些特殊性的把握是开展高校人力资源管理工作的基本前提。（杨德广，2006）[264] 以下将系主任领导效能的影响因素根据质性研究中的现象学研究方法进行分析，分为积极影响因素和消极影响因素两个类别。每个类别均从学校层面、系主任的自身因素和上下关系（学院层面和学系层面）三个视角提取信息。现将访谈数据分析的结果按两个类别分别进行陈述。

（一）积极影响因素

学校层面的积极影响因素包括组织结构设置合理、管理机制运行良好、资源状况较为充足，以及学校在系主任的选任、培训、激励和评价等政策环境上提供了支持。

组织结构上，有以下几种组织设置可以减小系主任的压力或增加其工作满意感，如学院层面设有两个副院长，其中一人专门负责学系内部事务；学系以下设有研究生专业项目负责人，具体负责所在专业项目的相关事务；设有副系主任等。

我们学院有两个院长：常务院长和资深的副院长。副院长几乎对所有学系的事情都会过问，对系主任很关心。(DCI12)

我们系有三个研究生项目，每个项目都有专门的负责人（项目主任），这些负责人与教师进行沟通。我主要对他们三位负责。当他们有需要时，会来找我。他们对我帮助很大。一般的教师每年领取9个月的薪水，项目主任领取10个月的薪水。系主任也是每年领取10个月的薪水。(DCI08)

以前我是副系主任。我们系有两位系主任，大的学系通常会有两位系主任。我们有专业学生900人，选修课程的学生2000人左右。副系主任的职责是管理兼职教师，对他们进行评估并做一些计划。在担任系主任之前，我做了5年的副系主任。那段时间，我主要负责兼职教师事务，并协助系主任管理学系的事务。(DCI17)

管理机制上，主要包括学校拥有清晰的战略规划或明确的发展愿景，系主任的工作往往以此为指导和依据。此外，定期开展自评或研究生项目评审的学系也有助于系主任把握工作重心和方向。

学校各个层面都有战略规划。校长、院长、系主任和专业项目主任（负责人）都有各自的战略规划。(DCI08)

我们学院有清晰的战略规划，学院的第一份完整的战略规划是在2000年开始实施的。每两年我们会对战略计划进行调整，包括聘用新的教师和对未来的工作做出具体安排。我们定期对计划进行修改，这个规划是向大学和委员会公开的。我们整个学校每10年制订一次战略规划。学系制订战略规划时，召集教师们一起参与讨论，然后综合所有学系的规划来制订学院的计划。(DCI13)

在我接受这份工作时，院长关心的问题之一是我的愿景是什么，问我打算如何建设这个系，为什么要这样建设。现在这些问题也是我招聘人员的基础问题。(DCI13)

资源状况是学系发展的重要物质基础，但在缺少资金支持的情况下，系主任表现出的良好的心态也是积极的影响因素。有的系主任利用学校的地理优势建立了外部资源共享的合作关系。尽管普遍存在经费紧张的问题，但系主任在财政预算与资金减少的情况下也尽力保持教学与研究质量。

学校毗邻肯尼迪图书馆，我们历史系和肯尼迪图书馆建立了共享资源的合作关系。这是我们学系所拥有的得天独厚的条件，也是吸引我从印第安纳大学到这里来担任系主任的原因之一。(DCI09)

虽然资金面临短缺，但是我们教学质量还是一样好，研究也没有减少。(DCI16)

在缺少行政支持和资金的情况下，我尽可能地把我的工作做好。(DCI05)

政策环境包括系主任的选任、培训、激励和评价等机制。良好的政策环境为系主任领导效能的发挥提供了内在动力。

在系主任的选任方面，积极的影响因素主要表现为外部竞聘、教师推选、自愿担任等选任方式，以及具有相关管理经验和长期作为学系成员的经历等任职资历。通过外部竞聘产生的系主任通常享有相对优厚的待遇，且其任期往往不受限制。新建的学系、以年轻教师为主体的学系或者存在历史遗留问题的学系适合采用外部竞聘的方式选拔系主任。由教师推选或者自愿担任该职的系主任工作的积极性高。而担任过副系主任或在其他学校与学系担任过该职的系主任则较为自信。此外，长期以来作为学系成员的教师担任系主任的优势是他们对大学与学系的运作更为了解。创系主任则自然而然地拥有一种使命感和自豪感。

当时系里有好几个人愿意接替这个职位。后经系里讨论，我被大家推选为系主任。院长也同意大家的选择，我很乐意接受该职位，从 1989 年起担当系主任直到 2000 年。(DCI01)

你在学系有一定资历时，自己就会有压力，觉得有责任担任一段时间的系主任。我在学系已经 22 年了，去年刚当上系主任。学系的教师担任一段时间的系主任是很常见的现象。以前系主任都是大家自愿担任，后来就成了选拔了。(DCI17)

前一任系主任任命一个委员会，然后这个委员会负责寻找合适的系主任人选。我从 1993 年开始担任系主任，在这个职位上已经十几年了。医学院通常不实行轮流制。如果是轮流担任系主任，对学系和教师未来的发展你很难做决定。如果你想让学系有所改变，最好的办法是从校外招聘领导人员。如果学系面临很多问题，内部选拔的方式不可行，因为内部人员也是问题的一部分，想要解决问题的话就需要从校外招聘新的领导。(DCI13)

我原来是系里的副系主任。前任系主任退休后，他们就选我为系主任。(DCI18)

事实上，这是我第二次担任系主任。我第一次当选系主任时，学系刚开始发展，我花了非常多的时间在工作上。(DCI18)

有经验的系主任擅长管理和有效解决冲突。我在印第安纳大学西北分校任教时，是系里把我推选为系主任的。我是通过外部竞聘产生的系主任。他们刊登广告吸引有志之士，学校由专门的遴选委员会负责招聘。(DCI09)

我觉得我能为系里出一份力，所以就毛遂自荐，最后获得学系教师的一致同意。(DCI06)

我是通过教师提名被推选为系主任的。选拔系主任的过程是先提名几位候选人，然后所有的教师进行投票选举。推选的结果由院长审核，最后做出决定。(DCI14)

我原来是计算机科学系的系主任，我热爱管理工作。我在2006年创建了现在这个学系。(DCI10)

系里大多为年轻教师，想找一位资深的终身教授来担任系主任。系里决定从外面招聘一位系主任。此前我是纽约一所大学的教授，我发现担任不同学系的系主任很有趣。(DCI16)

在2004年，前任系主任说我们需要一个新的系主任，教师推选我担任系主任。2007年，我再次当选。(DCI12)

我很喜欢我的工作，在此已经任教了35年，我对这个地方很熟悉，也爱上了这里。我精力充沛。作为系主任，必须了解大学和学系是怎么运作的，这样才可以帮助别人走上正轨。我会激发教师的潜能，然后看看我们能给学校做什么贡献。(DCI05)

关于培训，系主任往往抱怨他们的工作需要花费很多时间，认为接受指导很有帮助。系主任参加培训时了解到其他系主任也面临种种困难与问题，从而获得心理上的安慰。系主任接受培训的方式有“走出校园一天”活动或持续几天的集中培训，也有每月一次的分散培训。培训的组织形式有研讨会（workshop，工作坊）、外出研讨会（retreat）或定期组织的会面与交流等。有的系主任没有接受过正式培训，但是能找到相应的学习资源作为正式培训的替代或补偿，如向书本学习、向前任系主任请教，或是与其他有经验的系主任交流等。此外，有的系主任认为先前的管理经验可以帮助其适应该职位。有的学系设有行政助理负责学系的日常管理事务，新任系主任往往向其寻求帮助。行政助理在新老系主任更替的时候起着十分重要的作用。

现在院长会对系主任进行为期几天的培训，这是近期才实施的。对新的系主任来说，接受指导是很有帮助的。(DCI01)

我们有管理助理，她富有经验，可以让很多事情都变得很简单，如申请教室、获得预算等。因为管理助理很有经验，她帮了我很多。如果不是她的帮忙，我的研究会很糟。所以，系主任要多向有经验的人学习。同时，知道可以向谁请教也很重要。(DCI03)

我们有“走出校园一天”的活动，活动中和一些有经验的系主任聚在一起讨论重要的话题。我觉得这个活动很有帮助，在遇到难题时，我们可以向这些有经验的系主任请教。(DCI20)

在我还是学生时，我就观察他们是怎么做管理的，但仅仅是观察而已。现在我从书本上和通过其他方式学习管理知识。(DCI02)

我们系主任定期碰面，大家聚在一起，讨论碰到的问题。管理者给我们讲解各种规章制度，有人把这称作继续教育，这对我们很有帮助。(DCI02)

在我刚担任系主任时，我把所有教师的资料都整理好了，这对下一任系主任也会很有帮助。学校会引导系主任工作。(DCI15)

我担任过研究所所长，这份经历对我现在的管理工作很有帮助。学校为新上任的系主任举办研讨会，组织讨论教师事务和资源等问题。(DCI08)

我当了10年的副系主任，所以我对管理工作比较擅长。如果我碰到难题，我会请教前任系主任。在我担任系主任的第一年，我经常向他讨教，他也很热心地帮我解答，我觉得这就足够了。学校近年来组织了务虚会，对系主任很有帮助。在会上了解到其他系主任也同样面临种种困难与问题，多少是个安慰。(DCI12)

在学校里有很多学系和系主任，可以和其他学系的系主任进行交谈，看看他们是怎么工作的。你也可以向前任系主任请教有关问题，也就是边做边学。从某种意义上说，向其他系主任学习是最好的训练。我从许多类似问题中得到学习，所以第二年我就得心应手了。(DCI05)

我曾经担任过副院长，这份经历对我在系主任会议中探讨相关问题很有帮助。(DCI15)

系主任的激励因素主要有额外薪酬、更轻的教学任务和享有学术休假等。额外的薪酬少则每年多领一个月工资或4000美元，多则为三个月的薪酬或15 000美元。更轻的教学任务通常为减少一门课程的教学。而连续任满两届后可以享有一个学期的学术休假。其他的积极影响因素包括系主任有一部分可自由支配的资金，或是因为院长对学系与系主任的要求所做出的积极反应等。

一般教师领取9个月的工资，通常系主任能拿到12个月的工资。现在的系主任待遇好了很多，除了12月的工资，他们还有一笔资金。这笔资金他们可以自由支配，只要是用于学系的事务。系主任可以用这笔钱来添置设备，或者给某位表现突出的教师多发点工资。(DCI01)

系主任每年从学校领取额外的4000美元的报酬。(DCI07)

院长很友好，学校为激励我们也做了不少工作。我们可以减少一门教学课程，或者每年有15 000美元的额外收入。(DCI12)

更轻的教学任务，额外的薪水，连任两届休一个学期的假。一般的教师担任三门课程，而我只负责两门课程的教学。我可以领取额外的薪水。连任两届担任系主任后，我可以带薪休假一个学期。一般情况下，系主任可以连任两届。如果是大的学系，因为工作量很大，系主任一般只任一届。如果是中小型的学系，系主任一般任两届或者更长的时间。我已经担任了15年的系主任了，这是我第五个任期。(DCI05)

当我遇到问题时，我会向院长反映，请他帮忙解决。院长办公室对系主任的问题都很负责。(DCI12)

评价方面，及时对系主任的工作进行肯定有助于提高其工作的积极性。如有的院长每周对系主任的工作进行反馈，每月了解系主任工作的状况，每年审查系主任的自评报告。有的学系每年都由院长对系主任进行考核，每5年由外部评估小组对其进行考核。

院长一般每周对我们的工作进行反馈。每个月都会看看我们做了哪些工作。每年会对我们的工作进行审查并给出一份书面报告。同时，也会审查我们的自评报告并给予反馈，然后分别与我们讨论各自的工作，这对我的工作很有帮助。(DCI04)

现在我们对学系和系主任都会进行考核。考核有两种方式，院长每年对学系和系主任进行考核，以及外部评估小组每5年的考核。两种考核都能很好地反映学系所取得的成绩。(DCI13)

院长先对我们的研究成果和管理能力进行考核，将我们的表现分成4个等级。我们的工作表现和报酬挂钩。(DCI04)

和其他学系一起准备学校自我评估（每15年一次），给我们指明了发展方向。(DCI06)

系主任的自身因素包括系主任对工作性质的兴趣、工作任务得以分担和享有较大的管理权限等都对系主任的领导效能产生了积极影响。

就工作性质而言，有的系主任在接受该职位时就喜欢上它了。有的系主任认为系主任的职位包含很多积极的方面，如有机会招聘到优秀的教师、帮助年轻教师发展、开拓新的研究领域、建立新的专业项目、促进学生的多元发展和推动学系发展壮大等。系主任通常喜欢与教师一起共事，营造良好的工作氛围。有的系主任喜欢其工作的服务性质，愿意对他人的需要做出积极的回应，而有的系主任则是喜欢该职位的挑战性。

我很喜欢这个职位。在我任期满后，我愿意继续担任这个职位。在我第二次任期满后，我同事还推选我担任这个职位。(DCI01)

在我决定接受这份工作时，我就喜欢上它了。在我成为系主任之前，我就适应了，因为此前我是副系主任。(DCI17)

系主任这个职位包含很多积极的东西。我有机会从校外招聘研究人员并为系里开拓新的研究领域。我喜欢帮助新教师解决问题和困难，为他们的研究提供帮助。(DCI13)

我很喜欢这个职位，我喜欢做计划，也喜欢帮助年轻教师成为优秀的研究人员。(DCI15)

我很喜欢与教师一起共事，为学系创造一种积极的工作氛围。(DCI09)

系主任可以确定专业项目，尝试新的事情。我喜欢做决策和与学生打交道。(DCI07)

之所以从哈佛来到这里，是因为我在哈佛不是系主任，而在这里我是系主任。我喜欢这个职位。(DCI08)

我喜欢对他人的需要做出积极的回应，如帮助教师申请终身教职。(DCI06)

这个职位的好处是，我能招聘到一些非常优秀的人才。建设自己的学系也有很多乐趣。(DCI11)

我需要在学校和教师二者之间寻找平衡，让他们都觉得能从我的工作中受益。这是一个很大的挑战，但这也是吸引我的地方。(DCI16)

我很喜欢这份工作。我喜欢和他人一起工作。我喜欢看到学系的规模越来越大，研究越做越好，声誉不断提升。(DCI12)

我最大的成就感来自帮助年轻教师取得学术成果和帮助他们做好研究。(DCI20)

除了喜欢担任系主任外，有的系主任认为自己有义务为学系尽一份责任，或是认为其管理天赋与积极的态度和性格为自己带来了担任该职位的机会。

我是一个丈夫，一个父亲，一个公民，我必须花点时间履行其他的职责。我担任系主任是出于个人的责任感，但是我尽可能地去喜欢这份工作。(DCI03)

我觉得我有管理的天赋。我是个积极向上的人，我的性格为我带来了这个机会，让我来制定政策，管理教师。管理就是要帮助他人。当他们碰到困难时，我帮他们解决。我们系里的教师都知道我有管理天赋，所以把我推荐给院长。我第一次系主任任期结束时，我的同事称我为“未来的系主任”。这次是我第二次担任系主任。(DCI18)

就工作强度来看，拥有教师和管理者的双重角色，系主任最担心的是自己的研究成果受到影响。系主任认为以下做法可以减少其对研究成果的担忧：为系主任减少教学任务，提供人员支持和资金支持，或是成立专门的委员会负责学系相关事务。

我大部分工作都是签字、填表和处理学生事务，现在我有两名教师协助我做这些工作。(DCI05)

现任系主任向院长申明他可以做这个工作，但是要有资金支持，否则他就不会接受。(DCI01)

现任系主任不用管本科事务和教师事务，另有专人管理，因此他有时间去关注自己的研究。系主任所要做的就是招聘教师，他现在的工作和以前相比轻松多了。现任系主任 5 年前的研究工作做得很好，现在的研究势头仍然强劲。(DCI01)

有的系主任只需负责一门课程的教学，因此可以花更多的时间进行自己的研究。有的系主任安排一至两名教师协助其工作，或者向学院争取更多的教师招聘指标，通过招聘优秀教师协助其研究工作。成立学系委员会专门负责相关工作也可以减轻系主任的日常工作负担。

我觉得领导让我担任系主任，就应该给我钱去招聘优秀的教师来协助我做研究。(DCI01)

在我们学校，教师每学期教授两门或三门课程，系主任只负责一门课程的教学。但是我在负责一门课程教学的同时，也尽我的努力继续做研究。有一位教师帮我做计划。我们成立了一个专门的本科生委员会负责学系的一部分工作。(DCI17)

从管理权限看，积极的因素包括系主任在上下级之间进行协调时有发言权，在制定学系战略规划时有决策权，以及拥有决定教师的额外薪酬等权力。系主任认为学校或学院是否实行轮流制对系主任的权力有一定影响，而通过轮流制产生的系主任权力更为有限。

在教师和上级领导之间、学生和领导之间进行协调时有发言权。(DCI18)

对系主任来说，权力就是责任。系主任要保证教师担任课程教学，肩负起教师应有的责任，但最重要的责任是在工作和情感上支持教师。更多的权力意味着更多的责任。(DCI04)

制定学系的战略规划，我们可以果断地做决定。(DCI13)

我们学院的系主任比其他学校的系主任拥有更大的权力，部分原因是我们不实行轮流制。院长需要系主任负责教师的招聘，制订课程计划和分配教学任务，类似的事情我可以做主。聘用教师和筹集资金须听从上级的安排。(DCI13)

学校决定我们给兼职和全职教师支付多少工资，额外的（奖励）部分由我来决定。(DCI05)

上下级关系方面，高层管理者的关心与支持、经常性的沟通，以及学系成员良好的精神风貌与组成状况对系主任的领导效能会产生积极影响。

从高层管理者的素质状况看，院长和教务长较高的领导能力会对系主任的工作热情产生积极的影响。院长对系主任的关心与支持有助于提高系主任的工作满意度。院长的积极表现包括认真负责、关心学系事务、支持系主任的工作、及时关心系主任遇到的困难，以及与系主任保持良好的沟通等。有的系主任反映，因为其学系较大所以从院长那里得到的帮助更多。

院长代表学院所有学系的利益。因为我们学系相当大，所以我们从院长那里得到的帮助也更多。院长很负责，也很支持我的工作。我们有困难时就去找他，和他交谈很开心，完全不觉得是在讨论棘手的问题。(DCI17)

院长很支持我的工作。当我有需要时，我就告诉他，他通常都会满足我的要求。(DCI08)

院长很支持我的工作。如果少了院长的支持，系主任的工作会面临更多困难。(DCI09)

我们的院长很优秀。(DCI02)

我们系是管理学院第二大的系，所以我们需要更多的教师。院长一直很支持我的工作。(DCI11)

从高层管理者的情感维系看，系主任会议通常由院长组织。院长与系主任每周有一两次沟通，有的系主任每年与院长单独进行一次深入的谈话，讨论教师评价和学系事务。有的系主任每隔一周与院长见一次面。有的院长则每天发邮件与系主任共享资料，征询意见。

我们有系主任大会。我们每年还会单独和院长进行一次谈话，讨论怎样评估教师的工作等事务。(DCI03)

我们每隔一星期见一次。(DCI08)

及时沟通很重要。院长每个月和所有系主任一起沟通两次，并且和我们分别沟通一次，每次一小时。(DCI04)

院长每天会给我们发 2~3 封邮件，共享资料，询问我们的意见和建议。(DCI04)

从下属精神风貌看，教师积极的精神风貌包括顾全大局、通过参与学系委员会等工作服务学系发展、理解系主任的工作、主动承担学系管理事务，以及分担系主任的管理工作等都会对系主任的工作产生积极影响。教师表现优秀往往使系主任感到很欣慰。

因为资源有限，我希望我的教师能为了学系而团结一致。(DCI01)

我们的教师都很称职，无可挑剔。(DCI03)

得到教师的支持和鼓励对系主任开展工作至关重要。(DCI20)

学系的教师都很优秀。他们主要负责委员会的工作，设立新的项目，以及一些学生事务。有些教师无偿地和其他人一起工作，我对此感到很欣慰。我不能决定给他们的工资，但是我会向院长反映这个问题。

(DCI15)

我们系有三个研究生项目，每个项目都有专门的负责人（项目主任），他们与教师沟通。我主要对他们三位负责，他们对我帮助很大。(DCI08)

我很幸运，所有的教师都很理解我的工作，他们也愿意分担我的管理工作。(DCI06)

教师能够参与学系的工作，能与学生交流。他们自愿承担这些工作，让我感到很欣慰。(DCI10)

就下属的构成而言，学系的教师通常由全职教师和兼职教师组成。拥有较多全职教师和资深教师的系主任工作相当轻松，领导效能也相对较高。

我们有13位全职教师，还有大概10位兼职教师。我喜欢看到学系的规模越来越大，研究越做越好，声誉不断提升。(DCI10)

我已经为兼职教师提供了三到四个全职教师的机会。如果是理科系，兼职教师很容易得到全职教师的机会。(DCI18)

我为我们的教师减轻负担，这就意味着我们要招聘更多的教师。我为15位教师中的8位教师减轻了负担，所以我必须再招聘4位教师才能弥补这个缺口。我聘用兼职教师来担任这些课程和一些日常的事务，这样成本也更低。(DCI15)

学系需要招聘一名优秀的全职教师来弥补最近流失的一个人才。(DCI11)

我们计划再招聘一名研究人员和一名全职教师来启动我们的博士项目。我希望拥有更多的高级教师，从而让现在的更多的初级教师得到提升。(DCI12)

从国外聘用教师让学系的工作氛围更为活跃，大家对同样的问题会有不同的看法，使我们的研究也更加多样化。(DCI14)

起初5年，我的助理非常糟糕，我又无法把她赶走。那5~7年简直是一场噩梦，我需要把大多数时间花在解决她所带来的问题上。系里的教师都与她合不来，我必须想方设法减少摩擦和冲突。而现在的这位助理非常优秀，她来了之后改变了整个工作状况。她工作出色，与其他同事相处甚洽，整个学系的面貌为之改观。有时候一个人就可以改变一个系的状况。(DCI12)

此外，学系办公室作为学系的行政办事机构，负责全系教学、科研和学生管理等工作的组织及日常工作，是学系内各机构及师生员工同领导之间的桥梁，在学系内处于枢纽地位，应注意和重视发挥其作用。因此，选配精明强干的办公室主任也非常重要。(徐昌明，1996)

(二) 消极影响因素

学校层面影响系主任领导效能的消极因素主要有系主任工作无人协助、学校的管理体系十分官僚等组织结构问题，缺少规划与愿景等管理机制问题，资金、人员、场所和设施等资源不足，以及选任机制和不注重为系主任的职业发展提供应有的培训与激励等问题。

组织结构上的消极因素包括岗位设置上无人协助系主任、学校的管理体系十分官僚，以及管理氛围商业化。有的系主任反映自己必须负责整个学系的工作，希望增设一名系主任。有的学校整个管理体系十分官僚，有的则是在换了校长之后变得很官僚。此外，像公司一样的商业化管理氛围也是影响系主任领导效能的组织因素之一。

我希望再设一名系主任，以便有更多的时间从事科研。(DCI11)

有件事我不喜欢，就是换了校长后工作变得很官僚。此前，系主任有自己的想法，可以独立地去完成工作，院长也会助你一臂之力。但是现在大学的组织结构和情况有所变化，管理的氛围太商业化了，像公司一样。这种现象随处可见，这是大学市场化带来的结果，也是我所不喜欢的地方。(DCI18)

令人沮丧的是，我们的官僚体系严重影响了系主任的工作效率。

(DCI09)

我必须一个人负责整个学系的工作，没有人协助我。(DCI02)

我们计划再招聘一名研究人员和一名全职教师来启动我们的博士项目。我希望再设一名系主任，这样可以减轻一些我的负担。(DCI12)

管理机制上，相对于那些在学校各个组织层面都有着清晰的战略规划和明确发展愿景的学系，其他管理较为松散的学系的系主任成就感更低。

学校各个层面都没有发展规划。（DCI02，DCI03，DCI07，DCI11，DCI20)

只有全校性的十年一次的对学系的考评。(DCI06，DCI19)

资源状况方面的消极影响包括资金、人员、场所和设施不足等因素。资金方面主要表现为整体供给不足，以及对预算的竞争非常剧烈。因为国家和政府的原因，有的公立学校只能获得预案计划 1/4 左右的资金。在学院层面，有的学系只能获得预算的一半资金，更有甚者，个别学系连材料的预算都没有。

预算花费起来很快，所以我们必须小心使用。(DCI14)

我们连打印材料的预算都没有，我丈夫不敢相信我要自己负责系里的打印开支。(DCI20)

预算问题，即资源缺乏，需要出差但是没有资金，要想办法从社会上集资。我们需要更多的教师、教学场所、教师开展工作的其他资源，以及出差的时间和经费。(DCI09)

我们的资金经常处于紧张状态。我们需要更多的教师，但我们只能获得预算的一半资金。(DCI19)

作为一所公立大学，资金问题是最大的挑战。因为国家和州政府的原因，我们去年的资金相当少，只获得了预算的 25% ~27% 的资金，这就是我们全年政府和学校划拨的所有资金。(DCI17)

资金的缺乏往往影响人员的招聘。系主任反映需要用同样的预算招聘更多的教师。同时，有的系主任想要招聘人员协助其处理日常事务。

预算是最大的挑战，现在我们用同样的预算招聘更多的老师。(DCI12)

我们有了新的专业项目后，需要更多的教师。(DCI19)

我们需要更多的教师、办公室，还有博士项目。(DCI03)

办公室与实验室等场所的缺乏也是困扰很多系主任的因素之一。有的系主任反映招聘新教师时答应为其提供的实验室没有着落，有的学系教师的办公室较为分散，不利于学系工作的开展，还有一位系主任的办公室连摆放一个中等大小沙发的位置都不够。资源方面的消极影响包括不能为教师提供必要的电脑设施等。

需要更多的场所、预算和教师。我们没有足够多的办公室，也没有足够大的实验室。一位新教师马上就要来上班了，但是曾答应给她的实验室还没着落。没有为教师提供必要的电脑，预算的竞争非常激烈。同时需要更多的职员来协助我处理日常事务。(DCI17)

我们需要更多的空间，聘用更多的教师以及为教师提供更多的升迁机会。(DCI02)

我们想要更大的空间。资金申请相对容易，但是空间则不同。学校很多学系都需要更多的地方。(DCI08)

需要更多的教师和办公场所（该系主任的办公室仅四五平方米，她还带我看了另外一位系主任的办公室，也非常小，但比她的略大——她的沙发给了隔壁这位系主任，因为她自己的办公室小到连沙发都放不下）。(DCI02)

有一件让人烦心的事情就是我们学系的办公室不在一起。如果我们再聘用新的教师，学系没有地方给他们办公，只好安排他们到别的地方办公。(DCI16)

资源的缺乏也是一个挑战，我们需要更多的地方，但建设的速度总赶不上我们的需求。(DCI17)

政策环境方面的消极影响包括职位本身缺少吸引力、选任机制传统老套；设有为系主任提供接受培训的机会；设有为系主任提供物质与精神方面的激励，以及不在乎系主任的工作表现等。

系主任的选任方面影响其领导效能的消极因素包括系内教师轮流担任该职位的传统、系主任的职位没有其他人选、教师对该职位有成见等。有的学校只有院长及以上层次的领导职位才采用外部竞聘的方式产生，而系主任通常由学系教师担任。有的学系采用传统的轮流制，由拥有终身教职的教师轮流担任，三年一轮。有的系主任认为即使是资深教师也未必有足够的经验胜任系主任工作，因为并非所有人都擅长做管理，因而轮流制不可取。迫于没有其他人选而担任该职的系主任通常也是因为自己拥有终身教职或教授职称的资历，经由教师或学系任命委员会推举，由院长任命。许多教师对系主任的职位有较大成见，认为该职位工作烦琐、令人失望，往往对这一职位表现出排斥、逃避，甚至坚决反对。

系主任一般是来自本学系的教师，但是院长及以上的领导一般是外聘的。我们学系的教师选拔系主任，但是只有我一个人选。大部分教师都不喜欢做行政工作，因为行政工作压力和责任都更大。(DCI17)

我担任系主任是因为轮到我了。我们系的教师都逃避这个职位，因为系主任的工作很烦琐。有些教师坚决反对担任系主任，因为这个职位很让人失望。我们经常讨论谁是下一任系主任。前一任系主任任命一个委员会，然后这个委员会负责寻找合适的人选。其他教师说，大家都信任你，还是你来担任这个系主任吧。我本可以拒绝，但是不想伤害他们的感情。如果我拒绝这个请求，他们会觉得我很自私。(DCI03)

实际来说，劝说资深教师担任系主任是不正式的。有些资深教师并没有足够的经验胜任系主任这个工作。(DCI03)

我是我们院长任命的。我们一般是实行轮流制，三年一轮。(DCI19)

我们学系由所有教师轮流担任系主任，再过两年就轮到我了。(DCI20)

我们学院的教师轮流担任系主任。大部分资深的终身教授都可以担任系主任。我觉得让教师轮流担任系主任的做法不可取，因为有些人不擅长做管理。(DCI15)

院长和教师选我当系主任。学系的规模很小，我别无选择。(DCI07)

我们系很小，也没有太多的选择。系主任必须是终身教授。(DCI02)

10 年前，院长说如果我不当系主任，学系就与其他的系合并，我只好答应当两年。5 年前，院长又要求我继续担任这个职位，因为我是系里唯一的教授。(DCI12)

学校不为系主任提供培训机会也是影响系主任领导效能的消极因素之一。接受访谈的系主任中，仍有相当一部分人没有接受任何培训。他们主要通过观察他人、在实践中摸索、向前任系主任请教等方式边工作边学习。有系主任反映，他所接受的培训只是刚接手系主任工作时与前任系主任聊了 20 分钟。而有的系主任则认为其所受到的训练仅仅是其作为学系成员的 15 年教龄。因为没有接受培训，系主任反映其研究成果减少很多，认为学校应该为其提供培训机会。系主任认为他们需要得到培训的方面包括教师招聘、计划制订、沟通技巧，以及如何平衡个人科研与管理工作等内容。

我们这没有正式的培训，其他学院有正式的培训。(DCI04)

我没有接受过任何培训，我所受到的训练是我在这里 15 年的教龄。(DCI01)

我没接受过培训。系主任上岗前不接受培训，这很普遍。(DCI03)

我没有接受任何的系统培训。遇到问题时，我都是请教以前的系主任。(DCI19)

学校会引导系主任开展工作，但我觉得我接受的培训不够多。我认为学校应该给新任系主任提供培训，因为这些培训可以帮助新任系主任更好地理解大学的结构和专业系统，从而让他们知道如何把工作做好，哪个委员会做出决策，理解学系的计划制订系统，有什么资源可以利用等。(DCI09)

我没接受过任何正式的和非正式的培训，主要从他人那里学习怎么做管理。(DCI07)

我没有接受过任何培训，只是从实践中慢慢摸索。(DCI02)

在我刚当上系主任时，前任系主任和我聊了 20 分钟，但这远远不够，只是对学系系统、财政问题等有个大概的了解。(DCI05)

我希望接受以下几个方面的培训：怎样和院长打交道；怎样和高层领导打交道；怎样让教师得到提升；怎样平衡研究和管理工作——自从当了系主任后，我的研究减少了很多。(DCI11)

学校不注重对系主任进行激励会导致系主任认为该职位没有多大吸引力。系主任通过对比发现其付出与回报很不平衡，如所增加的薪酬与所增加的工作量很不相称。通过与外校对比，有的系主任发现自己所受的激励很少。因此，系主任认为学校或学院需要更加注重经济、精神和升迁机会等方面的激励。

系主任这个职位的报酬一点都不吸引人。我们的学系很大，工作量增加很多，而薪酬只增加了 7%。(DCI03)

美国大学现在很少为系主任提供升迁的机会。(DCI18)

有的学校给系主任的回报很丰厚。我们则是可以减少一门教学课程，或者每年有 15 000 美元的额外收入。而我知道有个学校的系主任只负责一门课程的教学，而且每年还有 25 000 美元的额外收入。(DCI12)

学校不怎么激励我们，但是我尽可能地把工作做好。系主任每年从学校领取额外的 4000 美元的报酬。就经济方面而言，系主任这个职位没有多大的吸引力。(DCI07)

学校会给我报酬，但通常很少。学校还会组织各个学系开会，共享经验。一般一年两次。(DCI12)

有的学校或学院没有开展对系主任的考核和评价。唯一的考核是学系需要接受学校 10~15 年一次的大评估。

没有正式的考评，院长会与我们定期交流。(DCI12，DCI16)

学系要接受学校的大评估。(DCI05，DCI06)

就系主任自身而言，对系主任的职位缺少兴趣、过大的工作强度、管理权限不足等相关因素也对其领导效能造成消极影响。

就其工作性质看，有的系主任不喜欢该职位。具体而言，是不喜欢筹集资金和决定教师工资等问题。有的系主任担心个人研究受到影响，或者不喜欢与行政打交道，不爱与教师讨价还价，或是不喜欢听到教师对系主任的工作有微词。

我不喜欢这份工作。对我来说，研究就是我的生命。系主任要处理学系所有的问题。处理这些问题时，让人很不高兴。你必须与对工资不满意的教师讨价还价。许多人喜欢做系主任，尽管我不喜欢，但是我会尽力把工作做好。(DCI03)

我不喜欢与学校行政打交道。(DCI20)

其实我不是很喜欢这个职位，我希望有其他人来担任。(DCI11)

我不喜欢系主任职位主要是需要处理筹集资金、与教师工资相关的问题。(DCI15)

最糟糕的经历是我刚当选为系主任那段时间，我的研究受到很大影响。我觉得上面要我担任系主任，就应该给我钱去招聘优秀的教师来协助我做研究。(DCI01)

我不喜欢对工资讨价还价。我不喜欢别人批评我的工作，我有我自己的工作方式。(DCI03)

就系主任工作强度看，强度较大的任务可以分为日常事务类、人际交往类、教师管理类与学系发展类。日常事务类的工作如文件与记录整理、学系会议安排、参加学校会议、处理预算、制订计划与分配教学任务等。有的系主任认为整理文件资料最费时间，有的系主任反映每周都有大量会议。人际交往类的任务包括邮件处理、找人谈话，以及代表学系与院长沟通等。有的系主任每天有 40~50 封邮件要处理，要接无数个电话。教师管理类任务包括花大量的时间招聘教师。系主任认为物色兼职教师和招聘全职教师都不容易，系主任要设法留住优秀教师。帮助年轻教师申请终身教职也很费时间。有时系主任在每年第一学期结束时对全职教师过去一年的表现进行考核。此外，要及时处理教师遇到的问题。学系发展方面的任务包括制订学系发展规划、申请专业项目和组织学系开展自我评估等。

每天我都有 40~50 封邮件要处理。周一到周四来学校之前，我会在家处理很多邮件和信件。周五有时我会来学校，有时不来，有时参加会议。偶尔在周末我还要找人谈话。现在的文件和报告比以前多了很多。现在系主任要负责更多的评价和评估工作。(DCI05)

我们系很小，没有人能帮我分担工作，我必须自己肩负所有的工作，如准备开会、提议等。(DCI02)

每年对教师进行评估是系主任的工作之一。我们学系有很多委员会，其中就有一个委员会专门负责对教师进行评估。委员会对教师评估完后，再把评估报告交给系主任。系主任整理好评估报告，然后交给院长。除了评估工作，系主任还要给职员分配学系的日常事务。系主任工作的另一个重点是制订每个学期的课程计划，指定各门课程的任课教师。(DCI17)

我的责任就是代表整个学系与院长沟通。我们一个月有一次面谈。我们把一些重要的事务向院长汇报，他告诉我们什么可以做什么不可以做。我们经常讨论的话题是聘用教师、办公场所问题等。我的另一个职责是在每年的第一学期结束时对全职教师过去一年的专业表现进行考核。对我来说，大多数时间花在协助新教学楼的建设上了。(DCI05)

1989 年我接受这个职位时，我并不知道这份工作要花多少时间。等我接手后，我才知道要花很多时间来处理工作。所以我没有时间把研究做好，也没有时间经常见我的学生，更没时间继续发表论文。五六年以后，我的研究已所剩无几，这让我很难过。(DCI01)

每天接无数个电话，事无巨细都要负责，如毕业生的学位问题、学生选课等。(DCI20)

为安排教学任务而一再修改计划是很不愉快的经历。(DCI14)

教师的聘用是我经常要面对的问题，我们需要更多的教师来上课。教师招聘是一件很麻烦的事情，因为不知道该何时开始或停止某项研究。有时你聘用了很多教师，但是没有一个符合你的要求。招聘教师要投入大量的资金、时间和精力。这个决定很难，因为我不想有失误。如果我们最后招不到合适的人选，我们就重新为这个职位投放广告。时间对我们也很重要。(DCI13)

就其管理权限而言，系主任作为中层管理者，在很多事情上没有决策权，如所需费用较大的人员招聘等。教师的终身教职评审中，有时系主任想要推荐优秀的人选，但其权力有限。此外，学校未能赋予学系足够的自主权，如无法直接接受校友对学系的捐赠等。学院层面，有的学院对教师招聘的名额和时间等决策过程不够透明，相反，有时院长需要通过系主任解雇不能胜任的教师。

不管什么时候招聘，都不是我一个人的决定，因为招聘新的人员开销很大。系主任是学校的中层管理者，在很多事情上都没有决策权。(DCI13)

我觉得最难做的工作就是解雇他人。虽然不会经常解雇人，但这是我工作的一部分。我不喜欢解雇教师，尤其是解雇那些自己招聘进来的教师。有人不能胜任自己的工作，院长就希望系主任解雇这个人。因为如果教师申请不到资助，系里就必须投入更多的钱给他，而不能支持其他的教师。(DCI13)

我最糟糕的经历是终身教授的评审过程，这个过程非常纠结。曾经有一位教师申请终身教授，我个人认为他做得很好，很成功，我觉得他

应该获得终身教授的资格，但是最终被拒绝了，我对此感到非常沮丧。(DCI15)

我们有权招聘教师，院长决定招聘的时间和名额等，但是决策过程不够透明。(DCI06)

学校应该给予学系更多的自主权力。我们有的校友想要直接对学系进行捐助，但学校说必须通过校一级层面，因此影响到这笔捐助的接受(这位系主任个人有很好的校友资源，用来命名他这个讲习教授称号的捐资者即为他的学生，他是获此讲习教授的第一人)。(DCI10)

上下级关系方面，高层管理者不能兑现自己的承诺、缺乏威信、与系主任在学术事务上的意见分歧、个别学系成员的性格孤僻或怪异，以及学系全职教师与兼职教师的不合理比例等都对系主任的领导效能产生消极影响。

从高层管理者的素质状况看，院长的个性特征和威信方面，系主任希望院长能与他们坦诚相待，应该做到答应过他们的事情。同时希望学院决策更加透明，希望得到院长的支持与帮助，尤其是在教师招聘和获取资金等方面。院长对学系的支持很重要，有的系主任为换了院长后的情况感到担忧。

希望在获得资金和聘用教师方面得到院长的支持。(DCI13，DCI18)

希望院长和我们坦诚相处，肯定系主任的工作。(DCI20)

院长最重要的是说话要算数。我们学系一位教师退休了，院长答应我们找人接替该职位，但等我们开始招聘后他又说不确定了。(DCI09)

我希望院长能让我有足够的人员和资金来做好管理工作。我希望他能帮我获得更多的资源。学校很穷，我没有足够的经费来做我想做的事情。(DCI02)

院长很支持我的工作，但最重要的是决策需要更加透明。(DCI06)

有位校友想要对学系进行捐赠，但院长说要通过学校，后来校友改变了想法。(DCI10)

我希望院长能给我们提供更多的资金和教师。换了院长后，我不知道会有什么变化。(DCI15)

从高层管理者的情感维系看，有的系主任反映不喜欢遵守学校高层所提出的条条框框，不愿与高层打交道。系主任的不愉快经历还包括上级对学系的要求反应不及时，或者在某些事务上系主任与学校高层管理者的意见相左。如有一位系主任曾经陷入一场关于学校体育运动的争论中，学校为鼓励学生参与比赛而对学生放松了学习和纪律上的要求，系主任想要反对但却困难重重。

最让我头痛的事就是处理一些麻烦的事情，比如应对官方的条条框框。(DCI20)

我最糟糕的经历是和管理层打交道。我曾经陷入一场关于体育运动的争论中。美国的大学里有很多活动与管理密切相关，而且这样的活动也会影响大学的声誉。为了鼓励这些运动员，学校为他们开辟绿色通道。他们不用努力学习，也不用遵守各项规章制度。我反对学校这种做法，为了坚定自己的立场，我碰到了许多困难。(DCI18)

上级领导对我们的要求反应不及时，有时我们的提议需要等很长时间才能获得通过。(DCI06，DCI07)

从下属精神风貌看，访谈中系主任从不同方面对教师提出了期望，反映出教师精神面貌所存在的问题。这些期望包括：希望教师理解系主任的工作，理解其他同事，更多地参与学生指导和学系管理等事务。希望教师做好本职工作，做个好公民，不提不合理的要求。有的系主任因为学系中个别教师性格怪异而感到非常头痛。

希望教师能够衡量自己的合理需求。(DCI01)

我希望教师能在学生选课时进行指导和帮助。我也希望他们能够负起更多的责任，更多地参与到学系的各种活动中来。(DCI17)

我觉得所有的教师都应该当一段时间的系主任，这样他们就会知道

系主任的工作有多么不容易。当所有的教师都理解了系主任的工作后，这会有所帮助。(DCI19)

希望教师参与学习活动，把需要做的工作做好，认可系主任的权力。(DCI20)

我希望教师是好公民，友善、勤劳、好好教书，有问题时及时找我沟通。(DCI18)

我希望教师能在处理学生事务方面多多支持我。同时，他们能够帮助那些兼职教师。(DCI15)

我希望承担学系委员会的工作和一些额外的课程。(DCI07)

我希望教师能够更有合作精神，理解我的工作，有时候他们会让我失望。(DCI11)

教师需要参与学系的管理、计划的制订及任务分派。近几年来，我们需要更多的教师来承担责任。我们有很多领域，需要教师负责某一领域。(DCI12)

最令人沮丧的是人的管理，弄明白哪里会有冲突发生，怎么解决这些问题等。通常这些冲突是由一些个人问题产生的。每个人都有点自大的心理，所以就容易产生矛盾。我不喜欢解决教师之间的矛盾。(DCI17)

以前，我们有个同事很奇怪。10 年来他从来不和别人说话，使得大家都不开心。现在他退休了，我们又有了一个开心和谐的工作环境。(DCI02)

高等教育管理活动是在教师与行政人员之间的权威共享、相互支持、相互理解中实现的。领导者一旦失去教师的支持，其管理效果会很差。高水平的沟通和相互影响能提高教师对领导者的支持，沟通渠道堵塞、相互作用减弱时，教师与领导者的关系就变成相互竞争，甚至敌对的关系。(薛天祥 等，1997)

从下属的构成情况看，系主任反映，兼职教师是其下属构成中的重要部分。兼职教师的聘用以学期为单位，招聘工作费时，有的系主任需要亲临课堂指导兼职教师。招聘到能够保证教学质量的兼职教师较为困难。有的系主任想要招聘更多的兼职教师，但预算不足。

学校没有给我们拨足够的钱，尤其是兼职教师的预算。我们给担任每门课程的兼职教师支付5000~6000美元。如果他们在这里兼职5~6年，我们还要给他们支付更多的工资，一般是6050美元。某些人只承担一门兼职课程，我们给他支付5300美元。学校决定我们给兼职和全职教师支付多少工资，额外的部分由我来决定。如果学校划拨3%，有的人只能得到1%，而教得好的教师可得到3%或3.5%。额外的部分根据教师的聘用方式来决定，在1974年是11美元，现在每年额外的工资是2%~3%。有时候因为一些原因，比如遭遇金融危机，就没有额外的工资。(DCI05)

招聘能长期保证教学质量的兼职教师，然后让他们转成全职教师并对他们进行考核，这也许是我面临的最大挑战。

每个学期都要花大量的时间来聘用教师。我为那些应聘者组织一个会议，让他们就有关问题进行讨论，然后我再与我们的教师讨论聘用与否。

聘用兼职教师也是很花时间的。我们聘用兼职教师都是以学期为单位，在开设课程之前完成聘用。通常，我们聘用一些有专业背景的人员，保持他们的活力。如果他们的表现好，还可以继续教授那门课程。聘用兼职教师占用了我很多的时间。(DCI15)

系主任希望全职教师的比例大一些，甚至由全职教师承担学系的全部课程，但是根本无法做到。同时，物色和留住优秀教师皆非易事，优秀教师往往有更多的选择机会。学系资深教师的比例不足也是系主任面临的挑战之一。

一年半以前，我们想招聘一名资深的优秀的教师，他都答应我和他妻子一块儿来这儿上班，我花了九个月的时间为此忙乎，为他们设定职位和申请终身教授，但是最后他们说不来了，而且根本不想来。这样的经历让我感到非常沮丧。(DCI02)

很难把优秀的教师留住，我们已经流失了一名很棒的教师。(DCI11)

最大的挑战就是招聘非常优秀的教师，我必须仔细寻找，仔细考核那些应聘者。因为招来的教师如果表现不佳，不能获得终身教授，五六年后他们将被取代。今年还没有物色到好的人选，明年还要继续寻找。我们有些优秀的教师跳槽到其他大学了，他们有机会追求更好的工作。在我们学系成长的同时，也流失了一些很好的教师。（DCI02）

我们只有少数几名资深的教师，所以中级教师要承担很多的研究工作。教师很难同时在教学和研究方面都取得成功。（DCI11）

总之，系主任的领导效能既受组织结构、管理机制、资源状况和环境政策等学校层面的因素影响，也受系主任对其工作性质、工作任务和管理权限的认知的影响。此外，系主任与学校领导高层和学系成员的上下关系也是重要的影响因素。上述系主任领导效能的影响因素见表 6–8。

表 6–8　系主任领导效能的影响因素

		积极影响因素	消极影响因素
学校层面	组织结构	设有负责学系事务的副院长；学系以下设有研究生专业项目负责人；设有副系主任等；设有行政助理	系主任工作无人协助 管理体系十分官僚
	管理机制	清晰的战略规划；明确发展愿景	缺少规划与愿景
	资源状况	学校的地理优势；充足的经费来源	资金、人员、场所和设施等资源不足
学校层面	政策环境	选任：外部竞聘；教师推选；自愿担任 培训：研讨会、见面会等正式培训；书本学习等非正式培训 激励：额外薪酬；更轻的教学任务；享有学术休假 评价：定期考核；及时反馈	选任：轮流担任；不喜欢该职位 培训：观察他人；自己摸索 激励：付出与回报很不平衡；与外校有差距 评价：不在乎系主任的工作表现；10 ~ 15 年一次的大评估

续表

		积极影响因素	消极影响因素
系主任自身	工作性质	对工作性质感兴趣；有机会招聘到优秀的教师；喜欢其工作的服务性质；喜欢该职位的挑战性	担心个人研究受到影响；不喜欢与行政打交道；不爱与教师讨价还价；不喜欢听到教师对系主任的工作有微词
	工作任务	工作任务得以分担	整理文件资料、参加会议等日常事务耗费大量时间
	管理权限	享有较大的管理权限	很多事情上没有决策权
上下关系	高层领导	关心与支持；经常性的沟通	不能兑现自己承诺和缺乏威信；与系主任在学术事务上的意见分歧
	学系成员	教师参与学系委员会等；理解系主任的工作；主动承担学系管理事务；资深教师或全职教师比例较大	个别学系成员的性格孤僻或怪异；兼职教师比例过大

第五节 结果与讨论

一、系主任有选择地扮演不同的角色和承担不同的任务

系主任所扮演的角色中，与自身情况最相符的角色分别为活动/计划倡导者、对内对外交涉者与人际关系协调者，而日常事务管理者和首当其冲者相符程度较低。在系主任看来，最为重要的角色也分别为活动/计划倡导者、对内对外交涉者与人际关系协调者，日常事务管理者和首当其冲者两个角色的重要程度相对较低。系主任认为较为重要的三个角色其重要程度与他们现在所扮演的角色的相符程度非常高。而对于另外两个角色，其重要程度甚至还明显低于系主任现在担任该角色的程度。

系主任的任务方面，系主任整体上花费时间最多的五项工作分别为教师招聘、资源管理、氛围营造、科研鼓励和委员会工作。花费时间最少的工作为会议召集、课程评价、任务分配、资金筹措和记录保持，其中花在保持学系记录上的时间最少。

系主任总体上拥有的财务管理和信息管理权力相对较大，而人事管理和设施管理方面的权力较小。

系主任有选择性地扮演不同的角色。本研究中，系主任较多地扮演了发挥倡导和协调作用的角色，即活动与计划倡导者（86.5%）和对内对外交涉者（86.5%），扮演具有事务性质和象征意义的日常事务管理者（59.3%）和首当其冲者（55.7%）两种角色的系主任比例则要低得多。这与此前爱生的调查结果有较大差异，爱生的研究中系主任主要扮演人际关系协调者（96%）、日常事务管理者（90%）和首当其冲者（89%），而扮演规划（计划）倡导者（82%）和对内对外交涉者（75%）的比例则相对较低。(Eisen，1996)[125]

对于系主任这种角色的转变，可能的原因有：一是受高等教育全球化和金融危机外在因素的影响，系主任这一职位面临更大的压力与挑战，客观上要求其主要角色从日常事务管理者更多地转变为计划与活动的倡导者和对内对外交涉者；二是长期以来美国学界十分重视对系主任角色和任务的研究，丰富的相关研究成果对系主任的实践势必有一定的指导作用；三是越来越多的研究型大学开始关注系主任的领导效能和职业发展，为系主任提供必要的培训，并配备行政助理，使系主任能够从烦琐的日常事务管理中得以脱身。

系主任非常注重教师发展与评价等促进教师发展的任务。与系主任所扮演的角色相一致，系主任的主要工作也体现在筹备性和建设性的吸引优秀教师（66.1%）和学生（57.6%），营造良好的学系氛围，参加委员会工作（61.0%）以及鼓励教师科研（52.5%）等。对于常规性和过程性的工作花费的时间则相对较少，如组织学系会议（40.7%）、任务分配（28.8%）和记录保持（22.1%）等。在卡罗尔与格梅尔希的研究中，系主任最重要的任务包括招聘教师、代表学系面对学校高层、评价教师表现、鼓励教师科研与成果发表和维持积极的工作氛围以减少教师冲突，而保持学系记录、争取外部资金、招收与指导研究生、在专业会议上代表学系和参加学校委员会工作等任务则被认为最不重要。(Carroll et al., 1992a) 由此可见，系主任非常注重教师发展与评价等促进教师发展的任务，而对保持学系记录等事务性的任务投入的时间相对较少。

领导行为理论确立了领导行为的两个维度：对任务的关心和对人的关心，又称结构行为和关怀行为。结构行为主要包括设定任务的截止期限、明确分工等；关怀行为则主要包括帮助和关心组织成员。研究者一致认为，关心、支持和以人为本的行为与下属的满意感、忠诚度和信赖等密切相关，而结构行为与工作绩效的联系更为紧密。也有研究者认为，有效的领导者需要同时兼顾这两类行为，但该结论未得到广泛支持。(纳哈雯蒂，2009)[31] 此前对研究型大学系主任的研究和本研究都表明，系主任更为注重其领导行为中的关怀行为，关心教师的发展和学生的成长。

二、系主任的基本特征对其角色、任务与权力有重要影响

年龄较大的系主任拥有更大的人事管理权，更多地扮演人际关系协调者的角色，较多地承担教师招聘与发展的任务。男性系主任更多地扮演首当其冲者的角色，在招收与指导学生和资金筹措方面所花的时间相对较少。女性系主任反映其人事管理权较男性系主任大，更多地扮演日常事务管理者，作为人际关系协调者和对内对外交涉者的程度也比男性同行略高。但女性系主任在不同任务上所花的时间与男性系主任无明显差异，仅在学系活动协调上符合程度略高。系主任的族裔与其权力、任务无显著相关。少数族裔的系主任更多地认为自己扮演了首当其冲者的角色。整体而言，系主任的学历与职位状况无显著相关。拥有教授职称的系主任在人事管理、设施管理和场所安排等方面权力明显要大。他们在教师招聘和资金筹措方面花费的时间明显要多，而在分配教学任务、

教学与指导学生和课程开发等任务上所花的时间比未拥有教授职称的系主任少。

系主任的任职时间对其角色、任务与权力均有重要影响。任职时间长者更多地扮演活动与计划倡导者角色；注重鼓励教师科研（但不如任职时间短者关心教学）；在设施管理、时间与场所安排等方面的权力明显要大。系主任的选任方式对其职位特征也有较大影响。通过外部竞聘产生的系主任拥有的各种权力都较内部选任的系主任大，其中人事管理、财务管理和设施管理等权力明显要大，他们更多地扮演活动与计划倡导者，更为注重吸收外部资金，但对教学与课程等方面的任务不如内部选任产生的系主任重视。

三、不同学科和学系规模的系主任其角色与任务有显著差异

所在学系规模较大的系主任拥有的权力较大。系主任在教学任务分配、教师招聘、课程评价与预算准备等任务上所花的时间明显较多，而在教学与指导学生等任务上所花时间更少。相比其他研究型大学，AAU大学的系主任在财务管理、设施管理和场所安排等方面拥有更大的权力；管理学系资源和准备预算上花费更多的时间，而征求意见和参与委员会工作方面所花的时间更少。

自然科学与专业学科的系主任在人事管理、设施管理、时间管理和场所安排等方面拥有的权力明显较大；在资金筹措方面花费了更多时间，在保持学系记录和教学与指导学生方面花费的时间更少。人文学科系主任在鼓励教师发表科研成果方面所花的时间明显更少。

不同学科类别和选任方式对系主任的角色与任务影响较大。对领导者而言，某领域花费时间的多少往往与在该领域所拥有的权力大小成反比，非中心工作耗时之多在一定程度上导致了系主任工作积极性的降低。(薛天祥 等，1997)[29-32] 不少研究型大学在其学校政策中明确规定，系主任的选任犹如教师的招聘，在资源允许的情况下应尽可能在更为广泛的范围内进行。通过外部竞聘选拔系主任学校需要为此花费更大的成本，

他们享有较好的政策条件，通常也相应地会有更高的要求。因而也在其角色和任务上表现出一些显著差异。

自然科学与专业学科的系主任在人事管理、设施管理、时间管理和场所安排等方面拥有的权力明显较大；在筹措资金方面花费了更多时间，在保持学系记录和教学与指导学生方面花费的时间更少。人文学科系主任在鼓励教师发表科研成果方面所花的时间明显更少。不同学科的系主任在所承担的任务上的差异与学科有关，人文学科系主任在吸收外部资金方面可以依靠的资源明显要少。此外，人文学科研究成果的形成与发表有其自身特点。

四、系主任主要通过服务教师发展、服务学系发展和改善学系管理等工作发挥其领导效能

根据系主任所反映的其最有成就感的工作，可将系主任的贡献分为教师招聘、提高教学质量、促进与加强科研等 14 个方面。系主任贡献最为突出的三个方面是吸引与留住优秀教师、帮助教师发展和制订规划与愿景等改善学系管理的活动，在这些方面取得成绩的系主任分别为 37.7%、26.6%和 25.0%。系主任贡献较大的活动还有营造积极氛围、获取学系资源和提升形象与声誉等三项活动，在解决冲突、营造氛围与鼓舞士气方面取得成绩的系主任为 22.2%，其余两项活动中取得成绩的系主任均为 16.6%。结合对系主任任务的研究结果看，本研究中系主任最为重视且所花费时间最多的三项任务，即教师招聘、资源管理、氛围营造，这些均在系主任的贡献中得到体现。鼓励科研仅次于以上三项活动，在系主任的贡献中也有所反映。

五、影响系主任的领导效能的因素来自学校层面、系主任自身及其所处的上下关系

学校层面的积极影响因素包括组织结构设置合理、管理机制运行良好、资源较为充足，以及学校在系主任的选任、培训、激励和评价等政策环境上为系主任提供支持。系主任对工作感兴趣、工作任务得以分担和享有较大的管理权限等都对系主任的领导效能产生积极影响。高层管理者的领导水平、经常性的沟通，以及学系成员良好的精神风貌与组成状况对系主任的领导效能产生积极影响。

第七章 系主任的激励与评价

选择担任系主任就意味着可能面临处理文件、参加各种会议和与教师中的不合作者周旋等烦琐的工作，还有影响个人研究成果之虞。关于激励的理论告诉我们，人们为了满足需要而行动。在行动之前，往往要考虑自己的行动是否会带来相应的回报。（罗宾斯，1997）[506] 系主任的激励可分为内部激励和外部激励两种。本章根据现有文献和本研究的调查结果，构建研究型大学系主任的激励机制，并探讨系主任的内在激励对其角色、任务与权力的影响。

关于系主任的正式或非正式评价的相关研究相对较少。大学并不像重视教师评价一样注重系主任的评价。对系主任的工作进行评价往往不如对教师评价那么公开透明。（Middendorf，2009）本章选取了美国研究型大学有关系主任等学术领导的评价机制进行文本分析，重点关注了加州大学戴维斯分校的评价标准和密歇根大学首次学术领导评价的实践经验。

第一节 美国研究型大学系主任的激励

一、大学系主任激励体系的构建

激励体系的构建有助于较为全面和系统地理解系主任的激励因素。

如前所述，研究者通过调查分析或经验总结探索了激励机制在系主任职业发展中的重要作用。根据本调查研究中所取得的数据，结合组织行为学中的激励理论，通过对系主任激励的研究进行系统梳理，可构建系主任的激励体系如下（见图 7-1）。

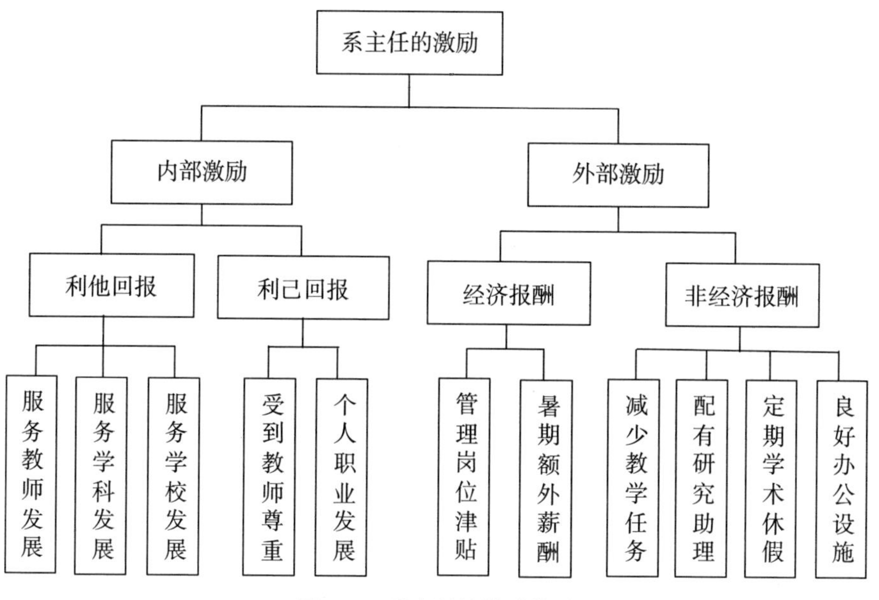

图 7-1　系主任的激励体系

内部激励是系主任从自身得到的激励，大多为系主任对自己的工作比较满意的结果，即系主任在工作中发现的个人价值感。系主任的内部激励可以分为利他回报和利己回报：通过服务教师发展、学科发展乃至学校发展而产生的成就感为利他回报；系主任受到教师尊重和自身得到发展这两方面的满意感为利己回报。

外部激励则包括经济报酬和非经济报酬。系主任往往能够得到某些直接的经济报酬，如管理岗位津贴，相当于其他教师的暑期额外薪酬等。系主任通常承担较少的教学任务，有的学校还为系主任提供定期的学术休假（通常在任期结束时），以及为系主任分配研究助理（系主任通常可以适当地多招收博士研究生或博士后工作人员)。此外，有的系主任可以享有较为宽敞的或者视野开阔的办公室，这往往成为其身份的象征。虽然只是办公设施问题，却可以激励他们创造优秀的业绩。

二、AAU 大学系主任外部激励及其影响

如图 7-2 所示，学校为系主任提供的外部激励中，提供管理津贴(或是额外的暑期薪酬）和减少教学任务最为普遍，分别有 93.0% 和 79.8% 的系主任享有该项激励。尽管前期的研究中多有建议为系主任分配研究助理和安排学术休假，然而享有这两项激励的系主任比例很低，分别为 14.0% 和 9.6% 。

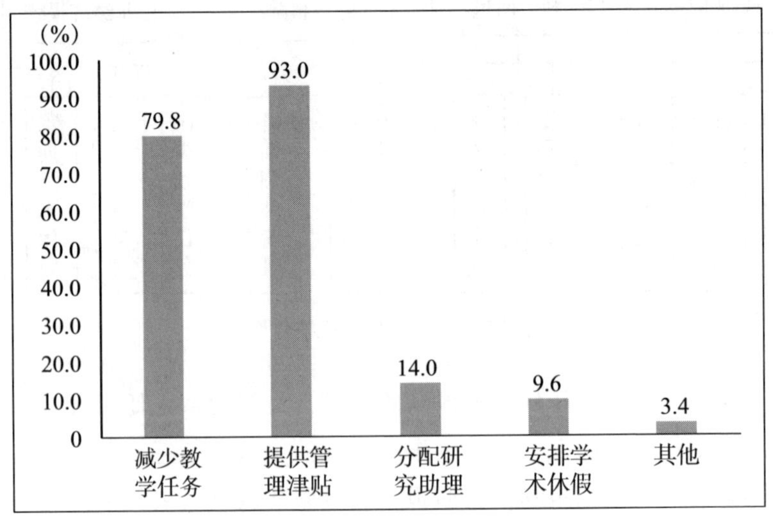

图 7-2 系主任所享有的外部激励

环境因素对系主任外部激励的影响包括学校层次与学科类别。不同层次的学校为系主任提供的外部激励无显著差异。

不同学科类别之间，为系主任提供的以下两种激励措施有显著差异：减少教学任务，r（337）= 0.23，p <0.01；安排学术休假，r（337）=

0. 17，$p<0.01$。人文学科与社会科学所属学系更加注重在减少教学任务和安排学术休假方面对系主任给予激励（见表 7-1）。

表 7-1 不同学科系主任所享有的外部激励（N=337）

外部激励	人文学科	社会科学	自然科学	专业学科	卡方值	Sig. 值
减少教学任务	92. 20%	91. 00%	70. 90%	68. 60%	19. 183	0. 001
提供管理津贴	91. 20%	95. 50%	91. 30%	96. 20%	6. 995	0. 136
分配研究助理	5. 90%	22. 40%	17. 50%	11. 40%	15. 907	0. 003
安排学术休假	14. 70%	14. 90%	8. 70%	2. 90%	8. 950	0. 062
其他	2. 90%	4. 50%	2. 90%	3. 80%	0. 981	0. 913

注：表中百分比为享有该项外部激励的系主任比例

系主任的外部激励对系主任的角色和任务有重要影响。实质性的激励措施中，为系主任分配研究助理与系主任所扮演的以下两个角色显著相关：对内对外交涉者，$r(337)=0.14$，$p<0.01$；活动与计划倡导者，$r(337)=0.13$，$p<0.05$。分配有研究助理的系主任能更多地扮演对内对外交涉者和活动与计划倡导者两个重要角色。

激励系主任的措施对系主任的任务也有重要影响。教学任务得到减少的系主任在课程安排等任务分配上花费更多的时间，$r(337)=0.16$，$p<0.01$。而分配有研究助理的系主任则更为注重以下任务：预算准备，$r(337)=0.10$，$p<0.01$；资金筹措，$r(337)=0.18$，$p<0.01$；鼓励科研，$r(337)=0.12$，$p<0.05$。享有管理津贴和学术休假对系主任在不同任务上的时间分配总体上无显著影响。

三、AAU 大学系主任内部激励及其影响因素

如图 7-3 所示，本研究中，系主任感觉最值得的是服务教师发展，有此成就感的系主任比例占到 89.4%。此外，从其余两项利他活动中得到激励的系主任比例也都很高，分别为 74.2% 和 62.1%。而利己的激励因素中，经济回报带来的满意感最低，从经济报酬中得到激励的系主任

比例仅为 36. 1%；精神层面的个人发展所带来的激励也较低，为 43. 9%，而受到尊重所带来的激励较高，从该项激励中获得满意感的系主任比例为 67. 7%。

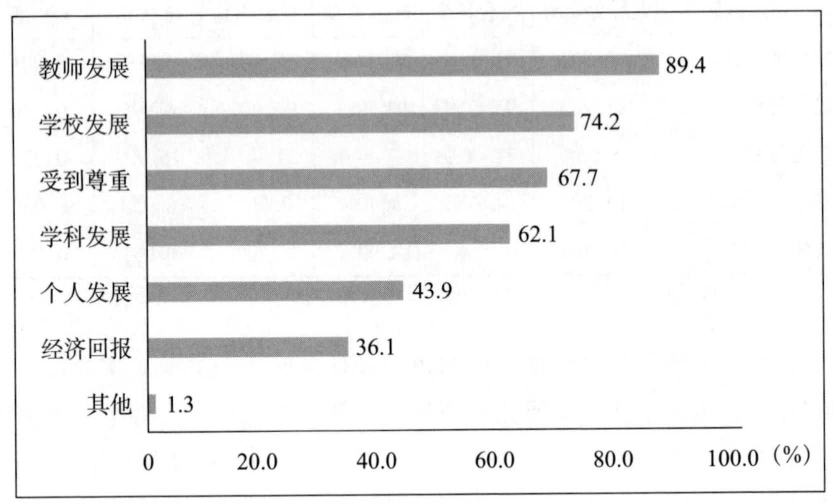

图 7-3 系主任所享有的内部激励

不同层次学校与学科类别之间系主任的精神激励有显著差异（见图 7-4）。不同学校层次之间，系主任在以下两个方面受到的精神激励有显著差异：服务学科发展，r（337）= 0. 44，p <0. 01；和服务学校发展，r（337）= 0. 14，p <0. 01。世界一流大学的系主任比其他大学的系主任在服务学科发展（占比分别为 77. 6%、32. 8%）和服务学校发展（占比分别为 78. 8% 、65. 7%）方面更有成就感，获得更多的精神激励。

不同学科类别之间，系主任在以下两个方面感受到的精神激励有显著差异（见图 7-5）：获得经济回报，r（337）= 0. 18，p <0. 01；服务学科发展，r（337）= 0. 10，p <0. 05。如图所示，人文学科和社会科学系主任更为注重经济回报所带来的满足感；相比之下，人文学科系主任在促进学科发展方面的成就感最低。

系主任选任特征对其精神激励也有重要影响。系主任担任现职的时

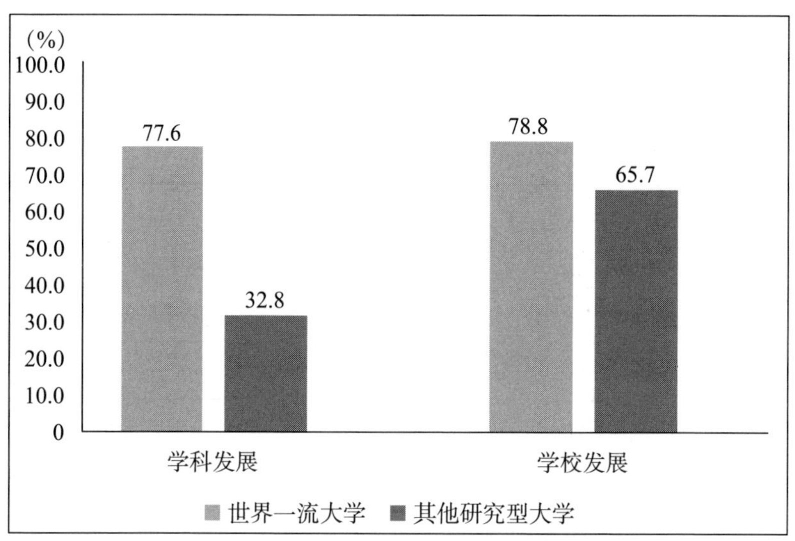

图 7-4 不同学校层次系主任所感受到的精神激励

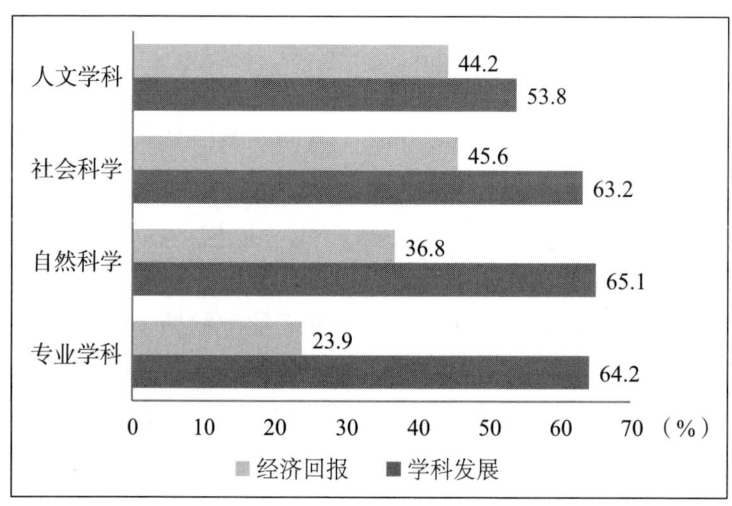

图 7-5 不同学科系主任所感受到的精神激励

间与其在以下两个方面的激励呈显著相关：服务学科发展，$r(337)$ =

0.14，$p<0.01$；服务学校发展，$r(337)=0.19$，$p<0.01$。总体而言，系主任的任职时间越长，感受到的服务学科发展和服务学校发展的精神激励越大（见图 7-6）。

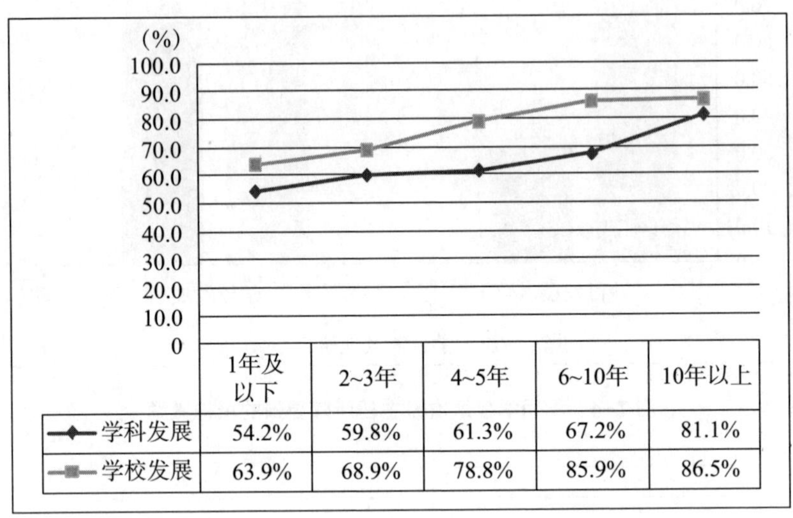

	1年及以下	2~3年	4~5年	6~10年	10年以上
学科发展	54.2%	59.8%	61.3%	67.2%	81.1%
学校发展	63.9%	68.9%	78.8%	85.9%	86.5%

图 7-6 系主任的任职时间与精神激励

系主任的理想任期与其在以下几个方面的激励呈显著相关：服务学校发展，$r(337)=0.14$，$p<0.01$；服务教师发展，$r(337)=0.14$，$p<0.01$；系主任个人的职业发展，$r(337)=0.12$，$p<0.05$。总体上看，系主任的理想任期与以上精神激励成正比（见图 7-7）。

系主任的选任方式与其在以下两个方面的激励呈显著相关：服务学科发展，$r(337)=0.18$，$p<0.01$；服务学校发展，$r(337)=0.13$，$p<0.05$。总体上看，通过外部选任产生的系主任拥有更大的精神激励（见图 7-8）。

系主任的内部激励对其角色、任务与权力有重要影响。系主任的人际关系协调者角色与以下两项精神激励呈显著相关：受到教师尊重，$r(337)=0.10$，$p<0.05$；系主任个人的职业发展，$r(337)=0.14$，

$p<0.05$。善于扮演人际关系协调者的系主任在受到教师尊重和个人职业发展所感受到的激励更大（见图 7-9）。

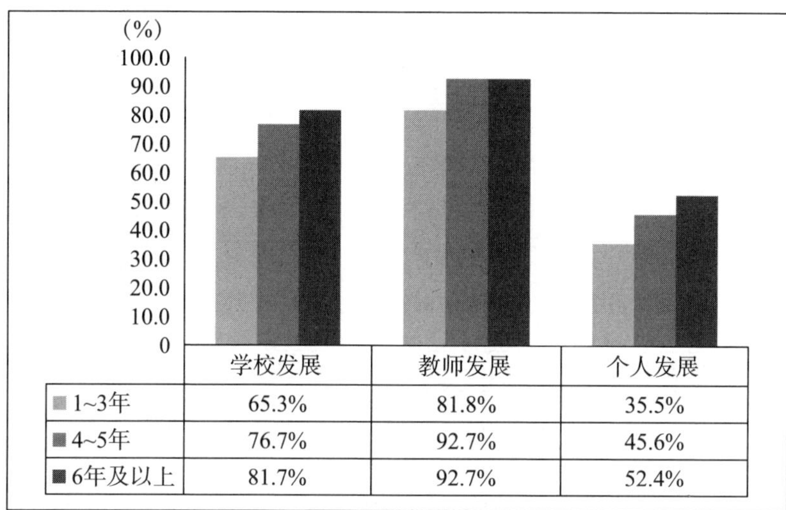

	学校发展	教师发展	个人发展
1~3年	65.3%	81.8%	35.5%
4~5年	76.7%	92.7%	45.6%
6年及以上	81.7%	92.7%	52.4%

图 7-7　系主任的理想任期与精神激励

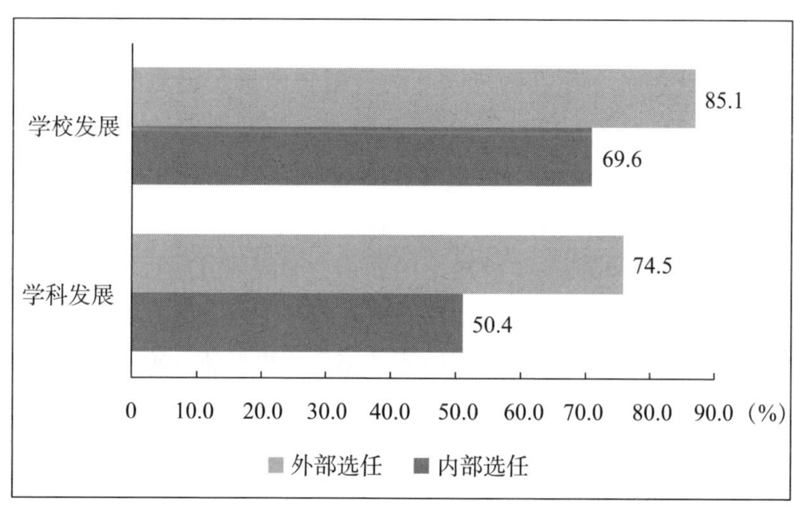

图 7-8　系主任的选任方式与精神激励

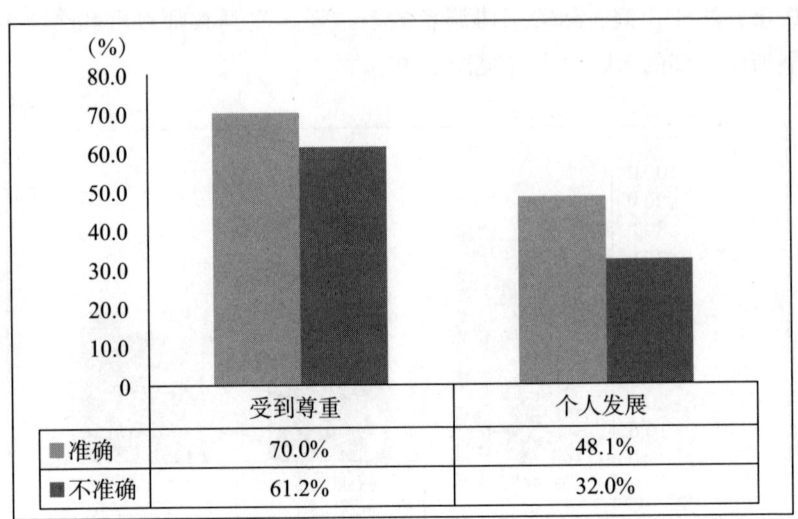

	受到尊重	个人发展
■准确	70.0%	48.1%
■不准确	61.2%	32.0%

图 7-9 系主任的人际关系协调者角色与精神激励

善于扮演对内对外交涉者的系主任在促进教师发展和个人职业发展所感受到的激励相对较大。该角色与这两项精神激励呈显著相关：服务教师发展，$r(337)=0.16$，$p<0.01$；系主任个人的职业发展，$r(337)=0.10$，$p<0.05$。

活动与计划倡导者角色与以下两项精神激励呈显著相关：服务学科发展，$r(337)=0.18$，$p<0.01$；服务学校发展，$r(337)=0.20$，$p<0.01$。善于扮演活动与计划倡导者的系主任在促进学科发展和学校发展方面的成就感明显要强。

系主任所获得的精神激励对不同任务上的时间分配有重要影响。在营造学系氛围和准备预算等方面花费时间较多的系主任在教师发展、个人发展或学科发展等方面有更大的成就感。在吸取研究资金上花费时间较多的系主任对学科发展和学校发展有更大的成就感。营造氛围、组织会议、意见征集、活动协调和准备预算等任务都对系主任个人发展方面的满足感有显著影响。

系主任的精神激励与其权力有显著影响。如表 7-2 所示，拥有更大权力的系主任在学科发展、学校发展、个人发展或教师发展等方面有更大的满足感与成就感。在人事、财务、信息和设施管理等方面赋予系主任更大的权力，有助于系主任充分发挥其领导效能。

表 7-2 系主任的精神激励与系主任的权力（N =337）

	经济回报	受到尊重	学科发展	学校发展	教师发展	个人发展
人事管理		0.133**	0.137**	0.184**	0.195**	0.140**
		0.008	0.006	0.000	0.000	0.005
财务管理		0.118*	0.195**	0.190**	0.185**	0.261**
		0.019	0.000	0.000	0.000	0.000
设施管理			0.190**	0.187**		0.135**
			0.000	0.000		0.007
时间安排			0.217**	0.195**	0.175**	0.204**
			0.000	0.000	0.000	0.000
空间管理			0.216**	0.210**		0.143**
			0.000	0.000		0.004
信息管理			0.101*	0.125*	0.122*	0.199**
			0.047	0.013	0.016	0.000

** 表示在 0.01 水平（双侧）上显著相关；* 表示在 0.05 水平（双侧）上显著相关

此外，研究还发现，系主任所接受的培训与其个人发展方面的精神激励呈显著相关，r（337）= 0.20，p <0.01。系主任所接受的培训越多，越容易感受到个人发展方面的精神激励。

第二节 美国研究型大学系主任的评价

如前所述，研究型大学中对系主任进行正式评价的并不普遍。通过对AAU大学中有关系主任评价的相关规章制度进行搜集和整理，发现南加州大学、加州大学洛杉矶分校和戴维斯分校等三所大学的相关文本较为典型，而对系主任的评价实践则以密歇根大学的案例最具代表性。

本小节选取三所AAU大学对关于系主任评价机制的政策文本进行分析，旨在探索世界一流大学对学术领导者尤其是系主任角色进行评价的目的与意义、方法与原则，以及评价的标准与程序。这三所大学分别于2000年、1999年和1995年制定了有关系主任评价机制的政策。此外，拟对密歇根大学于2004年首次发起的学术领导评价实践进行案例分析，重点关注系主任的评价机制。

一、关于AAU大学系主任评价机制的文本分析

有的研究型大学认为，应该定期对学校内每一位成员的岗位职责履行情况进行评价。评价的过程应该诚实、公开和直接。评价有助于学校了解教职员工所取得的成绩、个人能力与学校需要相匹配的情况，以及发现有待改进之处。评价应该是建设性的，应该对评价对象有所帮助并且受其欢迎。评价是使评价对象满足个人需要与学校需要的必要过程。对系主任的评价通常有不同的群体参与，评价的时间为每3年一次（如北达科他州立大学）或每5年一次（如南加州大学）。

关于评价的目的与意义，旨在帮助系主任在教师学术发展和学系专业项目发展中扮演好重要角色。学院的计划应关注领导的发展与提高，保护学术自由，执行学校政策。学术领导发展委员会（Committee on Academic Leadership Development）为系主任提供的培训与发展项目，院长应鼓励其参加。校长对系主任进行任命，规定系主任的任期。但不管其任期长短，在系主任任期满5年时必须对其进行评价（医学院与牙医学院系主任任满7年）。当任期为5年或5年以上时，可以由教师对其进行简短的中期评价。

关于评价的方法与原则，在对系主任进行评价时，各学系及类似的

学术单位应该成立教师学术顾问委员会（可以采用其他名称），负责系主任评价，同时承担促进学术发展目标的其他相关功能，如学生专业项目评价等。委员会由教学与科研优秀并受人尊敬的教师组成（最好为已获终身教职者）。系主任评价应该包括阶段性评价和任期结束时的自评。自评内容为本人取得的成绩和存在的不足。评价还应包括教师的反馈，教师以匿名的方式参与。评价应以书面方式呈现，包括改进建议并避免使用概括性的评语或评分，若不可避免也应以具体事例和解释予以支撑。与学系目标相关的评价工具的开发可向教务长办公室咨询。（UC Davis，1996）

对学系实施有效领导的系主任从事教学和科研的时间较为有限，很难维持其个人作为学者的研究成果，也难以及时跟踪学术领域发展的最新进展。作为系主任，在薪资增长与职称晋升时以普通标准来衡量显然不适合，必须承认系主任会因为管理事务而牺牲本可用于教学与科研的时间。因此，在对为系主任的奖励和晋升进行评价时，必须考虑其管理工作的范围与质量，即遵循学术领导本身就是重要学术活动的原则。

系主任的职称晋升、职级晋升，以及薪资提升也应该考虑这些标准。然而，职级晋升应与职称晋升有较大差异，不应该全部以管理成绩来判断。从助理教授晋升到终身教授，往往会考虑优秀的学术成果、突出的教学与科研等要求，但是如果该系主任工作卓有成效，有效领导了更高职称级别的教师，并取得了很好的成果，也应考虑授予其终身教职。担任系主任在时间上所做出的牺牲不应成为类似提薪与晋级的障碍。在对系主任进行评价时，不仅要遵循常规评审程序，包括通过学术人员评审委员会的评审，还应该给予系主任特别关注，此时院长及其他高层管理者的建议尤为重要。

系主任卸任后，所有关于薪资与职称的评审应该回到常规标准，系主任因为其管理工作出色而获得的提升不得因任何理由被延误。

关于评价的标准与程序，评价委员会的报告首先交给被评价的系主任，以便其做出反馈，补充意见和制定改进措施，其后将评价报告和系主任的反馈意见一并递交给院长。院长根据评价结果，结合其他信息和记录，决定系主任的管理津贴以及是否连任。

加州大学洛杉矶分校的教师委员会认为学系可对系主任个人能力的主要方面进行评价，包括管理能力、学术愿景和集体观念（或共同掌权，collegiality）。优秀系主任的评价标准如表 7-3 所示。

表 7-3 加州大学戴维斯分校优秀系主任的评价标准

序号	评价标准
1	在管理程序、课程发展、支持教学与科研，以及学系其他方面取得较大进步
2	找到了改善学系教学、科研与服务的方法，带领教师实施变革以提高学系水平
3	因为决策公平、处事公正等赢得教师的尊重和爱戴
4	通过解决管理问题服务学系师生发展
5	带领学系渡过难关（如学系重组、拆分或规模缩减），尽量减少损失，创造发展机会
6	妥善管理学系资金、设备，安排办公与教学场所，公平合理地分配资源
7	紧跟学术研究前沿
8	支持教师教学与科研，帮助其建立校内知识网络，向传统领域和创新领域争取研究经费
9	为学系和学校成功吸引和招聘到高水平的教师
10	促进和改善学系教师与员工的多元化（研究生招生的多元化由研究生项目主任负责）
11	挖掘教师潜力，发挥学系优势，如通过现有教师的努力建立新的部门或新的专业方向
12	帮助教师发展并取得成功，如指导年轻教师在教师评优与晋升中产生分歧与不和时表现得公平
13	应有整体思想与全局观念，决策具有一致性，而非孤立地考虑问题
14	有效调节学系不同意见，尽可能达到和睦相处，至少求同存异

续表

序号	评价标准
15	得到学系行政人员的大力支持，尤其是那些能够调节教师与行政人员之间关系的成员的支持
16	成功使教师留任，打消教师跳槽的念头，为教师争取福利待遇

教师委员会希望通过以上评价标准帮助学系成员在评价系主任时理解其管理技能、学术愿景与集体观念等。教师委员会并不要求每一位系主任在以上各个方面均有出色表现，也并非要对系主任的表现列出考核清单，而是旨在告知教师应对系主任的服务表示认可和尊重。(UC Davis, 1996)

二、密歇根大学系主任评价机制的案例分析

密歇根大学教师对系主任等学术领导的评价始于 2004 年。从首次评价在争议声中得以实施，到此后一年一度的坚持和推广，该校对学术领导的评价已经形成较为稳定和成熟的机制，具有一定的典型性。以下是该校在首次学术领导评价中对系主任评价的实践案例。

2004 年 12 月，密歇根大学教师评议会对学校领导进行了常规性评价，评价的结果于 2005 年 3 月评议会大会上正式向教师报告。

2004 年 3 月，教师评议会以投票表决的方式通过了评价的程序和方法。要求成立新的委员会，即学校管理者评价委员会（Administrator Evaluation Committee，AEC），建立网上评价系统，并于 2004 年秋季开始运行。评价委员会设计了电子问卷，设计与开发软件与信息系统，建立向教师报告的新的机制，共有 864 名安娜堡校区的教师参与了评价（占教师总数的 28%）。参与评价者对系主任、院长和教务长等分别进行了评价。共回收了 2511 份问卷（约 20%），回收率可对比 2003 年 4 月安娜堡市选民投票的参与率，即 82874 人中共有 21660 人参与投票（约 26%）。首次评价的结果较为乐观，具有建设性，为此后的教师管理委员会开展评价奠定了基础。

评价的重要发现有：各级管理者中有很多都未能在决策前向教师征求意见；教师对许多院长表示信心不足；评价中的系主任总体上比院长得分更高，但许多系主任未能较好地征求教师意见。

对密歇根大学管理者进行评价的呼吁源于一线教师的努力，教师对管理他们的学校领导者缺乏问责与评价机制感到不满，因而递交了“教师意见书”。三个月后，教师向学校理事会呼吁对管理者进行评价。

评价过程与评价委员会遭到教师管理者的反对，其代表有两个颇具影响的教师管理委员会，即学术事务顾问委员会（the Academic Affairs Advisory Committee，AAAC）与学校高级顾问委员会（the Senate Advisory Committee on University Affairs，SACUA），其中后者认为评价委员会将破坏高级顾问委员会成员与学校高层领导者之间的关系。最终作为草根的教师的意见胜出，以 87 比 11 对评价表示支持。

关于评价方式与内容，评价主要采用网络问卷的方式。网络问卷内容包括核心项目与话题性项目，根据管理者职位高低而有所不同。然而，积极改善学术环境、积极改善教学环境、重大决策前充分征求教师意见、物色优秀的管理人员、领导行为整体上鼓舞大家信心等核心问题则包含在所有管理者的问卷中。

关于评价的程序和效果，参与评价的教师可对其评价对象递交书面评价。书面评价由电子系统随机排序，然后自动转发给评价对象。评价委员会向教师报告对于核心问题的匿名反馈及结果。

基于来自电气工程与计算机院系的评价委员会成员的聪明才智，开发出了对参与者具有高度保密性的系统，该保密措施在 2005 年 3 月 15 日给教师的评价报告中做了充分说明，软件公开接受教师的检查，也可免费供其他组织或机构使用。

对系主任进行评价的问卷回收率最高的为化工系（58%），最低的有 9 个学系，回收率为 0。有 32 个学系的回收率低于 15%，因此，这些数据被从分析结果中剔除。

关于评价结果分析，评价委员会对统计结果进行分析，方法之一是比较各院系的结果与总体结果的差异。分析发现有许多有显著差异的结果，如院长的得分与回收率密切相关，学系问卷回收率低的院长得分更高；院长得分高于全校整体水平的机构有文理学院、医学院、商学院、社会工作学院、公共政策学院与图书馆，低于平均水平的有工学院、音乐学院、牙医学院、教育学院和护理学院。

总体上系主任所获的评价较高。有的系主任在大多数问题上的得分均为满分5.0分，约有65%的系主任在大多数问题上的得分在4.0分以上，在3.0分以下的少之又少。

系主任得分最低的项目为进行决策时未充分征集教师意见（有4人为5.0分，39%在4.0分以上，30%在3.5分以下）。

就评价的意义与改进建议而言，2004年的评价对学校管理层和教师都是一次有益的诊断。首次评价的经验是今后实施评价时改进评价工具和更好地解释评价结果的重要基础。评价结果反映出教师的认真参与为管理者对工作进行自我改进提供了具体指导。

调查结果表明，教师强烈要求各级领导者进行决策前应更多地征集教师意见。评价委员会也发现了一些有助于提高回收率的方法，以供今后评价时参考：（1）选好评价时间；（2）做好保密工作；（3）挑选符合条件的理事会成员；（4）教师治理委员会被证明能够采纳教师的意见并付诸行动。

值得注意的是，密歇根大学从2004年实行评价活动起，一直延续该传统，并将评价活动扩展除安娜堡以外的其他校区。

第三节 结果与讨论

一、学校为系主任提供的外部激励较为单一，系主任受到的内部激励较大

学校为系主任提供的外部激励中，提供管理岗位津贴（或是暑期额

外薪酬）和减少教学任务最为普遍，大多数系主任享有此类激励。尽管前期的研究中多有建议为系主任分配研究助理和提供学术休假，然而享有这两项激励的系主任比例很低，均在10%左右。

系主任感觉最值得的是服务教师发展。从其余两项利他活动即服务学校发展与服务学科发展中得到激励的系主任比例也都很高。而利己的激励因素中，经济回报带来的满意感最低；精神层面的个人发展所带来的激励也较低；而受到尊重所带来的激励则相对较高。

二、系主任的外部激励对于系主任的职业发展具有重要意义，不同学科之间系主任所受到的激励有一定差异

激励机制能否有效发挥作用，受三个因素的影响，即激励水平对外的竞争性、对内的公平性，以及对个人能否产生作用，即个性化激励效应。（杨德广，2006）[290] 本研究的调查结果表明，外部激励对于系主任的职业发展具有重要意义。分配有研究助理的系主任能更多地扮演对内对外交涉者和活动与计划倡导者这两个重要角色，更加注重准备预算、筹措资金和鼓励科研等促进学系与学科发展的重要任务。

不同学科类别之间，为系主任提供的减少教学任务和安排学术休假两种激励措施有显著差异。人文学科与社会科学所属学系更加注重在减少教学任务和安排学术休假方面对系主任给予激励。系主任在获得经济回报和服务学科发展两个方面感受到的激励有显著差异。人文学科与社会科学系主任更为注重经济回报所带来的满足感，相比之下，人文学科系主任在促进学科发展方面的成就感最低。

三、系主任的内在激励受任职时间和选任方式等因素影响，系主任的权力与内在激励显著相关

系主任担任现职的时间与两个方面的激励呈显著相关。任职时间较长的系主任在服务学科发展和服务学校发展方面有更强的激励。同样，通过外部竞聘产生的系主任在服务学科发展和服务学校发展方面的激励

也明显更强。

拥有更大权力的系主任在学科发展、学校发展、个人发展或教师发展等方面有更大的满足感与成就感。在人事、财务、信息和设施管理等方面赋予系主任更大的权力有助于系主任充分发挥其领导效能。

四、系主任的评价为学校与学系的发展目标服务，注重系主任本人的参与

没有哪种方法适合所有的高校，完全客观的评价体系并不存在。有效的评价应该十分明了，包括明确的标准。评价过程应易于理解，并有明文规定，评价方法应考虑学校的发展目标与战略规划。(Jacobs, 1989)[220] 系主任评价的不足之处是评价与学术职业的专业精神相违背。从事学术工作的专业人员的评价方式通常为同行评审，必要时通过私下交流即可找到解决问题的措施。对系主任的评价过程往往造成紧张气氛，尤其是不考虑学系发展的定期评价。(Booth et al. , 1982)[35] 即使在社区学院，其目标管理式的评价机制早已建立，系主任仍然要求更加自主和专业的评价方式。(Booth et al. , 1982)[35]

第八章　系主任的职前经历与职后发展

作为高校教师的经历是系主任担任其职位的基础，而系主任的连任与升任意愿等职后发展趋向是其作为学术领导者对该职位的热爱程度的反映。本章旨在通过对系主任职前经历的研究为系主任的选任提供参考，同时探索学校的政策环境等因素对其职后发展意愿的影响。对系主任职前经历的研究主要考察系主任不同职业发展阶段的年龄特征和担任该职位之前的管理经验，而系主任职后发展的研究则主要关注其连任意愿以及影响连任意愿的人口统计学特征、选任特征和政策环境等因素。

第一节　系主任的职前经历

一、不同职业发展阶段的年龄特征

研究中接受调查的系主任在不同职业发展阶段的平均年龄为55.8岁，取得最高学位的平均年龄为29.7岁，担任该职的平均年龄大概是51.3岁，其任现职时间为平均4.5年。

如果以取得最高学位的时间作为正式担任教职的时间，则本研究中接受调查的系主任在接受该职位之前平均有着21年担任教师的经历。如前所述，卡罗尔对美国研究型大学系主任的研究中，系主任此前有近17

年的高校工作经历（Carroll，1991）；朱东对教学型大学系主任的调查中，有54%的系主任有21年以上的作为高校全职教师的经历，其中36%的系主任有21年以上的本校工作经历（Chu et al.，2002）[6]；希尔顿对社区学院系主任的研究中，40.7%的系主任有20年以上的作为教师的经历（Hilton，1997）[99]。

现有的研究反映出不同学校层次之间系主任职前经历存在的差异，学校层次越高，系主任担任该职之前作为教师的时间就可能越长。而本研究的调查结果进一步印证了该结论。

二、担任现职之前的管理经验

如表8-1所示，系主任担任该职前通常有一定的管理经验。担任过系主任、副系主任、院长、副院长的人数占总体比例的23.6%。

表8-1 系主任担任现职之前的管理经验

职位	比例（%）	职位	比例（%）
系主任	8.5	研究项目负责人	13.2
副系主任	8.0	本科生或研究生项目负责人	14.2
院长或副院长	7.1	专业组织负责人	5.2
校级高层管理者	1.9	委员会工作	17.9
实验室或研究中心主任	4.7	—	—

关于内部选任的系主任的管理经历，有的系主任担任过不同的管理职位。如有的系主任曾经担任过6年的副系主任和1年见习系主任（DCQ073）；有的是系首任副系主任，而且作为学校多个委员会成员，熟悉学校政策（DCQ117）；有的在学系发展的重要时期担任实习系主任，在学校大多数重要委员会担任主席（DCQ217）；有的在全国性学术组织中担任负责人、课题负责人、人力资源研究部门主任（DCQ002）；有的

担任过院长（DCQ227）或是担任过基础课程项目主任、研究生项目主任或系主任助理，因此了解学系的大多数领域（DCQ295）。

有的系主任是管理经验非常丰富的学术领导者，如有系主任过去40年来断断续续担任过5任系主任，并担任过为期4年的副院长（DCQ055）。

有的系主任曾经担任学校高层管理者，此前担任过系主任，在其他大学担任过高层管理者（DCQ017）；有的担任过分管研究生教育的系主任和负责教师和学生多元化的副校长（DCQ024）；加入学系前曾任副校长（DCQ287）。

有的系主任非常热衷于管理工作：曾在专业领域成功建立实验室，充分参与教学和科研，开发课程，获得教学与科研奖项。此外，有的系主任参与过学院管理，并担任了学院终身教职评审委员会主席，当选为大学评议会成员，主动承担校级委员会任务，了解学校领导的想法，征求意见和做出决策（DCQ091）。校内层面，花了大量时间观察学系中的问题，了解那些捣乱者如何破坏学系氛围。校外层面，服务于不同的设施委员会，成功管理大型的科研设施，对委员会的任务及其工作方法与效率有所认识（DCQ240）。

有的系主任尽管只担任过研究项目管理者或科研团队负责人，但是认为相关管理经验对其担任系主任也很有帮助。担任过研究项目管理者，善于对学校领导进行观察，研究学校各个层面如何运作，以及学校的优势和劣势（DCQ280）。最重要的经验有多年作为教师成员的经历，在非学术环境担任管理者，在学术环境担任研究项目负责人，以及在管理专门小组和专业组织中担任领导者的角色都对担任系主任有所帮助（DCQ252）；担任教职以前创立和管理自己的公司，进入大学后组织了一个由19人组成的研究团队，管理了1000多万元的研究经费（DCQ280）。

有的系主任认为科研项目管理者的经验对于做好系主任工作影响不大。系主任不是什么专门的角色，但是，要做好系主任，就需要把组织的需要置于个人需要之上。有的资深项目主任其研究成果没有受到太大影响，但是其管理工作却表现一般（DCQ294）。

此外，本科生或研究生项目主任的职位在很大程度上相当于副系主任：担任学系的项目负责人 6 年，在很大程度上相当于副系主任，安排课程，招收研究生，组织小组教师会议等。对管理人员、领导和教师问题等有所研究，了解他们对于管理者的期望（DCQ255）。

对于外部竞聘产生的系主任而言，来自外校或外系的系主任通常拥有相关的管理经验，如在另一所大学担任过创系主任和见习系主任（DCQ166）；在另一学系担任 12 年系主任（DCQ184）；在另外 4 所大学担任系主任、中心主任或副院长等职累计近 30 年（DCQ195）；此前在另一所大学担任社会科学院院长，在人类学领域开展研究并成功发表成果，在全国性专业组织担任负责人或理事会成员，赢得了有助于学系发展的声誉（DCQ208）。

有的系主任还拥有企业管理或工业管理等经验，如担任过跨校合作的跨学科研究项目负责人，了解大学不同的部门是如何运作的；同时也是全国性组织的负责人，拥有 5 年的企业管理经验，能将大学的基础科研与潜在的企业客户更好地联系起来（DCQ026）；担任本科生项目负责人 13 年、副系主任 10 年，是美国空军官员（DCQ214）；担任教学小组负责人、外部研究资助项目负责人，是国内学科组织成员，也有在其他学校担任教师的经历（DCQ316）。

有的来自其他学校的系主任同样不曾担任过管理工作，可能仅仅因为其学术成果而入职，如有系主任反映其没有管理经验，到学系的时间不长，而且是以配偶随调的方式入职的（DCQ333）。

此外，有的系主任没有相关的学术管理经验，或没有回答该问题，该比例为 42.1%。由此可见，没有管理经验的教师担任系主任的现象仍然非常普遍。

有系主任指出，美国高等教育中一个奇特的现象是教授被院长或教师选任为系主任时很少或者完全没有管理经验。大多数系主任接受的是作为学者的训练，他们十分偶然地成为系主任（DCQ245）。其他系主任对此深有同感：大多数大学管理者是作为教师而非管理者得到训练，尽管有一些针对系主任专业发展的训练项目，但是大多为在职培训（DCQ250）。

有来自外校的系主任反映，尽管不曾担任学术管理者职位，但是其作为世界一流大学教师的经历对现在担任系主任一职大有裨益。在调到本单位来建立新的学系之前，其在一所世界一流大学的物理系担任教师20多年。领导和同事认为该经历可以为其提供组织和运行世界一流物理系的视野。在一所不重视年轻教师的常春藤院校工作了25年，在女性没有优势的情况下，仍然评上了教授（DCQ282）。

有的系主任尽管没有相关的学术管理经验，但是此前所担任的管理角色或生活经历对担任系主任职位有影响：如有的系主任读博期间是系里的学生干部（DCQ307）；有系主任反映自己是家中12个小孩之一，知道如何在狂躁的时候集中注意（保持清醒），承担责任，为人父母使自己懂得如何同时处理不同的事务（DCQ126）。

第二节　系主任的职后发展

系主任在任期满之后，大多返回教师队伍继续从事教学与科研。在卡罗尔关于研究型大学系主任职业发展路径的调查中，仅有4.2%继续担任系主任。选择回到教师队伍的系主任比例为65%。（Carroll，1991）有14.5%的系主任在卸任后从事其他管理岗位。在第二次职位变更时继续担任系主任的比例增加了一倍，从4.2%上升到9.4%；从事其他管理岗位的比例也上升为23.9%。值得注意的是，第二次职位变更时35.2%的系主任已经退休。（Carroll，1991）

关于我国大学系主任的研究，包秋的研究表明，在接受调查的系主任中，92%以上的系主任为本系教师。仅有3.8%的系主任愿意连任。4.8%的系主任此前担任过系主任，55.3%担任过副系主任，37.3%的系

主任有过其他管理经验（其中大多为教研室主任），8.65%没有管理经验。（Bao，1991）[41]

本研究中，系主任在任期结束时愿意继续担任该职的比例为27.9%，不愿意连任的占43.0%，有29.1%的系主任尚不确定。系主任任期结束时愿意升入更高管理职位的比例为24.5%，无此意愿的占43.9%，有31.6%的系主任尚不确定（见图8-1）。

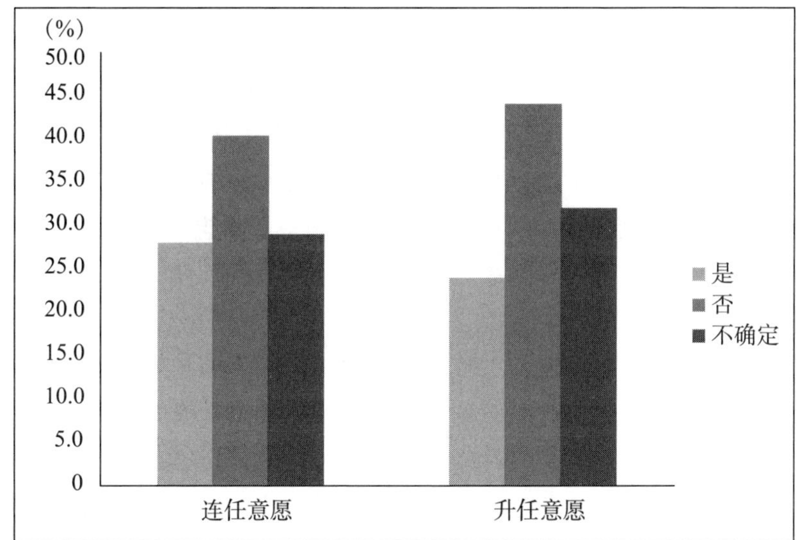

图8-1 系主任担任现职后的发展意向

对比现有研究，本研究接受调查的系主任其连任意愿有较大提高。原因之一可能是美国高校包括研究型大学越来越注重为系主任提供良好的培训与激励。

第三节 系主任的连任意愿

一、关于管理者连任的研究与意义

领导者和管理者的连任在组织理论中有着十分重要的意义。关于组织领导者的异动对组织绩效之间关系的理论主要有常识理论、恶性循环理论和代罪羔羊理论三种经典理论，分别表示管理阶层的变更与组织绩效之间存在正相关、负相关或无显著相关。（钟爱森，2012）研究表明，组织经历管理者的异动后，大部分情况下，其组织绩效无明显提升，甚至在某些情况下表现更差，较倾向于支持后两种理论。只有在领导者更换后新的继任者源于外聘时，组织绩效才倾向于支持常识理论。此外，新任领导者需要经过一定的时间后才能发挥作用。（Rowe et al.，2005）

学系是大学的基本组织。随着大学组织规模不断扩大，组织结构和管理活动日益复杂化，系主任等学校中层管理者在学校管理中起着越来越重要的作用。（刘献君，2012）优秀的系主任往往来源于学术水平高的学者和优秀的管理者。格梅尔希指出，美国高校有 8 万多学者担任系主任，其中每年更换近 1/4 的。（Gmelch，1991）研究型大学的系主任则有 65% 在任期结束后回到教师岗位，仅有 4.2% 继续担任系主任。（Carroll，1991）系主任的任期普遍较短，其弊端是等到其对工作较为熟悉时却要返回教师岗位，即面临一次新的转型。（博尔顿，2010）[85-86] 德雷塞尔（Dressel）认为对于能力出众的管理者，应该设法让他们担任系主任的时间尽可能延长。（Dressel，1981）[53] 研究者对影响系主任任期和连任的影响因素进行过探索。卡罗尔的研究发现，性别、遴选方式与学科等因素对系主任是返回教师岗位还是继续担任行政管理职位有显著影响。（Carroll，1991）普费弗与穆尔则发现系主任的任期与学系的发展水平呈正相关，与学系规模呈负相关，即学系发展水平越高，系主任的任期越长；

学系规模越大，任期越短；不同学校层次、职位名称与遴选方式的系主任之间无显著差异。(Pfeffer et al.，1980)[402] 此前的两个研究关于系主任任期和连任情况的影响因素存在较大差异，如系主任的遴选方式对任期的影响，二者的研究结果刚好相反。可能的原因有：一是研究对象和样本大小不同，卡罗尔研究了800多位研究型大学的系主任，而普费弗与穆尔的研究对象为一所州立大学两个校区的40名系主任；二是时间上的差异，两个研究分别于1990年和1980年进行，前后相隔一个年代。

二、系主任连任意愿的影响因素

接受调查的所有系主任中具有连任意愿的比例为27.9%，不具有连任意愿的比例为43.0%，另有29.1%的系主任尚不确定。

(一) 系主任的人口统计学特征对连任意愿的影响

具有连任意愿的系主任中，其年龄和学科分布存在显著差异（见图8-2）。就其年龄来看，具有连任意愿的系主任比例最高的分别为56~60岁

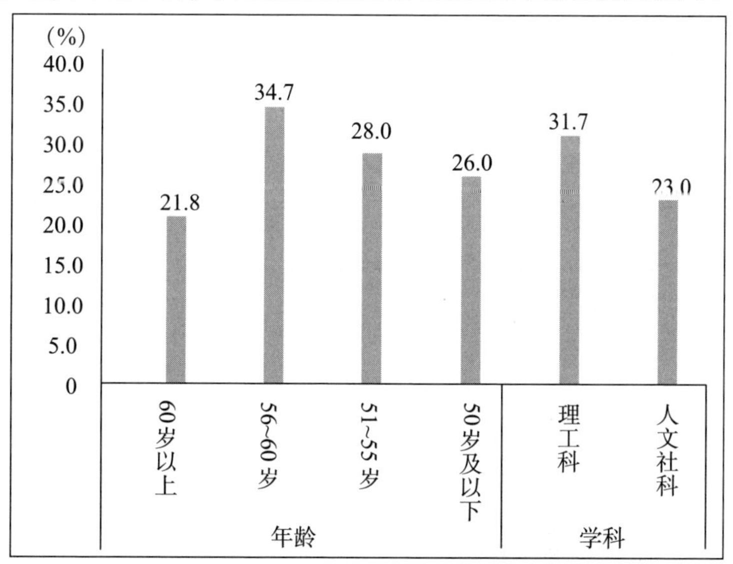

图8-2 系主任的人口统计学特征与连任意愿的关系

和 51~55 岁，60 岁以上和 50 岁及以下的系主任有连任意愿的比例较低。不同年龄阶段的系主任其连任意愿有显著差异（$\chi^2 = 13.91$，$p < 0.05$）。此外，不同学科的系主任其连任意愿同样存在显著差异（$\chi^2 = 10.09$，$p < 0.05$），理工科系主任中具有连任倾向的系主任比例较高。系主任的性别、族裔、学历和职称等人口统计学特征都不存在显著差异。

（二）系主任的选任特征对连任意愿的影响

如图 8-3 所示，就系主任的选任方式看，通过外部竞聘产生的系主任整体上比内部选拔的系主任连任意愿更强，选任方式对系主任的连任意愿有显著影响（$\chi^2 = 13.43$，$p < 0.05$）。从系主任的任期看，无固定任期的系主任与任期在 3 年及以下和 4 年及以上的系主任相比，其具有连任意愿的比例都要高，系主任的任期对其连任意愿有显著影响（$\chi^2 = 25.34$，$p < 0.05$）。系主任实际担任现职的时间对其连任意愿无显著影响。此外，系主任在担任该职前后的研究成果变化情况对其连任意愿也有显著影响（$\chi^2 = 8.44$，$p < 0.05$），研究成果未下降的系主任更愿意接受连任。

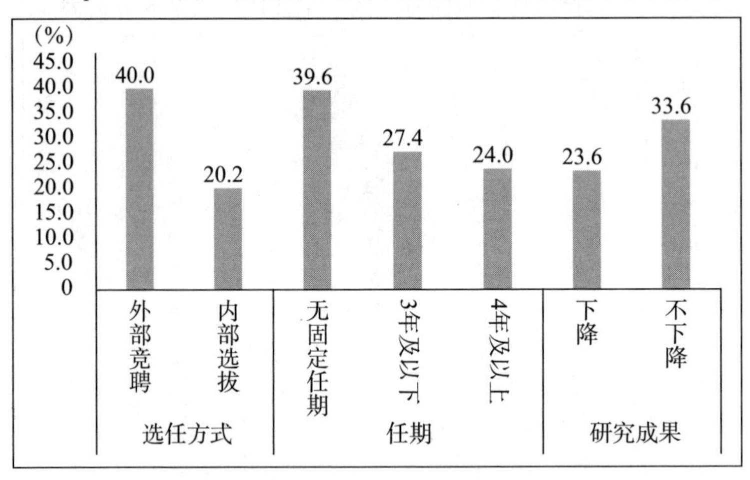

图 8-3 系主任的选任特征与连任意愿的关系

（三）系主任的职位特征对连任意愿的影响

调查中考察了系主任所扮演的角色及其担任该职位所拥有的权力。

系主任同时在不同程度上扮演了日常事务管理者、人际关系协调者、对内对外交涉者、活动与计划的倡导者和首当其冲者等角色。以上角色中系主任是否扮演活动倡导者的角色对其连任意愿有显著影响($\chi^2=9.20$, $p<0.05$)，扮演该角色的系主任具有连任意愿的比例明显较高(见图 8-4)。

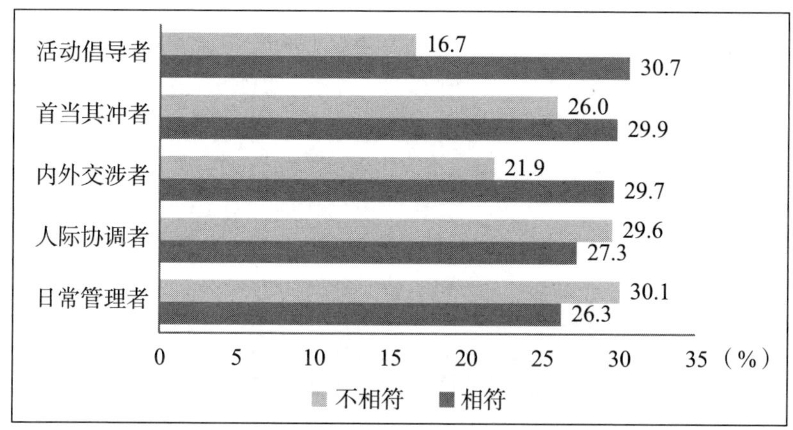

图 8-4 系主任的角色与连任意愿的关系

系主任的权力可以分为人事、财务和设施管理权，以及时间安排、办公场所安排与信息获取等方面的权力（见图 8-5）。其中系主任的设施管理权对其连任意愿有显著影响（$\chi^2=9.53$, $p<0.05$）。

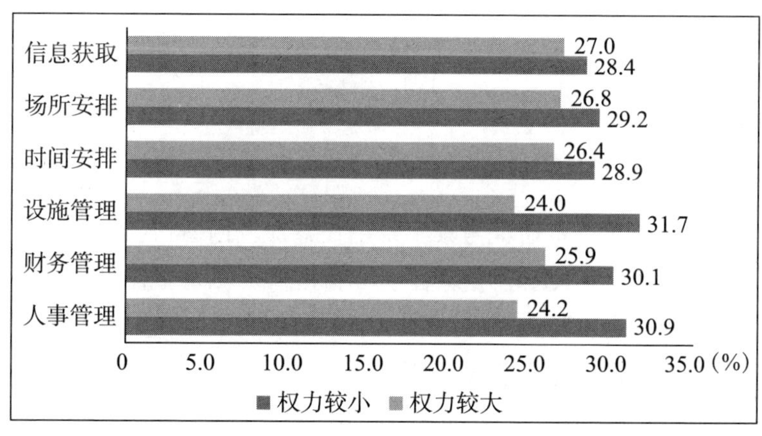

图 8-5 系主任的权力与连任意愿的关系

（四）系主任的培训与激励对连任意愿的影响

关于提升美国大学系主任管理技能的培训项目主要有全国性的系主任培训会议、专业机构组织的研讨会、校内组织的研讨会等正式培训。许多优秀的研讨会和培训会议为系主任提供他们职业发展所需的相关信息，为系主任提供讨论其共同关心的问题和提高其管理技能的机会。此外，大学课程中有关管理与领导能力的训练、担任实习系主任或其他管理职位的经验也是系主任进行职业发展训练的有效途径（Buller, 2012）[71]。

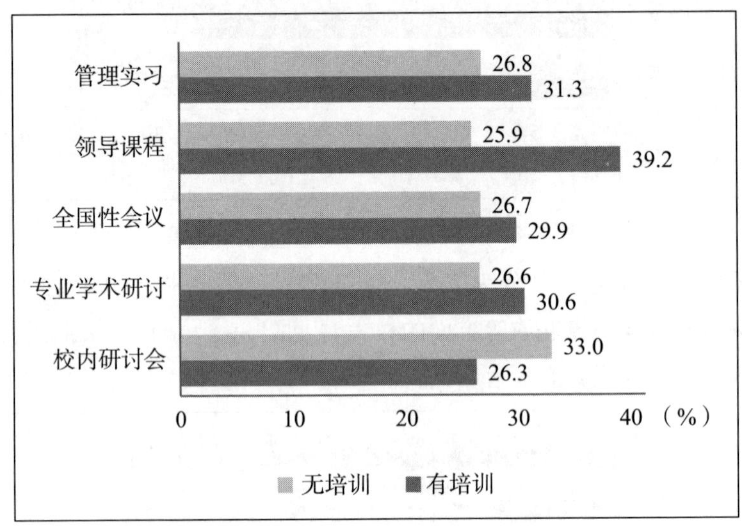

图 8-6 系主任接受培训的状况与连任意愿的关系

如图 8-6 所示，本研究考察了系主任参加校内研讨会、专业学会研讨会、全国性会议、大学领导课程学习和担任实习系主任等培训活动对其连任意愿的影响。研究表明，除校内组织的研讨会和接受管理实习外，其余三种培训方式［专业学会组织研讨会（$\chi^2=6.58$，$p<0.05$）；全国性系主任会议（$\chi^2=7.86$，$p<0.05$）；领导课程（$\chi^2=7.86$，$p<0.05$）］对系主任的连任意愿都有显著影响。

研究同时考察了美国研究型大学为促进系主任职业发展所提供的激励措施，包括减少其教学课程、设置管理津贴、配备研究助理和提供学术休假等。通过卡方检验，是否享有以上激励对系主任的连任意愿无显著影响。以下拟对上述影响因素进行回归分析，以进一步分析各个因素对系主任连任倾向的综合影响。

（五）系主任连任倾向的 Logistic 回归分析

回归分析中，因变量为系主任的连任意愿，排除了尚不确定的系主任数据。将有连任意愿和无连任意愿的系主任各作为一类，以后者作为参照类。自变量包括性别、年龄、学历、职称、所属学科、选任方式、任现职时间、任期，以及系主任接受培训的状况和所享有的激励等。表 8-2 为上述变量的基本统计信息。表 8-3 是 AAU 大学系主任连任意愿影响因素的回归分析结果。首先需要说明的是，本模型的决定性系数 R^2 为 0.616，方差检验 F 值为 89.71，Sig. 值为 0.000，小于概率 p 值 0.01，模型具有一定的解释力。

如表 8-3 所示，系主任的人口统计学特征可以较好地解释系主任的连任倾向。就其年龄来说，60 岁以上的系主任考虑连任的比例不到 60 岁及以下的系主任的一半，而理工科系主任考虑连任的比例比人文社科系主任的更高。此外，白人族裔系主任考虑连任的比例更高。

从系主任的选任特征看，系主任的选任方式和任期对其连任意愿有显著影响。外部竞聘产生的系主任相比内部选任的系主任、无固定任期的系主任相比任期为 4 年及以上的系主任，其选择连任的比例均较高。

从系主任的培训和激励看，参加全国性系主任会议的系主任比没有参加该培训的系主任其选择连任的比例高；分配有研究助理的系主任比未享受该激励政策的系主任其选择连任的比例高。

表 8-2 所用自变量的平均值、标准差和虚拟变量参照类

自变量	均值	标准差	自变量	均值	标准差
性别（参照=女）	0.69	0.463	研究成果（参照=下降）	0.41	0.494
白人（参照=其他族裔）	0.93	0.250	校内研讨会培训（参照=无）	0.25	0.435
51~55 岁（参照=50 岁及以下）	0.22	0.416	专业学会研讨会（参照=无）	0.71	0.454
55~60 岁	0.31	0.463	全国性系主任会议（参照=无）	0.66	0.474
60 岁以上	0.28	0.450	相关课程学习（参照=无）	0.86	0.346
学历（参照=硕士及以下）	0.97	0.169	实习（参照=无）	0.78	0.416
职称（参照=副教授及以下）	0.84	0.366	减轻教学任务激励（参照=无）	0.18	0.383
所属学科（参照=人文社科）	0.47	0.500	提供管理津贴（参照=无）	0.05	0.220
选任方式（参照=内部选拔）	0.84	0.366	分配研究生助理（参照=无）	0.84	0.364
无固定任期（参照=4 年及以上）	0.10	0.301	享有学术休假（参照=无）	0.89	0.308
任期 1~3 年	0.52	0.501			

表 8-3 Logistic 回归分析结果

	B	Sig.	Exp(B)		B	Sig.	Exp(B)
性别	-0.046	0.947	0.955	研究成果	0.905	0.135	2.472
白人	2.706	0.028*	14.971	校内研讨会培训	0.990	0.170	2.692
51~55 岁	-2.101	0.061	0.122	专业学会研讨会	0.390	0.596	1.477
55~60 岁	-0.840	0.360	0.432	全国性系主任会议	2.020	0.008**	2.133

续表

	B	Sig.	Exp(B)		B	Sig.	Exp(B)
60 岁以上	−3.225	0.003**	0.040	相关课程学习	−1.764	0.095	0.171
学历	−0.146	0.928	0.864	实习	0.562	0.453	1.755
职称	−0.453	0.532	0.636	减轻教学任务激励	−1.746	0.777	0.786
所属学科	1.817	0.029*	6.152	提供管理津贴	0.562	0.798	1.308
选任方式	2.680	0.007**	14.587	分配研究生助理	0.269	0.006**	12.260
无固定任期	2.355	0.041*	10.534	享有学术休假	2.506	0.873	0.845
任期 1~3 年	1.520	0.037*	4.571				

注：** 表示 $p<0.01$；* $p<0.05$。

第四节　结果与讨论

一、接受调查的系主任有很长的作为高校教师的经历和一定的管理经验

系主任作为高校教师的经历和担任管理者的经验有助于其理解组织的运作。如果教师不能理解学校的组织、控制和管理过程，他们就会表现得情绪不佳或无所适从。本研究中接受调查的系主任在接受该职位之前有着平均 21 年担任教师的经历，对比此前的研究，本研究中系主任作为教师的经历更长。系主任担任该职前通常有一定的管理经验，担任过系主任、副系主任、院长、副院长的人次占总体比例的 30% 以上。

二、学科类别与选任方式等对系主任连任有显著影响

本研究的分析结果表明，系主任的人口统计学特征中，年龄和所属学科对其连任意愿有显著影响。年龄在 60 岁及以下的系主任比 60 岁以上的系主任更容易考虑连任；理工科系主任比人文学科的系主任更容易考虑连任，通常也拥有更为丰富的资源。

系主任的选任特征对其连任意愿也有显著影响。外部竞聘的系主任比内部选任的系主任考虑连任的可能性更大；无固定任期的系主任比有固定任期的系主任更容易考虑继续担任该职位。

三、学校为系主任所提供的培训与激励对吸引系主任连任有重要影响

学校为系主任提供的培训与激励政策也有助于提高系主任连任的可能性。是否参加全国性系主任会议和是否配备有研究助理都对系主任是否考虑连任有显著影响。对比此前的研究，本研究进一步印证了卡罗尔关于研究型大学系主任的职业发展研究中有关系主任的选任方式和学科类别对其任期结束时是否回到教师岗位的影响。如前所述，来自外部的新任领导者上任后通常有助于组织绩效的提升，但是需要经过一定的时间才能较好地发挥其领导效能。本研究中外部竞聘产生的系主任倾向于连任，切合了以上两种研究结论。不同学科之间系主任连任意愿的差异，可能的原因是人文学科和社会科学学系的资源相对较少，面临着更大的冲突，这些学科的系主任更容易产生动摇。对于卡罗尔研究中的性别因素和普费弗与穆尔研究中学系规模对系主任任职时间的影响在本研究中没有得到体现。相对于后者研究中的学系发展水平，本文考察了学校政策环境对系主任职业发展的影响，结果表明，学校为系主任所提供的培训与激励对吸引系主任连任有重要影响。学校政策环境的影响可能削弱了不同性别和学系规模系主任对其连任意愿的影响。

第九章 结 语

我国高等教育经过多年的改革发展，教育体制与内部结构逐步与国际接轨。我国高校学系的历史可追溯到1919年蔡元培执掌北京大学时的废门改系，将学系作为组织教学的基本学术单位。北京大学废门改系的改革逐渐被界内人士所认同，成为各大学20世纪20年代以后学科结构体系变化的基本趋势。（刘少雪，2007）[72]1929年国民政府颁布的《大学组织法》从法律上确认了我国校—院（科）—系三级结构。然而在1952年的院系调整方案中学院一级被取消，直到20世纪80年代以来新一轮的院系调整，高校内部重新形成了校—院—系三级组织。（任初明，2008）从目前我国大学院系组织的设置情况看，大多数研究型大学与美国大学的院系设置较为接近，但也有部分大学的院长在一定程度上承担了类似于美国大学系主任的职责。美国研究型大学系主任的职业发展可以为我国研究型大学系主任和院长的职业发展提供重要的参考。

本章旨在结合美国研究型大学系主任的基本特征、角色、任务、领导效能，以及选任、培训、激励与评价等学校政策环境和系主任的职前经历与职后发展状况，为我国研究型大学系主任的职业发展提供借鉴与启示。

第一节 主要结论

系主任选择担任该职位可能是积极主动地寻求服务学系和教师发展的机会，也可能是因为学系成员中拥有终身教职的资深教师太少而缺乏人选。系主任职位既可以是教师发挥自己管理潜能的良好平台，也可能是一段“服兵役”式的痛苦经历。

如何选择合适的人担任系主任并且使其愿意连任，本研究的调查结果表明，系主任选择担任该职主要出于个人发展需要和院长与教师对他们的信任。外部竞聘产生的系主任任职时间和理想任期更长，拥有更大的权力。担任该职后其研究成果受影响的程度相对更低。相对而言，外部竞聘系主任的整体素质较高，在职业发展上具有许多优势。外部竞聘的系主任比内部选任的系主任考虑连任的可能性更大；无固定任期的系主任比有固定任期的系主任更容易考虑继续担任该职位。学校为系主任提供的培训与激励政策也有助于提高系主任连任的可能性。是否参加全国性系主任会议和是否配备研究助理都对系主任是否考虑连任产生显著影响。

本研究的调查结果表明，系主任总体上反映学校能为其提供培训和激励。对于系主任的培训机制，尽管系主任反映所接受培训的方式主要为校内组织的研讨会，但有系主任反映学校提供这样一个交流的平台很重要，有时仅仅是因为了解到其他系主任也都面临同样的困难与处境，也会感到很宽慰。也有系主任因为被学校推选出来为大家介绍经验而感到骄傲和自豪。相比之下，没有类似机会的系主任对此感到很沮丧，有的是通过自己摸索，有的则是向前任系主任请教。对于系主任的激励，不同学校之间也存在一定差距。有的系主任所享有的管理津贴为每年4000美元，这个数字与20年前的水平相当（Carroll，1991）；有的系主任甚至反映没有任何激励。但是，通过外聘产生的系主任通常能享受较好的物质激励。有的学校不仅为系主任提供管理津贴，减少课时，同时还为学系的各个专业项目配备项目主任，项目主任也享有相应的管理津贴。因此，系主任反映担任该职位没有太多的繁杂事务，主要是把握学系的发展目标，制定学系愿景并付诸实践。不难理解，享有更好的培训与激励政策的系主任通常能发挥更大的领导效能。

研究型大学面临着前所未有的竞争与挑战。有的系主任反映学校所提供的管理津贴不足以吸引其担任该职位，工作满意感主要源于招聘优秀教师、开设专业项目、营造学系氛围和获得额外的发展资金等内在激励。也有系主任反映学校对学系的发展极不重视，以至于其大多数工作受到削弱。尽管系里教师对他表示欣赏和尊重，但其积极性仍然受到影响。由此可见，如果学校不能为系主任提供应有的政策与条件，即使系主任工作能力再强也将无法施展。

学系是大学的基本组成单位。系主任对学校发展至关重要，应以系统的观点看待学系的发展和系主任的作用与地位。系主任的成功有赖于其个人具备的优秀的个性特征和服务意愿，也取决于学校是否为其提供相应的培训和激励机制，以及对其所取得的成绩予以及时的关注和肯定。

第二节　研究启示

一、研究型大学系主任一般应拥有教授职称和博士学位

本研究所调查的美国研究型大学系主任有 86.1% 已获教授职称，拥有博士学位的比例为 96.4%，自然科学与社会科学的系主任全部拥有博士学位，仅有人文学科与专业学科的部分系主任未获博士学位。

总体而言，学历与职称条件不足就担任系主任（院长）会带来更大的压力，有的可能对条件更好的同事心生妒忌。有一名老校长就曾见一位美国名校资深客座教授欲留任教学，却遭资浅系主任排挤。该教授只得前往另一所知名大学任教，此事引起一位相当优秀的副教授与之同进

退，使学校一次损失两名优秀师资。(张宗仁，2011)[28]

作为学术领导，系主任理应受到良好的学术训练并在学科领域有所建树，而获取博士学位是非常重要的学术训练途径。副教授职称为晋升教授所耗费的精力会导致其管理时间减少，也将影响其管理效能。对此，建议我国研究型大学要以拥有博士学位且具有教授职称为新任系主任和院长的基本条件。

二、研究型大学系主任的任职时间不宜太短

系主任主要来源于两种人：学术水平高的学者和优秀的管理者。(Bao，1991)[64] 系主任任期较短的弊端是，等到其对工作较为熟悉时却要返回教师岗位，面临一次新的转型。同时，我国研究者指出，一个任期的时间不一定能掌握工作规律，可能刚刚熟悉情况就要换届，不利于总结和积累经验，也不利于高校工作秩序的稳定，而且容易使领导者缺乏长远打算和战略眼光。(姚启和，2000)[243] 职期过短的弊端是容易导致领导急功近利，破坏各任领导工作的连续性，这对学校的整体发展是极为不利的。因此，建议领导人选的更替不宜过于频繁，应保持领导工作的相对稳定性和连续性。(薛天祥 等，1997) 德雷塞尔也认为，对于少数能力出众的管理者，应该设法让他们担任系主任的时间尽可能长。(Dressel，1981)[53]。

本研究中，尽管美国大学系主任中 3 年任期仍然占主导地位，然而系主任的心目中理想任期和担任该职位的时间比规定的任期明显要长：接受调查的系主任总体上其平均任期为 3.7 年（$SD=1.13$），系主任的理想任期平均值为 4.5 年（$SD=1.20$），其任现职时间的平均值也为 4.5 年（$SD=3.14$）。但是如果只考察样本中有固定任期的系主任的情况，则可以发现其理想任期（$M=4.3$，$SD=1.18$）要比平均任期长，$t(288)=9.16$，$p=0.000$，而其任职时间（$M=3.9$，$SD=3.14$）与平均任期无显著差异，$t(288)=1.49$，$p=0.14$。而没有固定任期的系主任其任职时间更长（$M=7.7$，$SD=6.93$），更为理想。因此，不给系主任设立固定任

期不失为鼓励优秀系主任担任该职的有效策略（鲍 等，1994）。

三、多元与开放的系主任培训项目具有重要的实际意义

知识的专业化是“构成其他一切的基石”，学系是以学科为中心的向心力得以表现和强化的地方，也是传统激励体系影响最大的地方。（王福友 等，2009）系主任是连接学校教师与管理者的纽带，是学校中最具冲突性的角色。系主任需要负责课程、战略规划、预算管理、人事管理和专业评估等事务，然而该职位所拥有的权力却十分有限。系主任由教师向管理者的角色转变的过程充满挑战，需要学习和掌握新的技能。为了加快系主任由教师向领导者的角色转型，减少其面临压力与挑战时的茫然与困惑，为系主任提供职业发展培训十分必要。美国研究型大学系主任的培训项目在培训主体、时间设置以及培训对象上表现出不同的模式与特征，而且具有组织管理集中、知识结构合理和支持体系广泛的共同特点。因此，美国研究型大学系主任的培训项目可为我国大学，尤其是一流研究型大学建立和完善中层学术领导者培训机制提供借鉴。

研究型大学的校内系主任培训项目通常直接或间接依托于教务长办公室。很多成功的校内系主任培训项目的建立都得益于学校高层领导者的重视，如犹他大学时任副教务长的蒙森和斯坦福大学时任教务长赖斯（Rice）分别对校系主任培训项目的建立起了直接作用。尽管有的培训项目由系主任自己组织，如威斯康星大学麦迪逊分校的系主任聊天室，但是仍然需要教务长办公室予以支持。

科学的培训项目设置包括培训形式的创新和培训时间的合理安排。培训项目的评估报告显示，培训项目中系主任可以参与互动的案例研究和小组讨论等培训形式最受系主任欢迎，培训效果较好。校外培训项目因为差旅和食宿成本以及适合于大多数系主任的培训时间选择上的困难，通常采用集中培训的短期模式。而许多美国研究型大学的校内系主任培训项目则采用了持续性的长期模式，这种模式有助于理论与实践更好地结合。此外，培训项目的可持续发展需要有稳定的支持体系。较为典型

的如威斯康星麦迪逊分校和美国社会学协会的培训项目，能够争取到多方支持，而中西部院校合作委员会的院校联盟项目则通过成员学校教务长办公室的支持得以稳定发展。校外专业培训机构的商业性运作的培训项目中，堪萨斯州立大学的全国系主任培训会议因为收取的注册费用合理（约为其他同类项目的一半）且培训人员权威而取得很好的效果。

美国研究型大学的校内系主任培训项目具有一定的开放性，主要表现为培训信息的公开和相关网络资源共享。在参与培训的人员上，也具有一定的开放性。如华盛顿大学 ADVANCE 项目由最初面向 19 个数学和理工科相关院系的副院长、系主任和教师改为面向全校教师，从 2004 年起，在普林斯顿大学工学院院长的提议下，外校的系主任也可以参加，从而发展为全国性的系主任培训项目（Yen et al.，2007）。此外，中西部院校合作委员会的院校联盟合作培训的成功模式较为稳定和成熟，这种模式也适合我国的 C9 联盟（九校联盟，是我国首个顶尖大学联盟）学习和尝试。

四、系主任的职业发展需要科学合理的评价与激励机制

近年来，我国高校为了吸引海外人才担任院长或系主任，往往提供非常优厚的政策条件，除了不菲的薪金待遇，还设有（常务）副系主任，在工作时间上也非常宽松。目的是要借助外聘系主任的学术影响力和先进的办学理念等优势，发挥其在引进海内外优秀人才和提升教育科研水平上的主导作用。如果所聘用的系主任具有良好的领导才能和学术影响力，能够充分发挥自己的潜能，那么系主任在担任该职位后还能获得多方面的内在激励。

系主任的多重角色和多种任务往往使得系主任经常感觉时间不够用，这与他们当初可能因为向往自由安排其工作日程而选择从事高等教育事业的初衷背道而驰。因为系主任角色天然具有的冲突性与复杂性，在美国大学中，仍有许多系主任是迫于无奈而被动地接受该职位。这种状况不利于系主任自身的职业发展和学系的发展。为了吸引有能力的教师担

任系主任，使现任系主任在任期结束后能够续任，对系主任采取不同的激励措施十分必要。

本研究的调查结果表明，人文学科和社会科学的系主任对学校的激励措施与政策更为敏感，这与学科发展的传统有关。相对而言，自然科学和专业学科享有更为丰富的物质资源，有更多的机会获取外部科研资助。因此，在学校政策方面，应该关注不同学科系主任的发展差异，尽可能在学科之间取得平衡。

尽管此前的研究者提出了多种多样的系主任激励的策略与措施，然而，调查表明，美国研究型大学对系主任的激励措施大多是为其减少教学任务和提供管理津贴，仅有少数系主任享有配备研究助理和安排学术休假的激励措施。实质性的外部激励对系主任所扮演的角色和在不同任务上的时间分配有一定影响。研究结果中令人感到乐观的是，系主任因为该职位所带来的满意感和成就感等内在激励普遍较为丰富。系主任通过服务学科发展、服务学校发展、服务教师发展，同时也感受到个人职业的发展与提升。加强对系主任培训也有助于提高其对精神激励的感知。应从系主任职业发展的角度为其提供不同的激励措施，使系主任更为自觉和有效地服务于学系和学校的发展。值得注意的是，系主任被赋予的权力与其内在激励显著相关。因此，在其他条件有限的情况下，改善权力分配机制，使系主任享有更大的职位权力不失为加强系主任内部激励的有力措施。

对系主任的工作进行评价，既是为了对系主任所做的努力和已有的成绩进行关注和了解，也可以及时发现工作中存在的不足和需要努力的方向。评价不是为了划分等次而是为了改进与提高工作，因此对系主任工作给予及时的肯定和关注十分重要。本研究的定性分析结果表明，不同大学对系主任的重视程度有较大差异。那些能为系主任提供良好激励机制的学校往往会要求学校管理的各个层面都制定年度目标，并且定期进行考核，因此，学校能够及时了解系主任的领导效能。相反，那些管理较为松散的学校，系主任没有获得应有的培训，也没有明确的绩效目标，领导效能不佳。

如前所述，密歇根大学对学校管理者进行评价的呼吁源于草根的努力。教师对管理他们的学校领导者缺乏问责与评价感到不满，因而向学校理事会呼吁对管理者进行评价。评价的内容包括积极改善学术环境、积极改善教学环境、重大决策前充分征求教师意见、物色优秀的管理人员、领导行为整体上鼓舞大家信心等核心问题。结果表明，教师的认真参与为管理者工作进行改进提供了具体的指导。密歇根大学的评价活动自从2004年在争议声中得以实施，经过坚持和推广，已经形成较为稳定和成熟的机制。

我国高校包括研究型大学，还缺乏专门针对学术领导者的评价。对领导者的绩效考核基本上套用党政领导干部的绩效考核模式。（刘延庆等，2010）院长和系主任等学术领导者的工作有其自身特点，与机关党政干部的工作在性质上有较大差异。结合美国一流大学的做法，我国高校尤其是研究型大学可以建立对院长和系主任的专门评价体系，增强评价内容的针对性。同时，借助计算机和网络等现代化手段，以及统计学和社会学等专业方法，以减少考核和评价的成本，提高考评效率，改善考评结果的科学性和权威性。

此外，要充分发挥评价结果的作用。对考评结果进行有效分析，并及时将考评结果传达到被考评者本人，发挥激励与指导作用。在一定范围内公布考评结果，充分调动教师参与考评的积极性。

五、系主任的职前教师经历和管理经验有助于其职业发展

卡罗尔的研究发现，美国研究型大学的系主任获得博士学位的平均年龄为29.4岁，开始担任系主任的年龄为46.3岁。（Carroll，1991）也就是说，这些系主任在担任该职前有近17年的高校工作经历。

本研究中系主任获得博士学位的平均年龄为29.7岁，51.3岁开始担任系主任。担任该职位前有21年的高校教师经历。与此前研究发现相比，这更进一步说明美国大学系主任担任该职前有着丰富的高校工作经

历。此外，本研究中接受调查的系主任在担任该职前有一定的管理经验，如担任过系主任、副系主任、院长、副院长的人次占总体比例的 30%以上。

高校工作经历和管理经验意味着对学校和学系运作方式有更深入的了解和更开阔的教育视野。我国研究型大学在系主任的选任过程中应该对此引起重视，避免系主任的选任过于“低龄化”，同时应该注重相关的管理经验。

附　　录

附录1　调查问卷（英文版）

Survey of the Role of Department Chairs in Research Universities

Background Information

1. Age: ___________　　　　2. Gender: □Male　□Female

3. Ethnicity:

□White　□Native American　□Hispanic　□American　□Asian　□Other

4. Your highest degree earned

	University	Year Received
□Doctorate	___________	___________
□Other ___________	___________	___________

5. What is your Current Academic Rank?

□Professor　□Associate Professor　□Assistant Professor　□Other

6. What Academic Rank did you hold when appointed to your present chair

position?

□Professor □Associate Professor □Assistant Professor □Other

7. How long have you served in your present chair position? ________ years.

8. Were you tenured when you became Chair? □Yes □No

9. Since becoming department chair, your scholarly productivity has

□Decreased

□Increased

□Stayed the same

□Decreased initially and then rose to original level

10. How long is your term? ________ years or □no set term.

11. Which of the following fields best describes your department (select only one)?

□Humanities (Arts, History, Languages and linguistics, Literature, Philosophy, Religion, etc.)

□Social sciences (Anthropology, Archaeology, Economics, Geography, Political science, Psychology, Sociology, etc.)

□Natural sciences (Space sciences, Earth sciences, Life sciences, Chemistry, Physics, etc.)

□Formal sciences (Computer sciences, Logic, Mathematics, Statistics, Systems science, etc.)

□Professions and Applied sciences (Agriculture, Architecture and design, Business, Divinity, Education, Engineering, Environmental studies and Forestry, Health sciences, Journalism, mass media and communication, Law, Library and museum studies, Public affairs, etc.)

□Other

12. The size of the department:

	The number is
a. Tenured faculty	__________
b. Non-tenured faculty	__________
c. Adjunct or part-time faculty on average	__________

Selection & Preparation

13. Was your appointment to the chair from inside or outside of your current institution?

□Inside search □Outside search

14. Please check all items below which describe why you became department chair:

□a. For personal development (interesting challenge, new opportunities)

□b. Out of necessity (lack of alternative viable candidate)

□c. Drafted by the Dean or my colleagues

□d. For financial gain

□e. Out of a sense of duty, it was my turn

□f. An opportunity to relocate at a new institution

□g. To be more in control of my environment

□h. To move toward senior level administration

□i. Other (please specify) __________

15. Would you continue to serve as chair after this term?

□Yes □No □Undecided □Not applicable (No set term)

16. If yes, is it because

□a. you have tasks which must be finished before you move on

□b. you enjoy the work

□c. other (Please specify) __________

If no, is it because

□d. you dislike the job

□e. you have served long enough

□f. other (Please specify) __________

17. In your opinion how long should a chair serve? __________ years.

18. Given the opportunity, would you accept a higher position in administration?

□Yes □No □Undecided

19. Please indicate the types of administrative development activities in which you have participated since becoming an administrator. Please check all that apply.

□a. Workshop within your institution

□b. Workshop sponsored by a professional organization

□c. National conference for department chairs

□d. College or university course

□e. Internship or mentoring

□f. Other (Please specify) __________

20. What prior experiences helped you most in obtaining the role of department chair? (Please state) __________

Roles

21. Please indicate the degree to which the role descriptions below fit you and rank them in order of importance:

Roles	How accurately does it describe your role					How important do you think it is				
	Inaccurate				Accurate	Least				Most
	1	2	3	4	5	1	2	3	4	5
a. Caretaker	□	□	□	□	□	□	□	□	□	□
b. Harmonizer	□	□	□	□	□	□	□	□	□	□

附录

续表

Roles	How accurately does it describe your role					How important do you think it is				
	Inaccurate				Accurate	Least				Most
	1	2	3	4	5	1	2	3	4	5
c. Negotiator	□	□	□	□	□	□	□	□	□	□
d. First among equals	□	□	□	□	□	□	□	□	□	□
e. Initiator	□	□	□	□	□	□	□	□	□	□

Responsibilities

22. Please rank the common duties and responsibilities in terms of how much time you devote to each.

Duties and Responsibilities	How much time do you devote				
	Very little				Great deal
	1	2	3	4	5
a. Assign teaching, research and other related duties to faculty	□	□	□	□	□
b. Recruit and select faculty and evaluate faculty performance	□	□	□	□	□
c. Maintain conducive work climate, reducing conflicts among faculty	□	□	□	□	□
d. Manage department resources (finances, facilities, equipment)	□	□	□	□	□
e. Plan and conduct department meetings	□	□	□	□	□
f. Solicit ideas to improve the department	□	□	□	□	□
g. Assure the maintenance of accurate departmental records	□	□	□	□	□

续表

Duties and Responsibilities	How much time do you devote				
	Very little				Great deal
	1	2	3	4	5
h. Teach and advise students/Select and supervise graduate students	□	□	□	□	□
i. Plan and evaluate curriculum development	□	□	□	□	□
j. Coordinate departmental activities with constituents	□	□	□	□	□
k. Prepare and propose budgets	□	□	□	□	□
l. Obtain and manage external funds (grants, contracts)	□	□	□	□	□
m. Participate in college and university committee work	□	□	□	□	□
n. Encourage faculty research and publication	□	□	□	□	□

Authorities

23. How often do you interact with the Dean?

□Weekly □Biweekly □Monthly □Every 2 months

24. How often does your department meet to address departmental matters?

□Weekly □Biweekly □Monthly □Every 2 months □Every semester

25. What is your level of independent authority in the following areas? And how satisfied are you with your level of authority?

附录

Authorities	How much is your level of authority					How satisfied do you feel with your level of authority				
	Low				High	Low				Highly
	1	2	3	4	5	1	2	3	4	5
a. Personnel-Recommendations for hiring, tenure, promotion, retention, and evaluation of faculty	□	□	□	□	□	□	□	□	□	□
b. Budget-Establishing departmental budget priorities and allocations	□	□	□	□	□	□	□	□	□	□
c. Facilities-Management of lab space, resources, equipment	□	□	□	□	□	□	□	□	□	□
d. Workloads-Regulating faculty workloads, recommending faculty leaves and special assignments	□	□	□	□	□	□	□	□	□	□
e. Space-Space allocation	□	□	□	□	□	□	□	□	□	□
f. Information-access to the information required to effectively run their departments	□	□	□	□	□	□	□	□	□	□

26. This next section lists several departmental tasks and activities, please check if <u>YOU are the primary decision maker</u> for each activity. Please check all that apply.

□a. Developing the department's budget

□b. Deciding what courses to offer each year

□c. Recruiting and selecting new faculty members

□d. Making curricular changes

□e. Developing new initiatives for the department

□f. Adding extra salary to faculty

□g. Hiring temporary/adjunct faculty

□h. Admitting new graduate students

□i. Selecting the next chair

□j. Dispensing departmental discretionary funds

□k. Retaining and promoting faculty

□l. Granting tenure

Rewards

27. What does your university do to help reward you? Please check all that apply.

□a. Course release

□b. Financial administrative stipend

□c. Graduate assistant

□d. An extra chair's pay

□e. Other (Please specify) ___________

28. What is rewarding being a chair? Please check those all apply.

□a. Additional bonus

□b. Personal learning and professional development

□c. An Opportunity for professional renewal and growth

□d. Making it possible for other people to accomplish their goals

□e. Leaving a mark on the institution and/or discipline

□f. Feeling valued and respected by the department

□g. Other (please specify) ___________

Contributions

29. As chairs, how do you feel that you have contributed to your

department's success?

____

____

____

Characteristics

30. Please describe 3–5 personal characteristics that you think were reasons for your selection as a department chair.

____

____

____

附录 2 访谈提纲（英文版）

Interview Guide：Academic Department Chairs

1. How did you become department chair?

2. What do you enjoy your position as department chair so far?

3. What kind of training did you receive for the position? Was it enough?

4. What were your major achievements as departmental chair? Are you satisfied?

5. What was your most frustrating experience as departmental chair? Why?

6. What issues have taken the largest amount of your time as departmental chair?

7. What challenges are you facing as the department chair?

8. What does your university do to motivate/encourage you?

9. What resources are most needed from your university? Why?

10. What help or motivations are most needed from your dean? Why?

11. What supports are most needed from your faculty members? Why?

12. What is the ideal environment for the chairs that you expect?

13. What critical actions do you plan to take in the near future?

14. Is there anything else that you'd like to comment on regarding the role of department chair?

15. Do you have any questions for me?

索　　引

参考文献

中文文献

阿什比，1983. 科技发达时代的大学教育［M］. 滕大春，滕大生，译. 北京：人民教育出版社.

阿特巴赫，2001. 比较高等教育：知识、大学与发展［M］. 人民教育出版社教育室，译. 北京：人民教育出版社.

埃伦伯格，2010. 美国的大学治理［M］. 沈文钦，张婷姝，杨晓芳，译. 北京：北京大学出版社.

鲍，克雷斯威尔，廖清林，等，1994. 中国高校系主任的职责［J］. 上海高教研究（3）：63-67.

本尼斯，2006. 管人如养猫：沃伦・本尼斯论领导力［M］. 颜雷声，王敏，译. 北京：中国劳动社会保障出社.

博尔顿，2010. 高等院校学术组织管理［M］. 宋维红，译. 南京：江苏教育出版社.

布迪厄，华康德，1998. 实践与反思：反思社会学导引［M］. 李猛，李康，译. 北京：中央编译出版社.

陈廷柱，吴慰，2018. 学系在美国大学的诞生与发展［J］. 高等教育研究，39（12）：76-85.

陈伟，2005. 组织学视域中的系主任分析［J］. 扬州大学学报（高教研究版）（2）：22-25.

陈学飞，1991. 美国高等学校的内部管理系统及其特征［J］. 高等教育研究（2）：86-95.

陈永明，等，2010. 教育领导学［M］. 北京：北京大学出版社.

戴干策，李慧萍，房鼎业，1987. 系主任负责制的认识与实践［J］. 高等工程教育研究（2）：21-24.

邓津，林肯，2007. 定性研究：方法论基础［M］. 风笑天，等译. 重庆：重庆大学出版社.

范德格拉夫，2001. 学术权力：七国高等教育管理体制比较［M］. 王承绪，张维平，译. 杭州：浙江教育出版社.

冯向东，2010. 大学学术权力的实践逻辑［J］. 高等教育研究，31（4）：28-34.
冯倬琳，2011. 研究型大学校长：战略领导 · 职业管理 · 职业发展［M］. 上海：上海交通大学出版社.
高磊，高存功，2005. 美国著名研究型大学院系领导岗位设置研究［J］. 清华大学教育研究（4）：73-77.
龚放，李军，2011. 在高等教育大众化进程中追求卓越：重点综合大学的方略与举措［J］. 大学教育科学（2）：3-16.
郭必裕，潘蔡羽，2020. 美国学系制与德、英、法、日四国学系制发展的比较研究［J］. 黑龙江高教研究（6）：65-68.
郭俊，王颂，马一平，2011. 基于知识图谱的大学校长研究综述与研究热点分析［J］. 黑龙江高教研究（11）：24-27.
顾建民，2006. 西方大学终身教职制度的价值分析［J］. 比较教育研究，27（9）：1-6，27.
贺国侠，1999. 试论系领导在教学质量管理中的监督职能［J］. 西安联合大学学报，2（4）：84-86.
何华宇，2009. London 的职业动机理论及其对教师专业发展的启示［J］. 中国高等教育评估（2）：77-78.
胡建华，2009. 我国高等教育扩张中的科类结构变化分析［J］. 教育研究（11）：20-26.
黄达人，2004. 大学管理需要引进经营理念［N］. 中国教育报，2004-09-13（2）.
黄达人，2006. 谈提高大学中层管理干部的素质与能力［J］. 中国高等教育（12）：15-17.
姜远平，刘少雪，2007. 美国一流大学教师学缘结构有何特点［N］. 中国教育报，2007-09-24（5）.
科尔，盖德，2008. 大学校长的多重生活：时间、地点与性格［M］. 赵炬明，译. 桂林：广西师范大学出版社.
科特，2008. 总经理［M］. 耿帅，译. 北京：机械工业出版社.
雷茹，2007. 经营大学研究综述［J］. 煤炭高等教育，25（2）：30-32.
李德林，1993. 理想的系主任［J］. 沈阳大学学报（哲学社会科学版）（3）：79-81.
李和平，路彩云，杨象昭，等，1996. 加强高校系、部领导班子任期考核制度的初步思考与探索［J］. 中国高教研究（2）：61-63.
李洪天，2001. 党政共同负责：高校系级单位领导体制的改革方向［J］. 江苏高教（5）：29-30.
李鹏虎，2020. 美国研究型大学学系的改革：背景、实践及启示［J］. 外国教育研究，47（6）：55-66.
李霞，傅红梅，谢晋宇，2008. London 的职业动机理论及其对人力资源管理与开发的启示［J］. 科学学与科学技术管理（9）：192-195.

刘念才，2007. 如何改善我国大学教师学缘结构［N］. 中国教育报，2007-09-24（5）.

刘念才，程莹，刘莉，等，2002. 我国名牌大学离世界一流有多远［J］. 高等教育研究（2）：22-27.

刘念才，萨德拉克，2007. 世界一流大学：特征·排名·建设［M］. 上海：上海交通大学出版社.

刘念才，萨德拉克，2009. 世界一流大学：战略·创新·改革［M］. 上海：上海交通大学出版社.

刘少雪，2007. 中国大学教育史［M］. 太原：山西教育出版社.

刘献君，2012. 论大学内部权力的制约机制［J］. 高等教育研究（3）：1-10.

刘延庆，陈艳，刘华，2010. 中国高校领导人才考评：反思与建构：基于美国大学校长考评制度的实践启示［J］. 黑龙江高教研究（6）：49-51.

林日团，莫雷，王瑞明，等，2007. 高校中层管理干部胜任力模型的初步建构［J］. 心理科学，30（6）：1471-1473，1481.

罗宾斯，1997. 组织行为学［M］. 孙健敏，李原，等译. 7版. 北京：中国人民大学出版社.

罗索夫斯基，1996. 美国校园文化：学生·教授·管理［M］. 谢宗仙，等译. 济南：山东人民出版社.

马国柱，1988. 高校系主任的角色：如何当好系主任［J］. 常州工业技术学院学报（社会科学版），1（1）：96-97.

马晓明，1998. 系主任负责制之浅见：兼谈首长负责制［J］. 三明学院学报（1）：29-32.

孟天财，李羊城，2008. 以人为本视野下的高校领导干部激励机制研究［J］. 教育学术月刊（3）：62-64.

景亭，2008. 高校中层领导干部能力素质模型构建初探［J］. 扬州大学学报（高教研究版），12（3）：54-57.

卡斯特，罗森茨韦克，2000. 组织与管理：系统与权变的方法［M］. 傅严，等译. 北京：中国社会科学出版社.

克拉克，2001. 高等教育新论：多学科的研究［M］. 2版. 王承绪，徐辉，等译. 杭州：浙江教育出版社.

克拉克，2008. 大学的持续变革：创业型大学的新案例和新概念［M］. 王承绪，译. 北京：人民教育出版社.

柯林斯，2009. 从优秀到卓越：珍藏版［M］. 俞利军，译. 北京：中信出版社.

夏托克，2006. 成功大学的管理之道［M］. 范怡红，译. 北京：北京大学出版社.

纳哈雯蒂，2009. 纳哈雯蒂领导学：原书第5版［M］. 程德俊，徐森，译. 北京：

中国人民大学出版社.
潘如勤，彭子柱，1998. 谈师范院校系主任的角色作用［J］. 山东教育科研（2）：66-67.
裴春秀，2006. 高校系主任能力体系及其建构［J］. 中国市场（31）：2.
朴雪涛，2002. 中国大学系主任角色行为分析［J］. 现代教育科学（7）：25-27.
晴田圜，2008. 成为世界一流大学应着重体制建设［N］. 科学时报，2008-10-07（8）.
曲云静，2000. 党政共同负责：高校院（系）领导体制的必然选择［J］. 镇江师专学报（社会科学版）（4）：77-80.
任初明，2008. 大学院长角色的性质转变［J］. 现代大学教育（5）：25-27，86.
任初明，2009. 我国大学院长的角色冲突研究［D］. 武汉：华中科技大学.
史静寰，2009. 愿景、使命与行动：清华大学创建世界一流大学的历程［M］//刘念才，萨德拉克. 世界一流大学：战略·创新·改革. 上海：上海交通大学出版社.
史静寰，许甜，李一飞，2011. 我国高校教师教学学术现状研究：基于44所高校的调查分析［J］. 高等教育研究（12）：52-66.
眭依凡，1990. 大学系主任研究［J］. 上海高教研究（1）：53-57.
王福友，2008a. 大学系主任研究述评［J］. 大学教育科学，1（1）：27-31.
王福友，2008b. 美国教育理事会加强系主任领导项目的过程与意义研究［J］. 理工高教研究，27（1）：39-42.
王福友，刘淑华，2009. 论系主任对学系愿景的建构［J］. 现代大学教育（1）：34-39.
王洪才，2006. 论现代大学制度的结构特征［J］. 复旦教育论坛，4（1）：32-38.
王栾生，1998. 校、处（系）教学领导岗位的职责特征与胜任条件［J］. 高等工程教育研究（3）：69-71.
王明元，周玉霞，2007. 加强高校院（系）领导班子建设［J］. 学习月刊（20）：91-92.
王琪，程莹，刘念才，2011. 世界一流大学：国家战略与大学实践［M］. 上海：上海交通大学出版社.
王琴媛，1996. 高校系主任队伍建设浅探［J］. 江苏高教（4）：49-50.
王庆辉，王琪，朱军文，等，2012. 世界一流大学系主任的基本特征及其启示：基于美国AAU大学的调查分析［J］. 高等教育研究，33（10）：102-109.
王术，2001. 浅谈加强高校系级领导班子建设需重点解决的几个问题［J］. 引进与咨询（5）：47-48，50.
王孙禺，孔钢城，2009. 中国研究型大学建设的思考［J］. 北京大学教育评论，7（1）：52-62.
王兴杰，2006. 大学中层管理人员聘任工作的基本走向［J］. 理工高教研究，25

(1)：32-34.
王雅楠，2020. 一流大学建设高校院长角色冲突研究［D］. 徐州：中国矿业大学.
王亚新，1995. 浅谈高校系主任负责制［J］. 绥化师专学报（3）：93-94.
王战军，2003. 什么是研究型大学：中国研究型大学建设基本问题研究（一）［J］. 学位与研究生教育（1）：9-11.
王战军，2004. 建设研究型大学应重点思考的若干问题［J］. 中国高等教育（1）：25-27.
吴家玮，2007. 同创香港科技大学：初创时期的故事和人物志［M］. 北京：清华大学出版社.
熊庆年，2007. 高等教育管理引论［M］. 上海：复旦大学出版社.
徐昌明，1996. 试论高校院系领导班子成员责任制［J］. 江西社会科学（12）：100-102.
徐文，赵文华，2004. 中美研究型大学管理岗位设置的比较研究［J］. 比较教育研究，25（7）：73-77.
薛天祥，侯定凯，1997. 论高等学校领导的有效性［J］. 江苏高教（3）：23-26.
薛天祥，2001. 高等教育管理学［M］. 桂林：广西师范大学出版社.
阎凤桥，康宁，2004. 中国大学管理结构变化实证分析［J］. 高等教育研究，25（5）：36-41.
阎光才，2000. 大学组织的管理特征探析［J］. 高等教育研究，21（4）：53-57.
阎光才，2002. 识读大学：组织文化的视角［M］. 北京：教育科学出版社.
严琴，1985. 系主任未来的任务［J］. 高等教育研究（1）：121-122.
杨德广，2006. 高等教育管理学［M］. 上海：上海教育出版社.
杨颉，2010. 关于高校去行政化问题的思考与对策［J］. 高校教育管理，4（6）：16-20
杨新元，1990. 访美国德州农工大学教育管理系主任纪实［J］. 外国教育研究（1）：53-56.
杨莹，2008. 台湾的大学系所评鉴：上［J］. 中国高等教育评估（3）：44-48.
姚启和，2000. 高等教育管理学［M］. 武汉：华中理工大学出版社.
叶小明，1987. 系主任负责制下党政关系之管见［J］. 高等教育研究（3）：54-56，46.
张红霞，2003. 美国高校人文社会科学的演变及其启示［J］. 清华大学教育研究，24（1）：49-54.
张锦，梁海霞，2007. 国外职业动机理论研究进展［J］. 现代企业教育（24）：142-143.
张俊华，2008. 教育领导学［M］. 上海：华东师范大学出版社.
张俊宗，2003. 经营大学：沃里克大学的办学之道及其成功启示［J］. 黑龙江高教研

参考文献

究（2）：19-23.
张雪珍，2007. 关于我国研究型大学院长职业化的研究［D］. 上海：上海交通大学.
张颖春，2007. 高校管理干部考核体系浅议［J］. 中国高等教育（20）：58-59.
张应强，程瑛，2008. 高校内部管理体制改革：30 年的回顾与展望［J］. 高等工程教育研究（6）：32-38，72.
张宗仁，2011. 一个教育界老者的沉痛呼吁：兼及大学教育问题的批判［M］. 高雄：丽文文化.
赵洪，2008. 系所评估：台湾大学评估的新模式［J］. 中国高等教育（24）：52-53.
赵文华，2000. 高等教育系统分析：高等教育结构、规模、质量、效益的系统观［M］. 上海：复旦大学出版社.
郑晓齐，王绽蕊，2008. 我国研究型大学基层学术组织的逻辑基础［J］. 教育研究（3）：56-59.
郑余，2005. 大学系主任管理工作再思考：基于伯顿・克拉克的学术系统论的思考［J］. 江苏高教（3）：43-44.
周川，2002. 高等学校建制的组织学诠释［J］. 教育研究（6）：68-71.
周谷平，2002. 创新：建设一流大学的灵魂［J］. 高等教育研究，23（1）：60-63.
朱桂兰，1994. 论高校系科领导干部的选拔和培养［J］. 江苏高教（5）：48-50.
钟爱森，2012. 基于元分析的 CEO 继任与组织绩效关系研究［D］. 南京：南京大学.

英文文献

AL-KARNI A, 1995. Evaluating the performance of academic department chairpersons [J]. Higher Education, 29 (1): 37-57.

AZIZ S, MULLINS M E, BALZER W K, et al, 2005. Understanding the training needs of department chairs [J]. Studies in Higher Education, 30 (5): 571-593.

BALDWIN R G, BLACKBURN R T, 1981. The Academic Career as Developmental Process Implications for Higher Education [J]. The Journal of Higher Education, 52 (6): 598-614.

BAO J, 1991. The roles of department chairs in higher learning institutions in the People's Republic of China [D]. Lincoln: NE the University of Nebraska-Lincoln.

BARGE J K, MUSAMBIRA G W, 1992 Turning points in chair-faculty relationships [J]. Journal of Applied Communication Research, 20 (1): 54-77.

BENNETT J B, 1983. Managing the academic department: Cases and notes [M]. New York: MacMillian.

BENNETT J B, 1998. Department Chairs: Leadership in the Trenches [M] //GREEN M F. Leaders for a new era: strategies for higher education. New York: American Council on Education/ Macmillan Publishing Company.

BENSIMON E M, WARD K, SANDERS K, 2000. The Department Chair's Role in Developing New Faculty into Teachers and Scholars [M]. Bolton: Anker Publishing, Inc.

BIEBUYCK J F, MALLON W T, 2004. The successful medical school department chair: a guide to good institutional practice: Module III: performance, evaluation, rewards, mentorship [J]. Journal of the America College of Radiology, 1 (2): 151.

BLALOCK C W, 1987. Administrative development needs of department chairmen in selected four-year private, liberal arts colleges [D]. Athens: University of Georgia.

BOOTH D B, 1982. The Departmental Chair: Professional Development and Role Conflict [R]. Washington, D. C.: American Association for Higher Education.

BOWKER L H, 1982. The academic dean: A descriptive study [J]. Teaching Sociology, 9 (3): 257-271.

BOWKER J E, HINKLE D E, WORNER W M, 1983. Do women aspire to the same administrative position as men? [J]. Educational Administration Quarterly, 19 (2): 64-81.

BOYKO L, 2009. An Examination of Academic Department Chairs in Canadian Universities [D]. Toronto: University of Toronto.

BRAGG A K, 1980. Relationship Between the Role Definition and Socialization of Academic Department Heads [D]. Philadelphia: Pennsylvania State University.

BROWN K D, 2001. The Administrative Preparation Of Music Department Chairs In NASM-Accredited Programs [D]. Johnson City: East Tennessee State University.

BRYMAN A, 2007. Effective leadership in higher education: a literature review [J]. Studies in Higher Education, 32 (6): 693-710.

BULLER J L, 2012. The Essential Department Chair: A Comprehensive Desk Reference: 2nd Edition [M]. San Francisco: Jossey-Bass.

BURNS J S, 1992. Dimensions of university academic department chair stress: A national study [D]. Pullman: Washington State University.

CARROLL J B, 1991. Career paths of department chairs: A national perspective [J]. Research in Higher Education, 32 (6): 669-688.

CARROLL J B, GMELCH W H, 1992a. A factor-analytic investigation of role types and profiles of higher education department chairs [C]. American Educational Research Association annual conference. San Francisco.

CARROLL J B, GMELCH W H, 1992b. The relationship of department chair roles to the importance of chair duties [R]. Minneapolis: Association for the study of higher education.

CARROLL J B, WOLVERTON M, 2004. Who becomes a chair? [M] //GMELCH W H,

SCHUH J H. The life cycle of a department chair: New directions for higher education. San Francisco: Jossey-Bass.

CHU D, VEREGGE S, 2002. The California State University department chair survey report [OL]. [2010-07-02]. http://www.calstate.edu/AcadSen/Records/Reports/CSU_Chairs_survey_report.pdf

COHEN M D, MARCH J G, 1974. Leadership and ambiguity: The American college president. Boston: Harvard Business School Press.

CONWAY J B, 1996. On Being a Department Head: A Personal View [M]. Washington, D. C.: American Mathematical Society.

CRESWELL J W, WHEELER D W, SEAGREN A T, et al., 1990. The Academic Chairperson's Handbook [M]. Lincoln: University of Nebraska Press.

DOYLE E A, 1953. The Status and Functions of the Department Chairman [M]. Washington, D. C.: Catholic University of America Press.

DRESSEL P, 1981. Administrative Leadership: Effective and Responsive Decision Making in Higher Education [M]. San Francisco: Jossey-Bass.

DUNNING D G, et al., 2007. The state of the art in evaluating the performance of department chairs and division heads [J]. Journal of dental education, 71 (4): 467-479.

DYER B G, MILLER M T, 1999. A critical review of literature related to the department chair position [R]. East Lansing, MI: National Center for Research on Teacher Learning.

EHRLE E B, 1975. Selection and Evaluation of Department Chairmen [J]. Educational Record, 56 (1): 29-38.

EISEN J G, 1996. The role of the department chair in departmental decision-making [D]. Cambridge, MA: Harvard University.

FREEMAN S, 1993. Donald Super: A perspective of career development [J]. Journal of Career Development, 19 (4): 255-264.

GAFF G, WILSON R C, 1971. Faculty Cultures and Interdisciplinary Studies [J]. Journal of Higher Education, 42 (3): 186-201.

GMELCH W H, 1991. Paying the price for academic leadership: Department chair tradeoffs [J]. Educational Record, 72: 45-48.

GMELCH W H, 2004. The department chair's balancing acts [M] //GMELCH W H, SCHUH J H. The life cycle of a department chair: New directions for higher education. San Francisco: Jossey-Bass.

GMELCH W H, BURNS J S, 1991. Sources of stress for academic department chairs: A national perspective [R]. East Lansing, MI: National Center for Research on Teacher Learning.

GMELCH W H, CARROLL J B, 1991. The three Rs of conflict management for department chairs and faculty [J]. Innovative Higher Education, 16 (2): 107-123.

GMELCH W H, GATES G, 1998. The impact of personal, professional and organizational characteristics on administrator burnout [J]. Journal of Educational Administration, 36 (2): 146-159.

GMELCH W H, MISKIN V D, 1993. Leadership skills for Department chairs [M]. Bolton: Anker Publishing, Inc.

GMELCH W H, MISKIN V D, 1995. Chairing an academic department [M]. Thousand Oaks, CA: Sage Publications.

HAMMONS J, THOMAS W, 1980. Performance appraisal of community college department/division chairpersons [J]. Community College Review, 7 (3): 41-49.

HARRIS J, MARTIN B N, AGNEW W, 2004 The characteristics, behaviors, and training of effective educational/leadership department chairs [C]. THOMPSON D C, CRAMPTON F E. UCEA Conference Proceedings for Convention 2004. Kansas City.

HECHT I W D, 2004. The Professional Development of Department Chairs [J]. New Directions For Higher Education (1): 27-44.

HECHT I W D, HIGGERSON M L, GMELCH W H, et al., 1999. The department chair as academic leader [M]. Phoenix: American Council on Education and Oryx Press.

HEFFERLIN J L, 1969. Dynamics of Academic Reform [M]. San Francisco: Jossey-Bass.

HIGGERSON M L. 1996. Communication Skills for Department Chairs [M]. Bolton: Anker Publishing, Inc.

HENGSTLER D D, et al., 1981. Faculty Ratings as a Measure of Administrator Quality [J]. Research in Higher Education, 14 (3): 259-275.

HILTON H, 1997. Department chairs' roles, functions and needs for professional development in North Carolina's community colleges [D]. Raleigh: North Carolina State University.

HOYT D P, SPANGLER R K, 1979. The Measurement of Administrative Effectiveness of the Academic Department Head [J]. Research in Higher Education, 10 (4): 291-303.

JACOBS K W, 1989. Evaluating the department chairperson [J]. Teaching of Psychology, 16 (4): 219-221.

KEKALE J, 2001. Academic Leadership [M]. New York: Nova Science Publishers.

LAWLESS D J, 1983. Organizational Structure and Basic Units in Higher Education Institutions [J]. International Journal of Institutional Management in Higher Education, 7 (2): 137-147.

LEAMING D R, 2002. Managing people: A guide for department chairs and deans [M]. Willston: Anker Publishing.

LEES N D, 2006. Chairing academic departments: Traditional and emerging expectations [M]. Bolton: Anker Publishing.

LONDON M, 1983. Toward a theory of Career motivation. [M] //PORTER L W, STEERS R. Movitation and Work Behavior. New York: McGraw-Hill.

LONDON M, 1994. Interpersonal insight in organizations: Cognitive models for human resource development [J]. Human Resource Management Review, 4 (4): 311-332.

LONDON M, BRAY D W, 1984. Measuring and developing young managers' career motivation [J]. Journal of Management Development, 3 (3): 3-25.

LONDON M, LARSEN H H., THISTED L N, 1999. Relationships between feedback and self-development [J]. Group and Organization Management, 24 (1): 5-27.

LONDON M, NOE R A, 1997. London's career motivation theory: An update on measurement and research [J]. Journal of Career Assessment, 5 (1): 61-80.

LUCAS A F, 1994. Strengthening departmental leadership: A team-building guide for chairs in colleges and universities [M]. San Francisco: Jossey-Bass.

MCDADE S A, 1987. Higher Education Leadership: Enhancing Skills Through Professional Development Programs [M]. Washington, D. C.: Association for the Study of Higher Education.

MCLAUGHLIN G W, MONTGOMERY J R, MALPASS L F, 1975. Selected characteristics, roles, goals, and satisfactions of department chairmen in state and land-grant institutions [J]. Research In Higher Education, 3 (3): 243-259.

MIDDENDORF B J, 2009. Evaluating department chairs' effectiveness using faculty ratings [D]. Manhattan, KS: Kansas State University.

MITCHELL J, 2004. Measuring the Performance of the Chair [M] //GMELCH W H, SCHUH J H. The life cycle of a department chair. San Francisco, CA: Jossey-Bass.

MONSON C H, 1972. The University of Utah's Department Chairmen Training Program [C] //BRANN J, EMMET T A. The Academic Department or Division Chairman: A Complex Role. Detroit: Balamp Publishing.

MOSES I, ROE E, 1990. Heads and chairs: Managing academic departments [M]. Indooroopilly: University of Queensland Press.

MURRAY J, MURRAY J, 1996. Job Dissatisfaction and Turnover among Two Year College Department Division Chairpersons [C]. Phoenix: Proceedings of the Annual International Conference of the National Community College Chair Academy 5th.

NIEMEIER D A, GONZALEZ C, 2004. Breaking into the guild masters' club: What we know about women science and engineering department chairs at AAU universities [J]. NWSA Journal, 16 (1): 157-171.

PFEFFER J, MOORE W L, 1980. Average Tenure of Academic Department Heads: The

Effects of Paradigm, Size, and Departmental Demography [J]. Administrative Science Quarterly, 25 (3): 387-406.

RAMSDEN P, 1998. Learning to lead in higher education [M]. London: Routledge.

ROACH J H I, 1976. The Academic Department Chairperson: Roles and Responsibilities [J]. Educational Record, 57 (1): 13-23.

ROWE W G, CANNELLA A A, RANKIND, et al., 2005. Leader succession does affect performance and that leaders do matter. Timing seems to be important in succession and that leaders need time develop organization specific skills [J]. The Leadership Quarterly, 16 (2): 197-219.

SCOTT G, COATES H, ANDERSON M, 2008. Learning leaders in times of change. Academic leadership capabilities for Australian higher education [R]. Penrith: University of Western Sydney and Australian Council for Educational Research.

SEAGREN A T, CRESWELL, J W, WHEELER D W, 1993. The Department Chair: New Roles, Responsibilities, and Challenges. ASHE-ERIC Higher Education [R]. Washington, D. C.: The George Washington University.

SEEDORF R G, GMELCH W H, 1989. The department chair: A descriptive study [R]. East Lansing: National Center for Research on Teacher Learning.

SETTOON R P, WYLD D C, 2004. The Leader of the Band: The Pivotal Role of the Academic Department Head in the Pursuit of Continuous Improvement and Innovation in Business Education [J]. College Student Journal, 38 (3): 339-349.

SMITH A B, STEWART G A, 1999. A statewide survey of new department chairs: Their experiences and needs in learning their roles [J]. New Directions for Community Colleges, 105: 29-36.

SMITH D, ROLLINS K, SMITH L, 2012. Back to the faculty: Transition from university department leadership [J]. Innovative Higher Education, 37 (1): 53-63.

STEERS R, PORTER L W, 1987. Motivation and Work Behavior [M]. New York: McGraw-Hill.

TUCKER A, 1984. Chairing the academic department: Leadership among peers: 2nd edition [M]. New York: Macmillan Publishing Company.

TUCKER A, BRYAN R A, 1991. The Academic Dean: Dove, Dragon and Diplomat [M]. 2rd ed. New York: Macmillan.

UC DAVIS, 1996. Evaluation of service as department chair [EB/OL]. (1996-03-06). http: //academicsenate. ucdavis. edu/cap/FAQS/chairl. htm.

WALTZER H, 1975. The Job of Academic Department Chairman: Experience and Recommendations from Miami University. An ACE Occasional Paper [A]. Washington D. C.: American Council on Education.

WILLIAMS F G, 2001. The Appointment of Untenured Department Chairs in Two-and Four-Year Colleges in a Western State: Problems and Potentials [D]. Provo: Brigham Young University.

WOLVERTON M, ACKERMAN R, HOLT S, 2005. Preparing for leadership: What academic department chairs need to know [J]. Journal of Higher Education Policy and Management, 27 (2): 227-238.

WOLVERTON M, GMELCH W H, SORENSON D, 1998. The department as double agent: The call for department change and renewal [J]. Innovative Higher Education, 22 (3): 203-215.

YEN J W, LANGE S E, DENTON D D, et al., 2007. Leadership Development Workshops for Department Chairs. [J]. Women in Engineering ProActive Network.

后　记

在论文初稿尚未完成时就按捺不住想要写致谢，而当这一刻终于来到时却百感交集，越发不敢触碰。

首先，感谢导师刘念才教授让我与上海交通大学结缘。尽管我的基础和积累非常有限，但在刘老师身边一直很有安全感。高山仰止，景行行止，感谢先生始终不嫌我愚鲁和迟钝。歌曲 *You Raise Me Up* 道出了我的心声，时常能够感受到我的点滴进步都能使导师感到满足和喜悦。师恩浩荡，感激之情难以言表。感谢我的副导师王琪博士，在我整个做论文的过程中始终不厌其烦地给予我悉心指导和无私帮助。感谢刘少雪教授，始终铭记她问我的我被录取的理由，我时常以此进行自我鞭策。非常感激她在我遭遇困境时为我四处费心张罗，为我争取一切可能的机会。感谢董育常教授、赵文华教授、杨颉教授、喻恺博士为我的论文提出宝贵意见和对我的关心和照顾。

感谢李毅、高艳、吴燕、黄红橙、冯倬琳和华梅芳等多位院里的老师，在我需要帮助的时候，他们要么在第一时间出现，要么在背后默默地支持与付出。感谢同窗好友蒋建伟、程骄杰、王福胜、高磊、邓侨侨、从友忠给我的关心和帮助。感谢师门的程莹、朱军文、刘莉三位博士，他们树立的标杆让我倍感骄傲和自豪，也是给我最好的表率。

感谢教育学院全体老师和同学对我的倾力相助。此等恩德，无以为报，只能在此衷心地道声感谢。

感谢阿特巴赫教授（Philip G. Altbach）为我在波士顿学院访学提供的机会，以及在学习上与生活上给予我的关心和帮助。感谢波士顿大学余莉莉老师和哈佛大学李建学夫妇为我在波士顿的生活提供了便利和帮助。

感谢本研究中接受问卷调查和现场访谈的所有系主任为我的研究奉献宝贵的时间，提供丰富的一手数据，是他们的无私帮助让我感受到作为学术共同体的一员，在研究的路上并不孤独。

感谢以下老师为我提供的指导和帮助，他们是：牛津大学胡伯特·埃特尔（Hubert Ertl）教授、波士顿学院阿诺德（Karen Arnold）教授和马丁内斯（Ana M. Martinez）教授、墨尔本大学马金森（Simon Marginson）教授、日本广岛大学黄福涛教授、马萨诸塞大学波士顿分校严文蕃教授。

感谢此前遇到的恩师李晓萍、阳发生、蔡海根、万文涛和何齐宗。感谢以下挚友对我的关心和帮助，他们是：陈刚、陈润平、付雪峰、戚务念、张璇、潘志成、高建喜、周国华、朱家德、巫文胜、熊万曦、高妍妍、姜有国、彼得·麦克劳林（Peter McLoughlin）、李培达（Peodair Leihy）、莫妮卡·门多萨（Monica Mendoza）、安娜·格拉斯（Anna Glass）等。

感谢长期为我提供支持与帮助的宜春市慈化中学陈天朗校长及其家人，感谢我曾经带班的慈化中学的同学，感谢慈化中心小学罗俊校长，感谢伯塘中学的老师和同学。感谢江西师范大学教育学院同班同学和江苏理工学院外国语学院的领导、同事和同学。

感谢华东师范大学阎光才教授和复旦大学熊庆年教授在我预答辩时提供的指导和帮助。感谢匿名评审专家提供的修改意见。

感谢上海商学院为我提供较为宽松的学术环境，感谢我的家人和亲友一如既往的理解和支持。

最后，我要对教育科学出版社和评阅我论文的“教育博士文库”学术委员会专家表达诚挚的谢意。感谢责任编辑张璞和游甜两位老师为本书的出版做了大量耐心细致的工作。

需要感谢的人一定还有很多，在此难免挂一漏万。非洲谚语云：养育一个孩子需要举全村之力。培养一个像我这样的学生更是牵动了诸多老师、同学、亲人和朋友的心力，在此一并致以诚挚的谢意。

王庆辉

2020年10月于上海

出版人　李　东
策划编辑　李　东
责任编辑　张　璞　游　甜
版式设计　孙欢欢
责任校对　贾静芳
责任印制　叶小峰

图书在版编目（CIP）数据

美国研究型大学系主任职业发展研究／王庆辉著．—北京：教育科学出版社，2021.12（2023.5）
（教育博士文库）
ISBN 978-7-5191-2516-5

Ⅰ．①美…　Ⅱ．①王…　Ⅲ．①高等学校—师资培养—研究—美国　Ⅳ．①G645.12

中国版本图书馆 CIP 数据核字（2021）第 222149 号

教育博士文库
美国研究型大学系主任职业发展研究
MEIGUO YANJIU XING DAXUE XIZHUREN ZHIYE FAZHAN YANJIU

出版发行	教育科学出版社		
社　　址	北京·朝阳区安慧北里安园甲 9 号	**邮　　编**	100101
总编室电话	010-64981290	**编辑部电话**	010-64981232
出版部电话	010-64989487	**市场部电话**	010-64989009
传　　真	010-64891796	**网　　址**	http：//www.esph.com.cn
经　　销	各地新华书店		
制　　作	北京金奥都图文制作中心		
印　　刷	唐山玺诚印务有限公司		
开　　本	787 毫米×1092 毫米　1/16	**版　　次**	2021 年 12 月第 1 版
印　　张	17.25	**印　　次**	2023 年 5 月第 2 次印刷
字　　数	221 千	**定　　价**	50.00 元